Beck-Wirtschaftsberater

Basiswissen Kostenrechnung

dtv

Beck-Wirtschaftsberater

Basiswissen Kostenrechnung

Kostenarten, Kostenstellen,
Kostenträger, Kostenmanagement

von
Prof. Dr. Germann Jossé

5., durchgesehene Auflage

Deutscher Taschenbuch Verlag

Im Internet:

dtv.de

beck.de

Originalausgabe
Deutscher Taschenbuch Verlag GmbH & Co. KG,
Friedrichstraße 1 a, 80801 München
© 2008. Redaktionelle Verantwortung: Verlag C. H. Beck oHG
Druck und Bindung: Druckerei C. H. Beck, Nördlingen
(Adresse der Druckerei: Wilhelmstraße 9, 80801 München)
Satz: ottomedien, Darmstadt
Umschlaggestaltung: Agentur 42 (Fuhr & Partner) Mainz
ISBN 978-3-423-50811-7 (dtv)
ISBN 978-3-406-57061-2 (C. H. Beck)

Vorwort zur 5. Auflage

Mit den umfangreichen Ergänzungen der 3. Auflage wurde der Charakter als umfassendes Grundlagenwerk ausgebaut.

Für die 5. Auflage erfolgte eine Durchsicht, ansonsten wurde das bewährte Konzept beibehalten.

Worms, im Herbst 2007 *Germann Jossé*

Vorwort zur 1. Auflage

In Zeiten eines zunehmenden Wettbewerbsdrucks müssen Unternehmen zu marktfähigen Preisen anbieten und – im Sinne eines Controlling – Kosten planen und überwachen. Deshalb werden vertiefte Kenntnisse über Kosten verlangt, über deren Zusammensetzung und Wirkung.

Das vorliegende Buch richtet sich an Studenten und Praktiker. Es verdeutlicht Hintergründe, erklärt unterschiedliche Verfahren mit Zahlenbeispielen und zeigt Probleme auf – kurz: das „Basiswissen Kostenrechnung" wird Schritt für Schritt umfassend dargestellt.

Nach einer Einführung werden die Kostenartenrechnung und die Kostenstellenrechnung ausführlich behandelt, die beide Grundlage unterschiedlicher Kostenrechnungssysteme sind. Darauf bauen die Kostenträgerrechnung mit Vollkosten auf sowie die verschiedenen Formen der Deckungsbeitragsrechnung.

Wesentliche Bedeutung in der Praxis haben auch die (Grenz-) Plankostenrechnung sowie neuere Ansätze im Kostenmanagement, wie z. B. die Zielkostenrechnung und die Prozesskostenrechnung.

Ein umfangreiches Glossar (mit Querverweisen) rundet die umfassende Aufbereitung des Themas ab. Das Stichwortverzeichnis am Ende des Buches dient der raschen Orientierung.

Mit diesem Buch wünschen wir dem Leser einen zuverlässigen

Helfer, der bei vielfältigen Kostenproblemen in Theorie und Praxis stets zur Seite steht.

Worms, im Frühjahr 1998   *Germann Jossé*

Inhaltsverzeichnis

Abkürzungsverzeichnis

a.a.O.	am angegebenen Ort	GuV	Gewinn- und Verlust-
AB	Anfangsbestand		rechnung
AO	Abgabenordnung	GWA	Gemeinkostenwert-
B	Beschäftigung		analyse
BAB	Betriebsabrechnungs-	HGB	Handelsgesetzbuch
	bogen	HK	Herstellkosten
BE	Betriebsergebnis	HKU	Herstellkosten des
BEP	Break-Even-Point		Umsatzes
	(Gewinnschwelle)	i	Ist-
BGA	Betriebs- und	i. e. S.	im engeren Sinn
	Geschäftsausstattung	IKR	Industriekontenrahmen
B_i	Istbeschäftigung	IuK	Informations- und
B_P	Planbeschäftigung		Kommunikationstech-
Δ	Abweichung		nologien
DB	Deckungsbeitrag	i. w. S.	im weiteren Sinn
db	Deckungsbeitrag je	K	Gesamte Kosten
	Stück oder Leistungs-	k	Stückkosten; Durch-
	einheit		schnittskosten
E	Erlöse	k'	Grenzkosten
e	Stückerlös	KER	Kurzfristige Erfolgsrech-
EK	Einzelkosten		nung
EStG	Einkommensteuergesetz	K_f	fixe Kosten (gesamt)
F	Fertigung	k_f	fixe Kosten je Stück
FB	Fertigungsbereich		oder Leistungseinheit
FEK	Fertigungseinzelkosten	k_H	Herstellkosten je Stück
FGK	Fertigungsgemeinkosten	k_i	Istkosten (je Stück)
FK	Fremdkapital	KLR	Kosten- und Leistungs-
FuE	Forschung und Ent-		rechnung
	wicklung	k_P	Plankosten (je Stück)
G	Gewinn	krp	Kostenrechnungspraxis
GK	Gemeinkosten	KS	Kostenstelle
GKR	Gemeinschaftskonten-	K_v	variable Kosten
	rahmen der Industrie		(gesamt)
GoB	Grundsätze ordnungs-	k_v	variable Kosten je Stück
	mäßiger Buchführung		oder Leistungseinheit

k_{VV}	Verwaltungs- und Vertriebskosten je Stück	SEK	Sondereinzelkosten
		TP	Teilprozess
lmi	leistungsmengeninduziert	V	Vorkostenstelle
		VK	Vorlaufkosten
lmn	leistungsmengenneutral	VS	Verrechnungssatz
M	Material	Vt	Vertrieb
MEK	Materialeinzelkosten	VtGK	Vertriebsgemeinkosten
MGK	Materialgemeinkosten	Vw	Verwaltung
m. a. W.	mit anderen Worten	VwGK	Verwaltungsgemeinkosten
P	Plan(-kosten)		
p	Stückpreis	WA	Wertanalyse
PKR	Plankostenrechnung	x	Ausbringungsmenge
PKS	Prozesskostensatz	x_A	abgesetzte Menge
q	Verrechnungspreis	x_{km}	kritische Menge (Break-Even-Menge)
r	Produktionsfaktor (-menge)	x_P	produzierte Menge
Σ	Summe	ZBB	Zero-Base-Budgeting
SB	Schlussbestand		

1. Grundlagen

1.1 Stellung und Aufgaben der Kostenrechnung innerhalb des betrieblichen Rechnungswesens

Im Mittelpunkt unternehmerischer Tätigkeit steht der Prozess der betrieblichen Leistungserstellung und Leistungsverwertung: verschiedene Produktionsfaktoren werden miteinander kombiniert, um neue Produkte zu schaffen. Dadurch fällt in der Beschaffung, der Produktion und dem Absatz von Gütern und Dienstleistungen[1] eine Vielzahl von Güter- und Geldströmen an.

Aufgabe des betrieblichen Rechnungswesens ist es, diese zu
- erfassen,
- überwachen,
- aufzubereiten und
- auszuwerten.

1.1.1 Aufgaben

Aus der generellen Aufgabe des betrieblichen Rechnungswesens lassen sich folgende Detailaufgaben ableiten:
- **Dokumentation** des zahlenmäßig erfassbaren betrieblichen Geschehens, insbesondere der wert- und mengenmäßigen Veränderungen (z. B. Verbrauch von Rohstoffen)
- **Kontrolle** der Wirtschaftlichkeit und Rentabilität
- **Planung oder Disposition** als Bereitstellung von Daten zur Entscheidungsvorbereitung der Unternehmensleitung

Die Dokumentation ist zum einen nach außen gerichtet und muss deshalb gesetzlichen Anforderungen genügen (z. B. die Jahresbilanz; GoB). Zum anderen dient sie rein internen Zwecken (z. B. unterjähriger Abschluss oder Kalkulation von Preisen).

---

1 Der Begriff „Güter" bezeichnet i. e. S. materielle Güter. Nachfolgend werden unter „Güter" i. w. S. auch (immaterielle) Dienstleistungen subsumiert.

Im Einzelnen soll das Rechnungswesen:
- sämtliche mengen- und wertmäßigen Vorgänge lückenlos aufzeichnen, und zwar zeitlich und sachlich geordnet,
- über die Bestände die Vermögens- und Schuldenlage der Unternehmung ermitteln,
- den Erfolg der Unternehmung ermitteln,
- die Selbstkosten feststellen,
- die Preise kalkulieren,
- Vergleichsrechnungen durchführen sowie
- zukünftige Entwicklungen (z. B. Mengen, Kosten, Preise) berechnen.

1.1.2 Teilgebiete

Damit die Unternehmungsleitung Entscheidungen treffen kann (Disposition als Aufgabe des dispositiven Produktionsfaktors), benötigt sie eine Reihe von Verfahren. Je nach verfolgtem Zweck unterscheidet man diese Teilgebiete:[1]
- **Finanzbuchhaltung und Bilanz** als zeitbezogene Rechnung
- **Kostenrechnung** als zeit- und stückbezogene Rechnung
- **Betriebswirtschaftliche Statistik** als Vergleichsrechnung
- **Planungsrechnung** als Vorschaurechnung
- **Material-, Lohn- und Gehalts-** sowie **Anlagenabrechnung**

In diesem Sinne ist „Buchhaltung" Aufgabe von zwei Teilgebieten: die *Geschäftsbuchhaltung* (= Finanzbuchhaltung) als lückenlose Dokumentation aller Geschäftsvorfälle sowie die *Betriebsbuchhaltung* als eher zeitbezogene Kostenrechnung.[2]

Die **Finanzbuchhaltung** erfasst *sämtliche* Geschäftsvorfälle, und zwar unabhängig davon, ob sie in Erfüllung des Betriebszweckes angefallen sind (z. B. Rohstoffeinkauf) oder nicht (z. B. Wertpapierverkauf). Sie führt die Inventur durch und erstellt den Jahresabschluss. Aufgrund ihrer Rechenschafts- und Informationsaufgabe

---

1 Vgl. Jossé, G., Buchführung – aber locker!, 9. Auflage, Hamburg 2005, S. 15; Herrling, E./Mathes, C., Der Buchführungsratgeber, Beck-Wirtschaftsberater im dtv, 3. Auflage, München 1997, S. 2 f.
2 Vgl. Wöhe, G., Einführung in die Allgemeine Betriebswirtschaftslehre, 21. Auflage, München 2002, S. 854.

richtet sie sich nach diversen gesetzlichen Bestimmungen, u. a. nach dem HGB, der AO und dem EStG.

Aufgabe der **Kostenrechnung** (oder Kosten- und *Leistungs*rechnung) ist die Kostenerfassung und -überwachung sowie die Kalkulation der Preise. Da sie somit internen Zwecken dient, ist sie nicht an gesetzliche Vorgaben gebunden.[1] Sie ist wie folgt gegliedert:

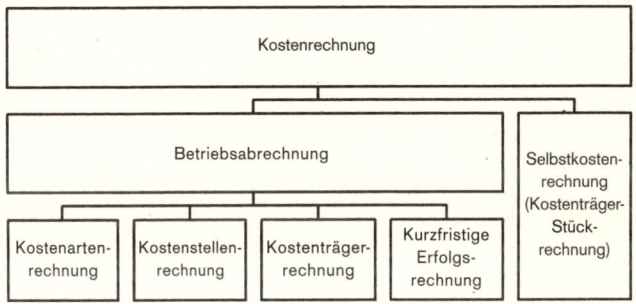

Die **Betriebsstatistik** generiert Zeit- und Betriebsvergleiche (z. B. Soll-Ist-Vergleiche) und ermittelt Kennzahlen. Sie verwendet dazu Zahlen der anderen Teilbereiche des Rechnungswesens, aber auch zusätzliche Daten.

Die **Planungsrechnung** ist zukunftsgerichtet und damit Grundlage für Absatz-, Produktions-, Beschaffungs- und Finanzentscheidungen.

Diese vier Teilbereiche des Rechnungswesens sind durch drei gesonderte Gebiete zu ergänzen:[2] Die **Materialabrechnung**, die **Lohn- und Gehaltsabrechnung** sowie die **Anlagenabrechnung** haben eine Sonderstellung *zwischen* Geschäftsbuchhaltung und Kostenrechnung. Als Aufwands- und Bestandsermittlung sind sie der Geschäftsbuchhaltung zuzuordnen, als Lieferant von Kostendaten der Kostenrechnung.

Die einzelnen Teilbereiche stehen nicht isoliert voneinander, son-

---

1 Als Ausnahme hierzu müssen Kalkulationen für öffentliche Aufträge bestimmten Kriterien genügen.
2 Vgl. Haberstock, L., Kostenrechnung I, 8. Auflage, Hamburg 1987, S. 23 f.

dern beliefern sich gegenseitig mit Zahlen. Dabei sind die Daten der Geschäftsbuchhaltung der wesentliche Input für alle anderen Bereiche, aber auch die Kostenrechnung beliefert das restliche Rechnungswesen.

Das Zusammenspiel innerhalb des Rechnungswesens und die hauptsächlichen Informationsströme zeigt die nachstehende Grafik:

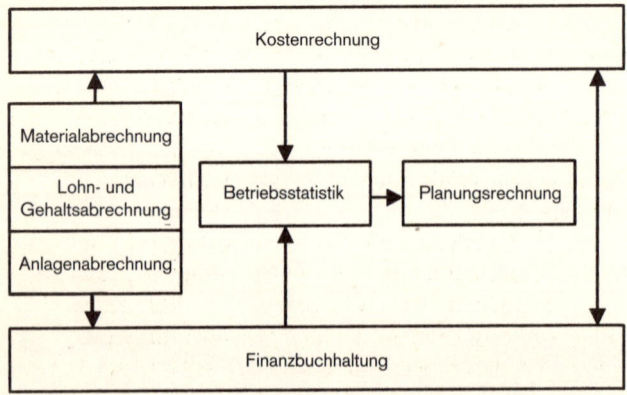

Ein organisatorischer Zusammenhang zwischen Finanzbuchhaltung und Kostenrechnung soll kurz aufgezeigt werden: Jeder Finanzbuchhaltung liegt ein Kontenrahmen zugrunde, der 10 Kontenklassen umfasst. Folgt dieser dem *Abschlussgliederungsprinzip* (des Jahresabschlusses), so liegt ein **Zweikreissystem** vor, d. h., Finanzbuchhaltung und Kostenrechnung bilden zwei getrennte Rechnungskreise (im Industriekontenrahmen IKR z. B. ist für die Kostenrechnung die Kontenklasse 9 vorgesehen). Bei **Einkreissystemen** bilden Finanzbuchhaltung und Kostenrechnung eine organisatorische Einheit; sie sind nur möglich, wenn der Kontenrahmen nach dem *Prozessgliederungsprinzip* geordnet ist (wie z. B. der Gemeinschaftskontenrahmen der Industrie GKR).

In der Praxis wird die Kostenrechnung meist gesondert durchgeführt.[1]

---

1 Vgl. Kap. 2.3.

1.2 Theoretische Grundlagen der Kostenrechnung

An dieser Stelle erscheint es sinnvoll, als Exkurs einige Grundbegriffe der Betriebswirtschaftslehre näher zu erläutern, die im Rahmen der Kostenrechnung von Bedeutung sind.

1.2.1 Betrieb und Unternehmung

Die Begriffe „Betrieb" und „Unternehmung" sind in der Literatur verschieden definiert. Manche Autoren verwenden beide synonym, im Sprachgebrauch wird der Betrieb eher als technisch-produktionsorientierter Teilbereich einer Unternehmung angesehen.

Verbreitet ist die Sicht des Betriebes als systemindifferentem Oberbegriff, dessen eine Unterversion – nämlich die autonome, auf Privateigentum basierende und daher erwerbswirtschaftliche – die Unternehmung ist.[1]

Diesem Ansatz folgen wir insofern, als Kostenrechnung nicht nur in erwerbswirtschaftlichen Privatunternehmungen, sondern z. B. auch in öffentlichen Betrieben, planwirtschaftlichen Staatsbetrieben oder Non-Profit-Organisationen durchgeführt wird.

Im Rahmen der Kostenrechnung interessieren die **Kosten und Leistungen**, die **in Erfüllung des Betriebszweckes** (wie er im Handelsregister dokumentiert ist) anfallen, nicht aber außerhalb des Betriebszweckes erfolgte Aufwendungen und Erträge.[2] In diesem Sinne ist eine Unternehmung als Gesamtheit aller unternehmerischer Aktivitäten anzusehen, „Betrieb" hingegen als der wesentliche Teilbereich, in dem der Prozess der betrieblichen Leistungserstellung und -verwertung erfolgt: Wertpapiergeschäfte z. B. sind mögliche Tätigkeiten einer Unternehmung, nicht aber eines Betriebes i. e. S.

In der nachfolgenden Darstellung werden beide Begriffe synonym verwendet, wissend, dass „Betrieb" gängigerweise der Oberbegriff ist und in der Kostenrechnung (soweit Unternehmungen zugrunde gelegt werden) den funktionalen Querschnittsbereich meint, in dem der betriebliche Leistungserstellungs- und -verwertungsprozess stattfindet.

---

1 Vgl. Wöhe, a.a.O., S. 5ff.
2 Zur Abgrenzung von Kosten und Aufwendungen bzw. Leistungen und Erträgen vgl. Kap. 1.3.

1.2.2 Produktionsfaktoren

Im Rahmen der Leistungserstellung (Produktion) und Leistungsverwertung (Absatz) werden unterschiedliche Produktionsfaktoren
kombiniert, so dass als Output ein neues Produkt[1] geschaffen wird.

Nach *Gutenberg* werden Produktionsfaktoren wie folgt differenziert:[2]

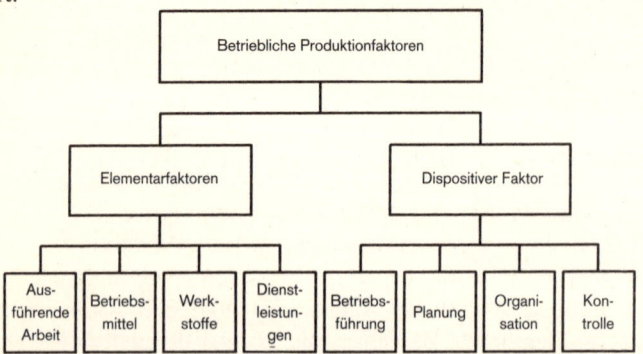

- Im Gegensatz zur leitenden Arbeitsleistung ist die **ausführende
  Arbeit** objektbezogen. Beispiele dafür sind die Tätigkeiten einer
  Sekretärin oder eines Mechanikers.
- Zu den **Betriebsmitteln** zählt das gesamte Anlagevermögen, wie
  z. B. Gebäude, Maschinen, Werkzeuge, Fahrzeuge und Büroein-
  richtungen.
- **Werkstoffe** (und Waren) sind alle *Rohstoffe* (sie fließen als Haupt-
  bestandteile in das zu fertigende Produkt ein; z. B. Holz in einer
  Möbelfabrik), *Hilfsstoffe* (als Nebenbestandteil, z. B. Leim oder
  Schrauben) und *Betriebsstoffe* (diese sind zwar zur Produktion
  nötig, gehen aber nicht in das zu fertigende Produkt ein; z. B.
  Strom oder Schmierstoffe für die Maschinen).
  Bezieht die Unternehmung fertige Komponenten von außen (z. B.
  Türschloss), so zählen solche fremdbezogenen *Fertigteile* (oder
  Fremdbauteile) ebenfalls zu den Werkstoffen. Soweit (im Indus-

---

1 Die Begriffe „Produktion" und „Produkt" beziehen sich nicht nur auf Sachgüter, sondern auch auf immaterielle Güter (= Dienstleistungen).
2 Grafik nach Wöhe, a.a.O., S. 103.

triebetrieb) mit *Waren* gehandelt wird, sind diese auch dieser Gruppe zuzurechnen.

- **Dienstleistungen** und Rechte sind extern bezogene Leistungen, wie z. B. Leistungen von Speditionen, Steuerberatern, Werbeagenturen oder die Reparatur eines PKW durch eine fremde Kfz-Werkstätte.[1]
- Die Unternehmensleitung stellt den **dispositiven Faktor** dar. Als *originärer* dispositiver Faktor besitzt die Betriebsführung Entscheidungsgewalt, wozu ihr die *derivativen* Faktoren Planung, Organisation und Kontrolle zur Verfügung stehen.

1.2.3 Grundzüge der Produktions- und Kostentheorien

Die **Produktionstheorie** untersucht die funktionalen Beziehungen zwischen der (variablen) Einsatzmenge an Produktionsfaktoren und der Ausbringungsmenge[2] (Ertrag) als abhängiger Größe. M. a. W., die Auswirkungen auf den Faktorertrag bei unterschiedlichem Faktoreinsatz (Menge) werden modellhaft dargestellt, oder: *Wie entwickelt sich der Gesamtertrag bei unterschiedlicher Einsatzmenge an Produktionsfaktoren?*

Eine **Produktionsfunktion** lautet als Formel grundsätzlich:[3]

$$x = f(r_1, r_2, \ldots, r_n)$$

Wesentlicher Aspekt einer Produktionsfunktion ist die Frage, wie sich die Produktionsfaktoren zueinander verhalten; man unterscheidet:[4]

---

1 Würde die Reparatur selbst, also in der eigenen Werkstatt durchgeführt, so würden statt des Produktionsfaktors Dienstleistungen u. a. die Elementarfaktoren Betriebsmittel (z. B. Grube und Werkzeug), ausführende Arbeit (betriebseigener Kfz-Schlosser) und Werkstoffe (z. B. Ersatzkotflügel als Fremdbauteil) kombiniert werden.

2 Neben der Ausbringungsmenge werden die Kosten durch weitere Faktoren bestimmt, z. B. durch die Qualität der eingesetzten Produktionsfaktoren, die Faktorpreise oder das Fertigungsprogramm; vgl. hierzu ausführlich in Kilger, W., Flexible Plankostenrechnung und Deckungsbeitragsrechnung, 10. Auflage, Wiesbaden 1993, S. 133 ff.

3 x = Ausbringungsmenge in Stück, kg, Liter o. Ä.; r = Menge eines Produktionsfaktors.

4 Zur Vertiefung sei auf die einschlägige Literatur verwiesen, z. B. Wöhe, a.a.O., S. 364 ff.

- **Substitutionalität**, d. h., die Faktoren können in gewissem Umfang gegenseitig ersetzt werden (z. B. Maschinen- durch Arbeitsstunden oder die Rohstoffe Holz durch Metall).[1]
- **Limitationalität**, d. h., dass sich die Faktoren im gleichen Maße verändern (z. B. doppelte Rohstoffmenge bedingt doppelte Maschinenarbeit und damit doppelten Stromverbrauch).

Daraus ergeben sich mehrere Typen von Produktionsfunktionen, auf die an dieser Stelle nicht näher eingegangen werden soll.

Die (sich anschließende) **Kostentheorie** geht vom Gesamtertrag (als variabler Planungsgröße) aus und untersucht, welche (abhängigen) Kosten dadurch entstehen. Die Kosten stellen hierbei die *in Geld bewerteten* Produktionsfaktoren dar.

Eine **Kostenfunktion** lautet:[2]

$$K = f(x)$$

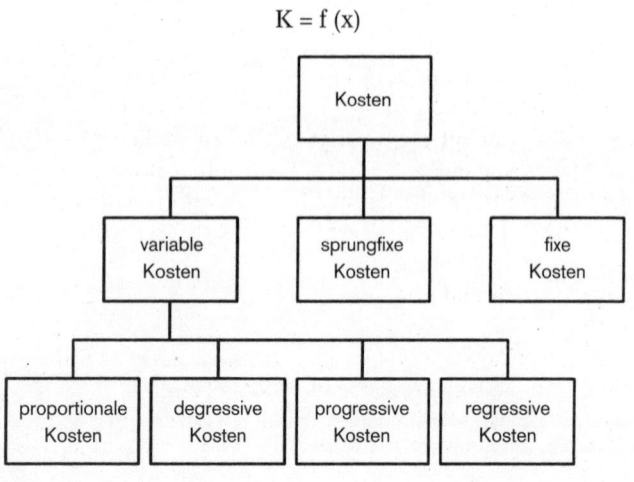

---

1 Die Substituierung von Produktionsfaktoren ist wesentliches Element im Rahmen von Outplacement-Maßnahmen, wenn statt eigenem Personal z. B. fremde Putzunternehmen oder Werbeagenturen beauftragt werden. Auch im Falle des Leasing werden die ersten drei Elementarfaktoren durch Dienstleistungen und Rechte ersetzt.

2 Die Kostenfunktion ist die Umkehrung der Produktionsfunktion, bei der die einzelnen Faktormengen in Geld bewertet wurden; K = Gesamtkosten.

Die Fragestellung lautet: *Wie entwickeln sich die Kosten bei unterschiedlichen Ausbringungsmengen?* Je nach Kostenverlauf lassen sich – in Abhängigkeit ihres Verhaltens bei Änderung der Ausbringungsmenge – die folgenden Kostentypen unterscheiden:

- **Variable Kosten** verändern sich – im Gegensatz zu den Fixkosten – mit jedem Stück Ausbringungsmenge, also in Abhängigkeit zur Beschäftigung.[1] Klassisches Beispiel dafür sind Rohstoffe: Wird mehr produziert, werden auch mehr Rohstoffe benötigt.

Für den Verlauf der variablen Kosten gibt es vier Grundfälle:

- **Proportionaler Verlauf:** mit jeder Beschäftigungsänderung ändern sich die Kosten in gleichem Maße, z. B. der Akkordlohn – wird die doppelte Stückzahl gefertigt, so verdoppeln sich auch diese Lohnkosten.
- **Degressiver Verlauf:** die Kosten verändern sich unterproportional, d. h. mit jeder Beschäftigungsänderung steigen oder sinken die Kosten zwar ebenfalls, aber weniger stark. Beispiele dafür sind Mengenrabatte beim Rohstoffeinkauf oder Einsparungseffekte, die ein Arbeiter durch zunehmende Routine erzielt.
- **Progressiver Verlauf:** die Kosten steigen bzw. sinken stärker als die Ausbringungsmenge, z. B. steigen bei erhöhter Beanspruchung die Energie- oder Reparaturkosten überproportional an. Gleiches gilt für die Kosten von vermehrtem Ausschuss, da die Mitarbeiter weniger sorgfältig arbeiten.
- **Regressiver Verlauf** bedeutet, dass sich Kosten und Beschäftigungsgrad genau gegenläufig verhalten, sinkt also die Ausbringungsmenge, so steigen die Kosten und umgekehrt. Ein Beispiel hierzu sind die Heizungskosten in einem Kino.

Regressive Kosten haben nur geringe praktische Bedeutung. Auf den Folgeseiten wird daher auf ihre grafische Darstellung verzichtet.

Als Gegensatz zu den variablen Kosten sind die fixen Kosten anzusehen:

- **Fixe Kosten** sind zeitabhängig, d. h., sie fallen für eine Periode an, und zwar unabhängig davon, ob überhaupt (oder viel oder wenig) produziert wird. Beispiele dafür sind das Gehalt eines Meisters,

---

[1] Die Ausbringungsmenge bestimmt den Beschäftigungsgrad.

die Grundgebühren für Strom oder Wasser oder die lineare Abschreibung. Ihre Höhe ist innerhalb bestimmter Beschäftigungsgrenzen konstant.

- **Sprungfixe Kosten** (= intervallfixe Kosten) sind eine Sonderform der fixen Kosten: Bis zu einem bestimmten Beschäftigungsgrad bleiben sie unverändert (fix), darüber steigen sie sprunghaft an, um dann wiederum unverändert zu bleiben. Dies geschieht z. B. immer dann, wenn die Kapazität einer Maschine überschritten und eine zusätzliche angeschafft wird.

Bevor die Kostenverläufe näher dargestellt werden, ist die Einführung weiterer Kostenbegriffe nötig. Neben den Gesamtkosten sind die Kosten zu differenzieren, inwieweit sie *für eine bestimmte Menge Leistungseinheiten* (z. B. produzierte Erzeugnisse) anfallen. Demnach sind zu unterscheiden:

▶ **Gesamtkosten (K):** Sie erfassen sämtliche Kosten einer oder mehrerer Kostenarten in einer Periode. Es gilt die Formel:

$$\text{Gesamtkosten K} = \text{Fixe Kosten K}_f + \text{variable Kosten K}_v$$

▶ **Stückkosten (k):** Die Stück- oder Durchschnittskosten sind die Kosten einer oder mehrerer Kostenarten, die in einer Periode pro Leistungseinheit (durchschnittlich) anfallen. Sie werden als Quotient aus den Gesamtkosten zur Ausbringungsmenge ermittelt. Es gilt die Formel:

$$\text{Stückkosten k} = \text{Gesamtkosten K} : \text{Ausbringungsmenge x}$$

▶ **Grenzkosten (K'):** Als Grenzkosten wird der Zuwachs der Gesamtkosten bezeichnet, der durch die Produktion *einer* weiteren Leistungseinheit entsteht, m. a. W.: *„Welche Mehrkosten wurden durch das zuletzt gefertigte Stück verursacht?"* Man ermittelt sie mit Hilfe des Differentialquotienten aus Kostenzuwachs zum Mengenzuwachs. Es gilt die Formel:

$$\text{Grenzkosten K'} = \text{Kostenzuwachs dK} : \text{Mengenzuwachs dx}$$

Es ergeben sich die folgenden Kostenverläufe:

Proportionaler Kostenverlauf

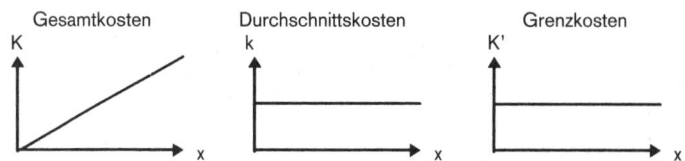

Bei proportionalen Kosten steigen die Gesamtkosten gleichmäßig an, da ein Stück (auch das letzte) immer konstante Kosten verursacht.

Degressiver Kostenverlauf

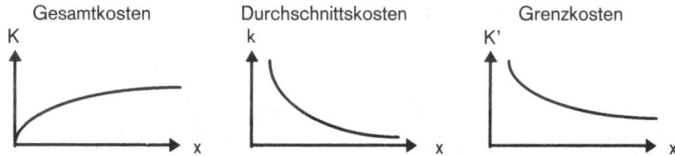

Steigen die Gesamtkosten degressiv, sinken die Stück- und die Grenzkosten degressiv – jedes weitere Stück verursacht immer weniger Kosten.

Progressiver Kostenverlauf

Bei progressivem Verhalten der Gesamtkosten steigen die Stückkosten sowie die Grenzkosten progressiv.

Verlauf fixer Kosten

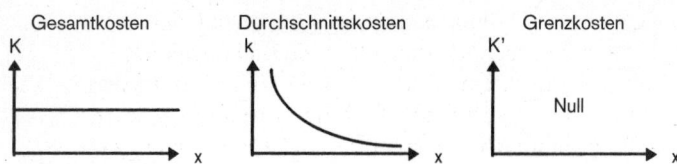

Die gesamten Fixkosten bleiben bei Beschäftigungsschwankungen konstant. Die Stückkosten sinken bei Beschäftigungszunahme degressiv, da sich die fixen Kosten nunmehr auf mehr Produkte verteilen. Bei Beschäftigungsschwankungen fallen keine Grenzkosten an, sofern sie sich innerhalb der vorgegebenen Beschäftigungsgrenzen bewegen, die von der Kapazität determiniert werden.

Verlauf sprungfixer Kosten

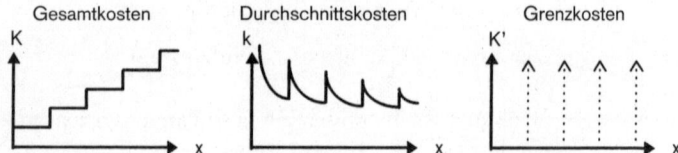

Intervallfixe Gesamtkosten steigen bei Überschreiten der Kapazitätsgrenze sprunghaft an und bleiben dann (innerhalb eines Intervalles) fix. Die Durchschnittskosten sinken degressiv mit Sprüngen, die Grenzkosten betragen Null mit Sprüngen.

Der im Zusammenhang mit den (sprung-)fixen Kosten erwähnte Begriff der **Kapazität** bedarf einer näheren Betrachtung. Sie wird definiert als Nutzungspotential (z. B. einer Maschine oder eines ganzen Werkes) innerhalb eines Zeitraumes.[1] Die Formel für Kapazität lautet:

$$\text{Kapazität} = \frac{\text{maximales Produktionsvermögen}}{\text{Bezugsperiode}}$$

1 Vgl. Gabler Wirtschaftslexikon, 15. Auflage, Wiesbaden 2000, S. 1686 f.

Untersuchen wir das Kostenverhalten bezüglich der Auslastung der Kapazität: Die Kapazität wird vollständig genutzt, wenn der Beschäftigungsgrad 100 % beträgt, d. h., es fallen keine Leerkosten an. Bei nicht 100 %iger Nutzung bleibt ein Teil ungenutzt.

Entsprechend können die Fixkosten aufgeteilt werden in *Nutzkosten* (= Kosten der genutzten Kapazität) und *Leerkosten* (= Kosten der ungenutzten Kapazität). Beide zusammen ergeben 100 %.[1]

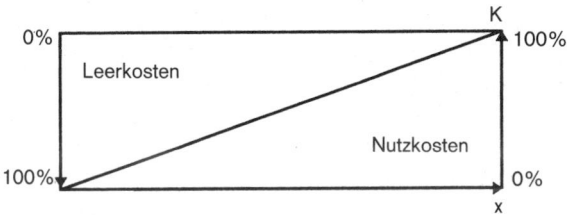

Die Formeln lauten:

$$\text{Nutzkosten} = \text{Fixkosten } K_f \cdot \text{Beschäftigungsgrad}$$

$$\text{Leerkosten} = \text{Fixkosten } K_f - \text{Nutzkosten}$$

Ein letzter Aspekt der Kostenentwicklung soll an dieser Stelle beleuchtet werden: die gesamten Stückkosten setzen sich i. d. R. (z. B. im Industriebetrieb) aus variablen und fixen Kostenbestandteilen zusammen. Die variablen Stückkosten bleiben (bei unterstellt proportionalem Verhalten) konstant, während die fixen Stückkosten degressiv abnehmen. Addiert man beide, so ergibt sich eine insgesamt *degressiv abnehmende Stückkostenkurve* (verschiebt man die Kurve k_f um die Höhe k_v parallel nach oben, erhält man die Kurve k):[2]

---

1 In der Literatur findet sich meist eine abgewandelte grafische Darstellung, bei der die linke Ordinate mit umgekehrter Skalierung abgebildet ist; in diesen Fällen ist die Hypotenuse des Leerkosten-Dreiecks horizontal gespiegelt und verläuft von links oben nach rechts unten.

Die oben gewählte Darstellung verdeutlicht besser, dass Leerkosten und Nutzkosten zusammen 100 % ergeben.

2 Die vereinfachte Darstellung berücksichtigt hier keine sprungfixen Kosten.

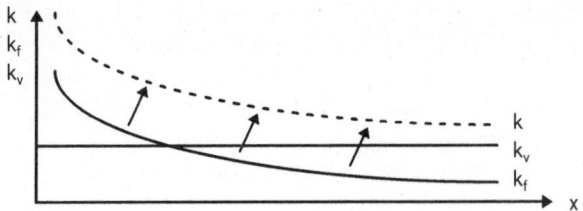

Die **Fixkostendegression** bewirkt, dass die gesamten Stückkosten mit zunehmender Ausbringungsmenge sinken. Man bezeichnet dieses Phänomen als *Gesetz der Massenproduktion* (economies of large scale). Gerade anlagenintensive Unternehmungen sind deshalb bestrebt, ihre hohen Fixkosten zu minimieren; eine Steigerung ihrer Ausbringungsmengen senkt ihre fixen Stückkosten.

Der stetige Kooperations- und Konzentrationsprozess hat im Gesetz der Massenproduktion eine wesentliche Ursache – man verdeutliche sich die Auswirkung der Fixkostendegression z. B. anhand der Konzentrationsentwicklung deutscher Zeitungsverlage.[1]

1.2.4 Kennzahlen

Dass eine Unternehmung das Ziel der **Wirtschaftlichkeit** verfolgen soll, findet seinen Niederschlag im *ökonomischen Prinzip* (= Wirtschaftlichkeitsprinzip).[2] Es fordert:

- als **Maximalprinzip**, mit gegebenen Mitteln (= bewerteter Faktoreinsatz) ein größtmögliches Ziel zu erreichen, also mit bestimmtem Aufwand einen maximalen Ertrag zu erzielen;
- als **Minimalprinzip**, ein gegebenes Ziel mit minimalem Mitteleinsatz zu erreichen, also einen bestimmten Ertrag mit geringsten Aufwendungen zu erzielen.

Zur Ermittlung der Wirtschaftlichkeit werden grundsätzlich zwei Größen (in Geld) gegenübergestellt. Von praktischem Interesse sind vor allem die folgenden Kennzahlen:

---

1 Da man bei hoher Stückzahl relativ günstiger produziert, wird der Marktzutritt für potentielle (kleinere) Wettbewerber erschwert.
2 Nach Gutenberg ist das ökonomische Prinzip systemindifferent. Es wird in privaten Unternehmungen genauso (mehr oder minder) verfolgt wie z. B. in Staatsbetrieben oder privaten Haushalten.

$$\text{Wirtschaftlichkeit} = \frac{\text{Erträge}}{\text{Aufwendungen}^1}$$

bzw.

$$\text{Wirtschaftlichkeit} = \frac{\text{Leistungen}^2}{\text{Kosten}}$$

Eine andere Darstellungsart vergleicht zwei wesensgleiche Größen mit unterschiedlichem Zeitbezug miteinander:

$$\text{Wirtschaftlichkeit} = \frac{\text{Sollkosten}}{\text{Istkosten}}$$

In allen Fällen sollte die Maßzahl > 1 sein. Allerdings kann trotz eines Wertes < 1 wirtschaftliches Handeln vorliegen, wenn es z. B. darum ging, nicht zu noch höheren Kosten zu produzieren – man denke beispielsweise an ein Hallenbad oder ein städtisches Schauspielhaus.

Ein weiterer Kritikpunkt an dieser Kennzahl liegt darin begründet, dass *Wertgrößen* zueinander in Bezug gesetzt werden. Steigen z. B. bei gleicher Menge Faktoreinsatz deren Einstandspreise und/oder sinken die Verkaufspreise, so wurde zwar nach wie vor gleich wirtschaftlich produziert, die Kennzahl hat sich allerdings verschlechtert.

Ein vereinfachtes Beispiel soll diese Problematik verdeutlichen (s. S. 16).

Erläuterung: Zur Produktion der gleichen Stückzahl wurde im Vergleich zur Vorperiode eine geringere Menge Faktoreinsatz benötigt und damit wirtschaftlicher gearbeitet. Trotzdem sank die Wirtschaftlichkeit von 3 auf 2,5. Gründe dafür sind einerseits in den gestiegenen Faktorpreisen je kg zu sehen, andererseits in den gesunkenen Verkaufspreisen je Stück.

Für zwei Vergleichsperioden liegen die folgenden Daten vor:

---

1 In diesem Sinne ist die GuV Ausdruck von Wirtschaftlichkeit.
2 Zur Unterscheidung von Aufwendungen und Kosten bzw. Erträgen und Leistungen vgl. Kap. 1.3.

	Vorperiode	laufende Periode
Faktoreinsatz in kg	2000	1800
Aufwand pro kg	5 €	6 €
Aufwand insgesamt	10 000 €	10 800 €
produzierte und verkaufte Stücke	3000	3000
Ertrag pro kg	10 €	9 €
Ertrag insgesamt	30 000 €	27 000 €
Wirtschaftlichkeit	$\frac{30\,000}{10\,000} = 3{,}0$	$\frac{27\,000}{10\,800} = 2{,}5$

Unter **Produktivität** versteht man eine *mengenmäßige* Beziehung. Da hier nicht in Geld bewertet wird, kann keine Gesamtproduktivität berechnet werden. Stattdessen wird die Produktivität für *Teilbereiche* ermittelt, z. B. der Output in Stück eines bestimmten Produktes im Verhältnis zur dazu eingesetzten Menge an Rohstoffen (= Materialproduktivität), Mannstunden (= Arbeitsproduktivität) oder Maschinenstunden (= Maschinenproduktivität), d. h. zu genau einem Produktionsfaktor. Allgemein lautet die Formel:

$$\text{Produktivität} = \frac{\text{Ausbringungsmenge}}{\text{Faktoreinsatzmenge}}$$

Als letzte Kennzahl soll hier die **Rentabilität** vorgestellt werden. Man versteht darunter den Gewinn in bezug zu einer bestimmten Größe (Kapital oder Umsatz).
Man unterscheidet folgende Rentabilitätskennzahlen:

$$\text{Eigenkapitalrentabilität} = \frac{\text{(bereinigter) Gewinn}^{1}}{\text{Eigenkapital}}$$

$$\text{Gesamtkapitalrentabilität} = \frac{\text{(bereinigter) Gewinn + FK-Zinsen}}{\text{Gesamtkapital}}$$

---

1 Zur Vergleichbarkeit muss der Gewinn von Einzelunternehmungen und Personengesellschaften um den Unternehmerlohn gekürzt werden. Dies gilt für alle Rentabilitätskennzahlen. Im Nenner steht das durchschnittlich gebundene Kapital; es kann vereinfacht nach der Formel berechnet werden: (AB + SB) : 2.

$$\text{Umsatzrentabilität} = \frac{\text{(bereinigter) Gewinn}}{\text{Umsatz}}$$

Eine Umsatzrentabilität von 8 % beispielsweise bedeutet, dass pro 100 € Umsatz 8 € Gewinn erzielt wurden.

Wirtschaftlichkeit und Rentabilität beziehen sich also auf *Geldgrößen*, die Produktivität auf *Mengengrößen*. Mit allen drei Kennzahlen lässt sich die Erreichung unternehmerischer Ziele überprüfen – in der Praxis werden sie allerdings oft nicht gleichzeitig erfüllt: Angenommen, die Umsätze im Beispiel der Vorseite wurden mit deutlich niedrigerem Kapital erzielt, so ist die Kapitalrentabilität gestiegen, die Umsatzrendite jedoch gesunken. In beiden Fällen wurde zwar wirtschaftlich gearbeitet, die entsprechende Kennzahl verschlechterte sich jedoch.

Die Materialproduktivität im Beispiel hat sich verbessert, da der gleiche Mengenoutput mit weniger Faktoreinsatz erzielt wurde. Um die Maschinenproduktivität positiv zu beurteilen, müssten beispielsweise die Maschinenstunden verringert worden sein.

Das Beispiel zeigt, dass die drei Kennzahlen nur bedingt im Gleichklang stehen, ihre Entwicklung im Zeitvergleich durchaus auch divergierend sein kann.

1.3 Begriffe des Rechnungswesens

Das Problem: Sind Kosten auch Ausgaben? Oder vielleicht Auszahlungen? Kann sein, kann nicht sein, lautet die (vorläufige) Antwort.[1]

Bisher wurde der Begriff „Kosten" mehrfach verwendet, aber nicht von „Aufwendungen" abgegrenzt. Zusammen mit der Klärung weiterer Grundbegriffe soll dies nachfolgend geschehen. Zunächst eine Übersicht:

---

1 Zur Klarstellung: „Unkosten" ist im Sprachgebrauch völlig in Ordnung, wenn z. B. für eine Jugendclubdisco ein sog. „Unkostenbeitrag" erhoben wird – in der Kostenrechnung hat dieses Wort allerdings nichts zu suchen.

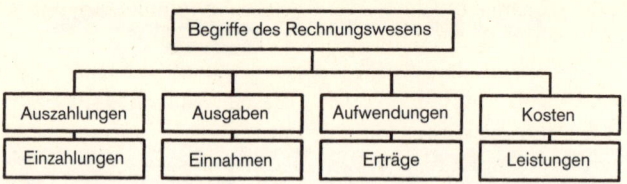

Die Begriffspaare sind jeweils derselben logischen Ebene zuzuordnen:

- **Auszahlungen und Einzahlungen** sind *tatsächliche Zahlungsmit-
telab- und -zuflüsse* und betreffen somit Veränderungen der Kas-
se oder Bank.
Beispiele sind Barein- und -verkauf, Barentnahmen und Bareinla-
gen sowie geleistete oder erhaltene Anzahlungen.

- Bei **Ausgaben und Einnahmen** sind Zu- oder Abgänge von Gütern
oder Dienstleistungen zu verzeichnen. Soweit diese nicht gleichzeitig mit einem Zahlungsmittelab- oder -zufluss verbunden sind,
entstehen statt dessen Forderungen bzw. Verbindlichkeiten, d. h.,
sie sind mit einem Schuldrechtsverhältnis verknüpft.
Beispiele hierfür sind jeder Zieleinkauf oder Zielverkauf.

Ausgaben und Einnahmen verändern das *Geldvermögen*, das sich
aus Zahlungsmittelveränderungen plus Veränderungen an Forderungen und Verbindlichkeiten zusammensetzt, wie die Übersichten
zeigen:

Ausgaben
Auszahlungen + Schuldenzugänge + Forderungsabgänge
= Ausgaben

Einnahmen
Einzahlungen + Forderungszugänge + Schuldenabgänge
= Einnahmen

Ein Beispiel soll den Unterschied kurz veranschaulichen: Beim
Barkauf von Büromaterial liegt eine Auszahlung vor, da die Zah-
lungsmittel direkt betroffen sind.

Hingegen handelt es sich beim Zielkauf von Büromaterial nur um
eine Ausgabe, da ein Schuldenzugang das Geldvermögen mindert.
Mit dem Rechnungsausgleich (per Bank oder gegen bar) liegt ein

Schuldenabgang vor (die Verbindlichkeiten nehmen ab) sowie eine Auszahlung (z. B. die Bank nimmt ab).

- **Aufwendungen und Erträge** erfassen einen *Werteverzehr* bzw. einen *Wertezuwachs* und damit Veränderungen des Gesamtvermögens. Ein Werteverzehr (Aufwand) erfolgt in diesen drei Fällen:
- *Ver*brauch von Gütern (z. B. von Rohstoffen),
- *Ver*brauch von Anlagegütern (z. B. Abschreibung einer Maschine oder Mietaufwendungen) und
- die Inanspruchnahme von Dienstleistungen (z. B. Rechnung einer Werbeagentur, Versicherungsprämie oder Lohn und Gehalt).

Während ein Werteverzehr oder Aufwand die Inputseite (= Verbrauch von Produktionsfaktoren) bezeichnet, ergeben sich auf der Outputseite Wertezuwächse (Erträge).

Ein Aufwand kann *gleichzeitig* eine Auszahlung (z. B. Barkauf von Büromaterial) oder eine Ausgabe (Zielkauf von Rohstoffen) darstellen. Dagegen liegt in den Fällen einer Materialentnahme oder einer Abschreibung auf Maschinen weder eine gleichzeitige Auszahlung noch Ausgabe vor.

Analoges gilt für Erträge: Sie können als Einzahlung entstehen (z. B. Zinsgutschrift auf dem Bankkonto), als Einnahme (z. B. Zielverkauf fertiger Erzeugnisse) oder weder noch (z. B. Bestandserhöhung an Erzeugnissen).

Alle bisherigen Begriffe sind dem Bereich der *Finanzbuchhaltung* zuzuordnen. Da sie das Gesamtvermögen verändern, fließen sie in die Bilanz ein. Aufwendungen und Erträge münden außerdem in die GuV.[1]

Ausschließlich dem Bereich der Kostenrechnung zuzuordnen ist das nächste Begriffspaar:

- **Kosten und Leistungen** bezeichnen den Werteverzehr bzw. Wertezuwachs im Prozess der *betrieblichen* Leistungserstellung und -verwertung. Damit ist ein wesentlicher Unterschied zu Aufwendungen und Erträgen geklärt, die schließlich Werteveränderungen der *gesamten Unternehmung* erfassen. Ein weiteres Merkmal von

---

1 Aufwendungen und Erträge sind in der Bilanz als aggregierter Wert (Gewinn oder Verlust) ersichtlich, ggf. ist ihre Entstehung auch mit einer Vermögensänderung verbunden, so z. B. ist der Verbrauch von Rohstoffen eine Minderung der Vorräte.

Kosten und Leistungen besteht darin, dass zum Teil *zusätzliche*, zum Teil auch *andere* Geldwerte als in der Finanzbuchhaltung angesetzt werden.[1] Als Beispiel seien hierfür die Zusatzkosten[2] und kalkulatorische Abschreibungen[3] genannt.

Nachfolgend sollen **Kosten** und **Aufwendungen** im Detail voneinander abgegrenzt werden. Zur Veranschaulichung zunächst ein Abgrenzungsschema:

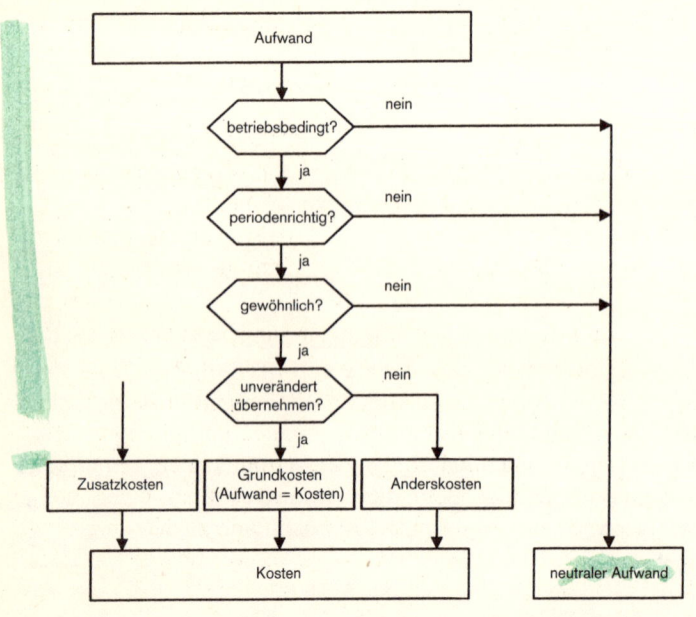

---

1 Damit folgen wir dem *wertmäßigen* Kostenbegriff im Gegensatz zum *pagatorischen*, der nur jene Kosten berücksichtigt, denen eine Auszahlung in gleicher Höhe gegenübersteht; vgl. S. 26.

2 Beispiel: Der kalkulatorische Unternehmerlohn (bei Personengesellschaften), der in der Kostenrechnung zu Recht angesetzt wird, darf in der Finanzbuchhaltung nicht gebucht werden, vgl. S. 60 f.

3 Als Aufwand wird nach den gesetzlich erlaubten Verfahren vom historischen Wert bei Vermögenszugang (= Anschaffungs- bzw. Herstellungskosten) abgeschrieben. Kalkulatorisch erfolgt die Abschreibung linear, meist vom *Wiederbeschaffungswert*, vgl. S. 52 ff.

Inwieweit Übereinstimmungen und Unterschiede zwischen Aufwendungen und Kosten bestehen, zeigt die nachstehende Grafik:

Aufwendungen der Finanzbuchhaltung				
Unternehmensbezogene Aufwendungen = Nichtkosten			Betriebl. Aufwendungen (Zweckaufwand) = Grundkosten	Nicht-Aufwand = Zusatzkosten
be- triebs- fremd	peri- oden- fremd	außer- ordent- lich		
			Anderskosten	
Kosten der Kosten- und Leistungsrechnung				

▶ **Nichtkosten:** Aufwendungen, aber keine Kosten sind:
- **betriebsfremd** (z. B. Verlust aus Wertpapierverkauf oder Verkauf einer nicht mehr benötigten Maschine mit Verlust),
- **periodenfremd** (z. B. Steuernachzahlung fürs Vorjahr) und/oder
- **außerordentlich** (z. B. Verluste aus Enteignung oder Kosten einer Betriebsverlegung).

Nichtkosten werden in der Kostenrechnung nicht berücksichtigt. Üblicherweise werden sie als *neutrale Aufwendungen* bezeichnet.

▶ **Grundkosten:** Aufwendungen, die im Rahmen der betrieblichen Leistungserstellung in gleicher Höhe anfallen und nicht periodenfremd oder außerordentlich sind, heißen Grundkosten. Ein Beispiel dafür ist Büromaterial[1] oder die Eingangsrechnung eines Spediteurs. Der Verbrauch von Rohstoffen zählt dann zu den Grundkosten, wenn in der Kostenrechnung keine (abweichenden) Verrechnungspreise angesetzt werden.

▶ **Anderskosten:** Übernimmt die Kostenrechnung die Aufwandsposten der Geschäftsbuchhaltung, ordnet ihnen aber andere Beträge zu, so handelt es sich um Anderskosten. Der gebuchte betriebliche Aufwand wird demnach durch einen neuen kalkulatorischen Wert in anderer Höhe ersetzt. Dazu zählen:[2]
- Kalkulatorische Abschreibungen

---

1 Beim Einkauf wird Büromaterial sofort als Aufwand gebucht; es liegt damit die Fiktion zugrunde, dass es sofort verbraucht wird.
2 Vgl. hierzu ausführlich in Kap. 2.2.3.

- Kalkulatorische Wagnisse
- Kalkulatorische Zinsen
- Verrechnungspreise für Werkstoffe und Waren

▶ **Zusatzkosten:** Den Zusatzkosten steht *kein* betrieblicher Aufwand gegenüber, d. h. die Kostenrechnung muss Zusatzkosten zusätzlich berücksichtigen und dafür einen geeigneten (kalkulatorischen) Wertansatz finden. Zusatzkosten sind:

- Kalkulatorischer Unternehmerlohn
- Kalkulatorische Miete

Im Rahmen der kostenrechnerischen Vorarbeiten muss im Einzelnen geprüft werden, ob ein Aufwand neutral ist oder betrieblich bedingt (= *sachliche* Abgrenzung) und ob Anders- oder Zusatzkosten angesetzt werden sollen (= *kalkulatorische* Abgrenzung).[1]

Gleiches gilt analog für **Leistungen** und **Erträge**:[2]

Erträge der Finanzbuchhaltung				
Unternehmensbezogene Erträge = Nichtleistungen			Betriebl. Erträge (Zweckertrag) = Grundleistungen	Nicht-Ertrag = Zusatzleistungen
betriebsfremd	periodenfremd	außerordentlich		
			Leistungen der Kosten- und Leistungsrechnung	

▶ **Nichtleistungen:** Nichtleistungen sind *neutrale* Erträge, aber keine Leistungen, wenn sie

- **betriebsfremd** (z. B. Gewinn bei Wertpapierverkauf oder Mieterträge[3]),

---

1 „Sachliche Abgrenzung" kann auch als Oberbegriff verstanden werden; vgl. Kap. 2.3.
2 Hierzu stelle man sich ein Abgrenzungsschema analog zu dem von S. 20 vor.
3 Mietaufwendungen sind i. d. R. betrieblich bedingt, Mieterträge aber nicht: Schließlich kann die Unternehmung nur Räume vermieten, wenn sie sie nicht zur betrieblichen Produktion benötigt. Ähnliches gilt für Zinsaufwendungen (vorwiegend betrieblich) und Zinserträge (betriebsfremd).

- **periodenfremd** (z. B. Steuerrückerstattung) oder
- **in außerordentlicher Höhe** (z. B. Entschädigung bei Enteignung) anfallen.

▶ **Grundleistungen:** Dies sind betriebliche Erträge, die für die Zwecke der Kostenrechnung unverändert aus der Finanzbuchhaltung übernommen werden. Dazu zählen i. d. R. sämtliche

- **Absatzleistungen** (z. B. Verkaufserlöse für eigene Erzeugnisse),
- **Lagerleistungen** (z. B. Mehrbestände an unfertigen und fertigen Erzeugnissen, die noch nicht verkauft wurden) und
- **aktivierte Eigenleistungen** (z. B. selbst durchgeführte Hausausbauten oder selbst hergestellte Anlagegüter, die zur Nutzung in der Unternehmung bestimmt sind).

▶ **Zusatzleistungen:** Die (seltenen) Zusatzleistungen sind kalkulatorische Betriebserträge, die nicht aus der Finanzbuchhaltung stammen. Sie entstehen beispielsweise, wenn kalkulatorische Kosten auf die Verkaufspreise aufgeschlagen werden oder wenn aufgrund eines Preisanstiegs mit höheren Verkaufspreisen kalkuliert wird.[1]

Eine Grafik[2] soll die obigen Begriffe im Zusammenhang verdeutlichen:

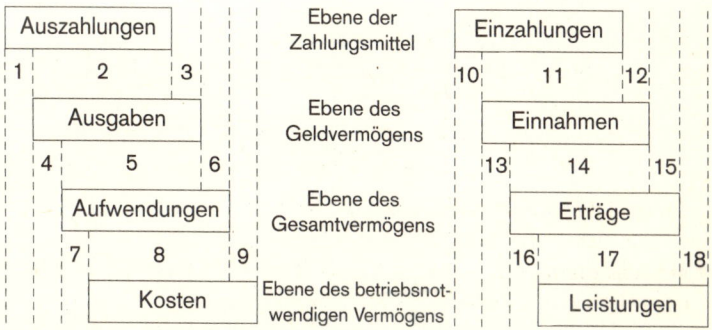

Es ist ersichtlich, dass sich die einzelnen Begriffe zum Teil überlappen. Fall 5 charakterisiert Kosten, die gleichzeitig einen Aufwand, eine Ausgabe und eine Auszahlung darstellen. Fall 7 be-

---

1 Im letzten Fall handelt es sich streng genommen um eine „Andersleistung".
2 Vgl. Haberstock I, a.a.O., S. 28.

zeichnet die eben beschriebenen neutralen Aufwendungen, Fall 16 die neutralen Erträge.

Zu den angegebenen Zahlen seien folgende Beispielfälle genannt:

Fall 1: **Auszahlung, keine Ausgabe:** Barentnahme des Inhabers, Begleichen einer Lieferverbindlichkeit, geleistete Vorauszahlung

Fall 2: **Auszahlung und Ausgabe:** Barkauf von Rohstoffen oder von Anlagegütern[1]

Fall 3: **Ausgabe, keine Auszahlung:** Zielkauf von Werkstoffen oder Anlagegütern[2]

Fall 4: **Ausgabe, kein Aufwand:** Rohstoffkauf[3], Kauf von Anlagegütern

Fall 5: **Ausgabe und Aufwand:** Überweisung der Versicherungsprämie oder Abbuchung der Stromgebühren für die lfd. Periode, Bezahlen des anliefernden Spediteurs[4]

Fall 6: **Aufwand, keine Ausgabe:** Entnahme von Rohstoffen, Abschreibung, Bestandsminderungen an unfertigen und Fertigerzeugnissen, über die aktive Rechnungsabgrenzung einer anderen Periode zugerechnete Aufwendungen

Fall 7: **Aufwand, keine Kosten (neutraler Aufwand):** Verlust beim Wertpapierverkauf (betriebsfremd), Gewerbesteuernachzahlung (periodenfremd), Enteignungsverlust (außerordentlich)

Fall 8: **Aufwand und Kosten (= Zweckaufwand oder Grundkosten):** Gehalt des Produktionsleiters, Akkordlöhne, Rohstoffverbrauch (sofern nicht mit Verrechnungspreisen gerechnet wird)[5]

---

1 Aufwand und (Anders-)Kosten liegen erst beim Verbrauch der Rohstoffe bzw. beim Gebrauch der Anlagegüter (= Abschreibung) vor. Aufwand und Auszahlung sind somit unterschiedlichen Perioden zuzuordnen; vgl. Fall 6.

2 Durch den Kreditvorgang „Ziel" fallen Ausgabe und Auszahlung zeitlich auseinander.

3 Vgl. Fußnote 1.

4 Bei Barzahlung des Spediteurs handelt es sich um die Kombination Aufwand-Ausgabe-Auszahlung, schickt er eine Rechnung, so liegen Aufwand-Ausgabe vor.

5 Die Anderskosten stehen gedanklich zwischen den Fällen 8 und 9.

Fall 9:   **Kosten, kein Aufwand (= Zusatzkosten):** kalkulatorischer Unternehmerlohn und kalkulatorische Miete

Fall 10: **Einzahlung, keine Einnahme:** Bareinlage des Inhabers, erhaltene Vorauszahlung, Zahlungseingang einer Forderung

Fall 11: **Einzahlung und Einnahme:** Barverkauf

Fall 12: **Einnahme, keine Einzahlung:** Zielverkauf

Fall 13: **Einnahme, kein Ertrag:** Verkauf von Anlagegütern zum Buchwert

Fall 14: **Einnahme und Ertrag:** Verkauf von Produkten[1], Zinsgutschrift der Bank, Verkauf von Anlagegütern über dem Buchwert[2]

Fall 15: **Ertrag, keine Einnahme:** Bestandserhöhungen, Zuschreibungen, aktivierte Eigenleistungen

Fall 16: **Ertrag, keine Leistung (= neutraler Ertrag):** Zinsgutschrift (betriebsfremd), Steuerrückvergütung (periodenfremd), Erhalt einer Entschädigungszahlung (außerordentlich)

Fall 17: **Ertrag und Leistung (= Zweckertrag oder Grundleistung):** Umsatzerlöse für verkaufte Produkte oder Dienstleistungen

Fall 18: **Leistung, kein Ertrag (= Anders- bzw. Zusatzleistung):** höher kalkulierte Fertigerzeugnisbestände bzw. verschenkte Produkte

1.4 Kostenbegriff

Kosten sind definiert als der in Geld bewertete Werteverzehr im Rahmen der betrieblichen Leistungserstellung, wobei nach der Art der Kostenerfassung unterschieden werden:

- **Pagatorische Kosten** berücksichtigen lediglich jene Kosten (und in jener Höhe), wie sie durch Ausgaben (und damit letztlich auch Auszahlungen) nachzuweisen sind.
- Beim **wertmäßigen Kostenbegriff** hingegen kann von den tatsächlich gezahlten Kosten abgewichen werden. Stattdessen können –

---

1 Beim Barverkauf liegt zusätzlich eine Einzahlung vor.
2 Ein Ertrag liegt nur in Höhe des realisierten Gewinnes vor.

je nach Zweck – z. B. verrechnete Werte angesetzt werden oder Kosten, denen keine Aufwendungen gegenüberstehen. In den nachfolgenden Darstellungen werden *wertmäßige* Kosten zugrunde gelegt.

Die Effektivität eines Kostenrechnungssystems wird von dem Grad bestimmt, wie exakt die einzelnen Kosten erfasst und voneinander abgegrenzt werden. Abhängig vom verfolgten Zweck müssen Kosten unterschiedlich differenziert werden. Es bieten sich folgende Kategorisierungskriterien an:

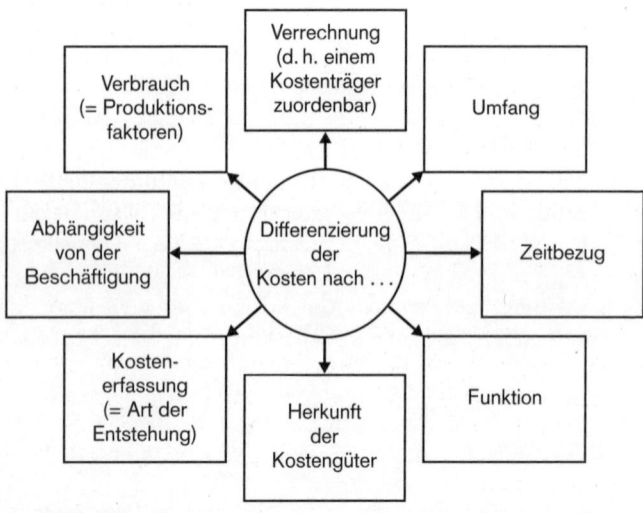

Die einzelnen Kategorien von Kosten werden nachfolgend dargestellt.[1]

---

1 Ein weiteres Unterscheidungsmerkmal wäre, inwieweit die Kosten für eine bestimmte Menge Leistungseinheiten (z. B. produzierte Erzeugnisse) anfallen. Demnach würde in Gesamtkosten, Stückkosten und Grenzkosten unterschieden werden; vgl. hierzu S. 10.

1.4.1 Unterscheidung nach Art der Verrechnung

Nach der Verrechnungsart der Kosten auf die **Kostenträger** (= gefertigte Erzeugnisse oder erstellte Dienstleistungen) unterscheidet man:

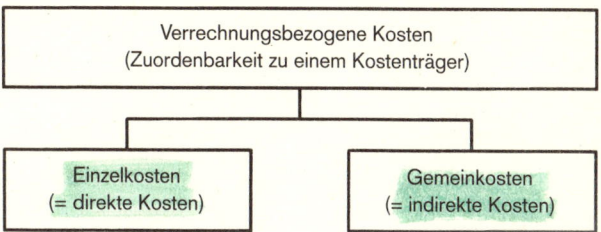

▶ **Einzelkosten (EK):** Sie können einem Kostenträger (= Sachgut oder Dienstleistung als Produkt) *direkt* zugerechnet werden, fallen also eindeutig für ein bestimmtes Produkt an. Es werden folgende Einzelkosten unterschieden:

- **Materialeinzelkosten** = Fertigungsmaterial, z.B. Rohstoffe oder Fremdbauteile
- **Fertigungseinzelkosten** = Fertigungslöhne, z.B. Akkordlöhne
- **Sondereinzelkosten (SEK) der Fertigung** haben einen Sonderstatus: Sie fallen zwar für ein bestimmtes Produkt an, aber nicht mit jedem einzelnen gefertigten Stück, sondern für den gesamten Auftrag. Typische SEK der Fertigung sind Kosten für Modelle oder Spezialwerkzeug und Testkosten.
- **Sondereinzelkosten (SEK) des Vertriebs** fallen für ein oder mehrere verkaufte Stücke an, z.B. für Verkaufsprovisionen, Verpackungskosten, Ausgangsfrachten oder Transportversicherungen.

▶ **Gemeinkosten (GK):** Gemeinkosten fallen für mehrere oder alle Kostenträger gemeinsam an, weil sie entweder einem bestimmten Produkt nicht direkt zugerechnet werden können oder (aus ökonomischen Gründen) sollen. Sie gliedern sich wie folgt:

- **Echte Gemeinkosten** sind einem Kostenträger nicht zuordenbar, z.B. Hilfslöhne, Gehälter, Versicherungen, Steuern, Büromaterial.

- **Unechte Gemeinkosten** könnten einem Kostenträger unmittelbar zugerechnet werden, aus Wirtschaftlichkeitsgründen wird darauf aber verzichtet; z. B. Hilfsstoffe (Schrauben, Nägel o. Ä.) und evtl. Betriebsstoffe.

Letztlich soll jedes Produkt alle Kosten tragen, die es verursacht hat. Während Einzelkosten *direkt* zugerechnet werden können, ist dies bei Gemeinkosten nur *indirekt*, d. h. mittels zu bestimmender Verteilungsschlüssel möglich. Diese Aufgabe übernimmt die **Kostenstellenrechnung** (vgl. Kapitel 3.1):

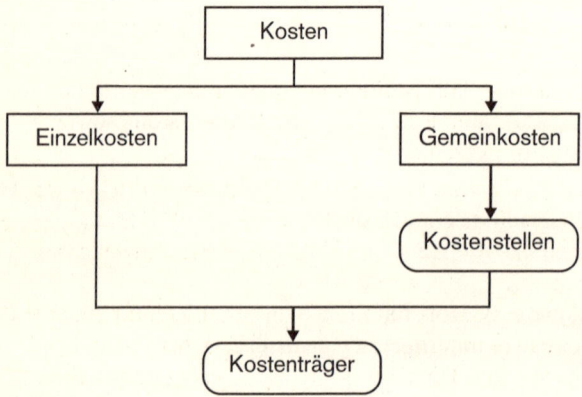

In der Automobilindustrie beispielsweise sind Akkordlöhne und Lichtmaschinen (als Fremdbauteile) Einzelkosten und als solche jedem einzelnen Produkt zuordenbar.

Hilfslöhne für einen Bandarbeiter (Urlaubsvertretung) stellen (echte) Gemeinkosten dar. Da sie immerhin *einer* Kostenstelle genau zuzurechnen sind, handelt es sich hierbei um **Stelleneinzelkosten**. **Stellengemeinkosten**, wie z. B. Kosten der Werksfeuerwehr, fallen nicht nur für *eine* Kostenstelle, geschweige denn für ein bestimmtes Erzeugnis an.

1.4.2 Unterscheidung nach Art des Verbrauchs

Je nach Art des verbrauchten Produktionsfaktors werden die angefallenen Kosten einer der folgenden Gruppen zugeordnet:[1]

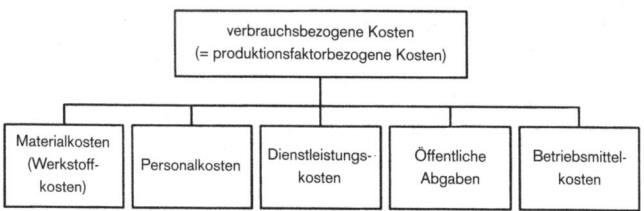

A. Material- oder Werkstoffkosten erfassen den Verbrauch der Produktionsfaktoren Roh-, Hilfs- und Betriebsstoffe sowie deren Aggregate. Im Einzelnen zählen dazu:

▶ **Fertigungsmaterial:** Sie gehen als *Hauptbestandteil* in die zu fertigenden Produkte ein. Da sie dem einzelnen Produkt (= Kostenträger) direkt zuordenbar sind, werden sie als Einzelkosten erfasst. Dazu gehören:

● **Rohstoffe**, z. B. Holz für einen Schrank, Blech für einen PKW
● **Halbfertige (= unfertige) Erzeugnisse**, z. B. bereits (in einer Vorperiode) gefertigte Tür eines Schrankes, zusammengeschweißte Karosserie
● **Fremdbauteile** (= Vorprodukte), z. B. Türschloss, Lichtmaschine

▶ **Hilfsstoffe:** Hilfsstoffe gehen ebenfalls direkt in ein Produkt ein, allerdings als *Nebenbestandteil*. Sie könnten daher ebenfalls als Einzelkosten erfasst werden; aus Gründen der Wirtschaftlichkeit werden sie meist als unechte Gemeinkosten verrechnet; z. B. Leim oder Nägel, Schrauben u. Ä.

▶ **Betriebsstoffe:** Sie gehen *nicht* als Bestandteil in das Produkt ein, sondern sind nur zu dessen Herstellung notwendig. Sie werden stets als Gemeinkosten erfasst und verrechnet. Beispiele: Schmiermittel, Strom, Wasser, Gas, Heizmaterial.

---

1 Eine ähnliche Klassifizierung findet sich im Kostenartenplan wieder, der aus dem Kontenplan der Geschäftsbuchhaltung abgeleitet wird (vgl. Kapitel 2.2.1).

B. Personalkosten entstehen durch den Einsatz menschlicher Arbeitskraft. Dazu zählen:

▶ **Löhne:** Lohnkosten entstehen in Höhe des vereinbarten Bruttoentgelts für Arbeiter. Zu unterscheiden sind:

- **Fertigungslöhne** inkl. ihrer Zuschläge, z. B. Löhne für Dreher oder Fräser.

Fertigungslöhne sind als Einzelkosten direkt einem Produkt zuordenbar.

- **Hilfslöhne** inkl. ihrer Zuschläge, z. B. Löhne für Reinigungspersonal, Betriebselektriker oder Verladearbeiter. Da die Hilfslöhne nicht direkt einem bestimmten Produkt zuordenbar sind, handelt es sich dabei um Gemeinkosten.

Ein weiteres Unterscheidungsmerkmal ist die *Leistungsabhängigkeit* des gezahlten Lohnes:[1]

- **Zeitlöhne** werden für einen bestimmten Zeitraum bezahlt, unabhängig von der erbrachten Leistung; Beispiele sind der Lohn für den Betriebsgärtner oder -schlosser. Zeitlöhne sind damit fixe Kosten.

- **Akkordlöhne** sind abhängig von der produzierten Menge (leistungsabhängig). Damit stellen sie sowohl Einzelkosten als auch variable Kosten dar.

- Bei **Prämienlöhnen** ist der Prämienanteil ebenfalls leistungsabhängig.

▶ **Gehälter:** Gehälter sind vereinbarte Kosten je Zeiteinheit für Angestellte. Sie sind also leistungs*un*abhängig und stellen daher Gemein- als auch Fixkosten dar.

▶ **Sozialkosten:** Hierzu zählen gesetzliche und freiwillige Sozialaufwendungen, die dem Arbeitnehmer entweder direkt oder indirekt zugute kommen.

- Sie stellen dann *Einzel*kosten dar, wenn sie in Bezug auf Fertigungslöhne anfallen, z. B. Arbeitgeberanteil zur Sozialversicherung zum Akkordlohn.

- Ansonsten zählen sie zu den *Gemein*kosten, z. B. Arbeitgeberanteil zur Sozialversicherung bei Angestellten, Geburtsbeihilfen,

---

1 Zur Vertiefung s. S. 47 ff.

Beiträge zur Unfallversicherung, Kosten der Kantine, Werksbücherei u. Ä.

▶ **Sonstige Personalkosten:** Diese fallen vor allem im Zusammenhang mit der Einstellung oder Entlassung von Mitarbeitern an, z. B. Stellenanzeige, Vorstellungskosten, Abfindungskosten. Sonstige Personalkosten sind immer Gemeinkosten.

C. **Dienstleistungskosten:** Fließen in den Produktionsprozess von anderen Unternehmungen erbrachte Leistungen ein, so handelt es sich um Dienstleistungskosten, die bei Bedarf weiter untergliedert werden können. Sie stellen i. d. R. Gemeinkosten dar.

Beispiele: Mietkosten, Kosten für Porto, Telefon und sonstige Telekommunikationseinrichtungen, Versicherungen, Werbekosten, Reparaturkosten, Beratungskosten, Patent- und Lizenzkosten.

Durch Outsourcing wächst der Anteil an Dienstleistungskosten zuungunsten von (vor allem) Personalkosten.

D. Die **öffentlichen Abgaben** stellen eine besondere Art Dienstleistungskosten dar, denen oft keine direkte Gegenleistung gegenübersteht. Es zählen dazu alle Kostensteuern (Gewerbesteuer, Grundsteuer, Kfz-Steuer, Steuer für den Wachhund) sowie Gebühren und Beiträge, die an staatliche Einrichtungen o. Ä. zu zahlen sind (z. B. Gebühr für den Handelsregistereintrag oder IHK-Beitrag).

E. **Betriebsmittelkosten und sonstige kalkulatorische Kosten:** Dazu zählen insbesondere die Abschreibungen, mit denen die Wertminderung durch die Nutzung des Produktionsfaktors „Betriebsmittel" berechnet wird. Im Gegensatz zu den *bilanziellen* Abschreibungen werden in der Kostenrechnung *kalkulatorische* Abschreibungen angesetzt.[1]

Ähnliches gilt für die anderen kalkulatorischen Kosten[2]: Sie stellen grundsätzlich Kosten dar, evtl. wird in der Kostenrechnung aber ein anderer Wertansatz zugrunde gelegt als in der Geschäftsbuch-

---

1 Vgl. Kap. 2.2.3.1.
2 Vgl. hierzu ausführlich in Kap. 2.2.3.

haltung; in diesem Fall handelt es sich um Anderskosten, ansonsten um Zusatzkosten.[1]

1.4.3 Unterscheidung nach Abhängigkeit von der Beschäftigung

Kosten verhalten sich unterschiedlich bei Änderung der Beschäftigung, d. h. bezogen auf die Ausbringungsmenge oder die tatsächlich erbrachte Leistung.[2]

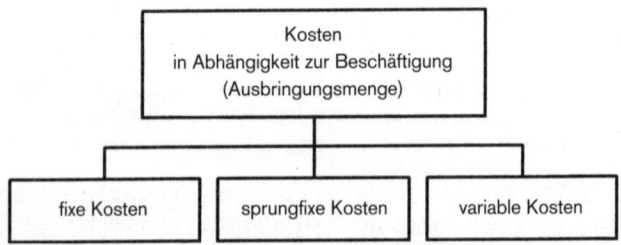

▶ **fixe Kosten:** Fixe Kosten (K_f) sind als Bereitschaftskosten *zeitabhängig*. Innerhalb bestimmter Beschäftigungsgrenzen verändern sie sich nicht, bis eine Kapazitätsveränderung erfolgt. Unter dieser Prämisse sind fixe Kosten unabhängig vom Beschäftigungsgrad. Sie fallen also auch dann an, wenn keine Leistung erbracht wird. Fixe Kosten sind grundsätzlich Gemeinkosten, umgekehrt müssen Gemeinkosten nicht zwangsläufig fix sein.

Beispiele: Geschäftsführerfixum, Meistergehalt, Zeitlöhne, Kosten für Telefonanschluss, Mietkosten, Beleuchtung in der Produktionshalle.

▶ **variable Kosten:** Variable Kosten (K_v) ändern sich bei Beschäftigungsänderung unmittelbar. Sie lassen sich deutlich daran identifizieren, dass sie sich ändern, wenn *ein* Stück mehr oder weniger produziert wird. Variable Kosten können Einzelkosten (z. B. Akkordlohn oder Kosten für Rohstoffe und Fremdbauteile inkl. der Zölle darauf) als auch Gemeinkosten sein (z. B. Hilfsstoffverbrauch).

---

1 Vgl. S. 21 f.
2 Vgl. auch die Darstellung der Kostenverläufe auf S. 11 ff.

▶ **Mischkosten:** Letztlich sind alle Kosten entweder fix oder variabel. Kosten, die sowohl fixe als auch variable Anteile enthalten, werden in der Praxis ggf. nicht aufgesplittet; es handelt sich dann um sog. Mischkosten.

An dieser Stelle sei deutlich gesagt, dass Fixkosten und Gemeinkosten *nicht identisch* sind. Zwar sind Fixkosten grundsätzlich auch Gemeinkosten, umgekehrt gilt dies aber nicht zwangsläufig. Es gelten die folgenden Beziehungen:

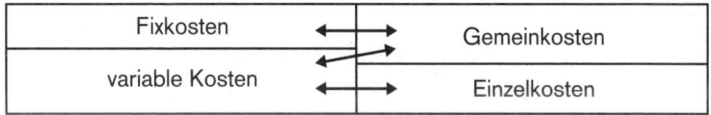

Die Abschreibung für ein Lagerregal beispielsweise stellt Fix- und Gemeinkosten dar, während Akkordlöhne variable Einzelkosten sind. Ein Beispiel für Gemeinkosten, die gleichzeitig variabel sind, wären unechte Gemeinkosten, wie z. B. Hilfsstoffverbrauch.

Eine Ausnahme zur obigen Regel stellen *Sondereinzelkosten der Fertigung* dar: z. B. sind Kosten für Konstruktionspläne, Gießformen und Tests fix.

1.4.4 Unterscheidung nach Art der Kostenerfassung

Nach der Art der Kostenerfassung, also inwieweit Aufwendungen unverändert oder mit anderen Werten übernommen oder zusätzliche Kosten angesetzt werden, unterscheidet man:[1]

● **Grundkosten**
● **Anderskosten**
● **Zusatzkosten**

---

1 Vgl. die Ausführungen auf S. 21 f.; auf die unterschiedlichen kalkulatorischen Kosten wird in Kap. 2.2.3 näher eingegangen.

1.4.5 Unterscheidung nach Herkunft der Kostengüter

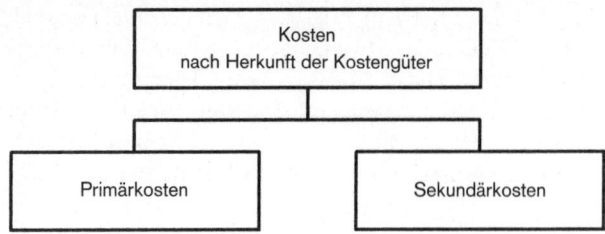

▶ **Primärkosten:** Kosten, die durch die Beziehungen der Unternehmung zu ihrer Umwelt entstehen, heißen Primärkosten (oder ursprüngliche Kosten). Beispiele hierfür sind Kosten für eine Werbeagentur, Fremdkapitalzinsen, Reparaturrechnungen, Personalkosten oder Materialverbrauch.[1]

▶ **Sekundärkosten:** Sekundärkosten werden auch *abgeleitete* Kosten genannt. Sie entstehen durch *innerbetriebliche Leistungsverrechnung*[2], z. B. Reparaturkosten durch die eigene Betriebsschlosserei oder Kosten für selbsterzeugte Energie.

1.4.6 Unterscheidung nach der Funktion

Je nach Funktionsbereich, in dem die Kosten anfallen, lassen sie sich unterscheiden in:

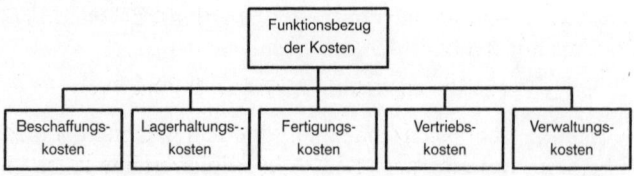

---

1 Zum besseren Verständnis von Primär- und Sekundärkosten vgl. beispielhaft S. 70.
2 Vgl. ausführlich in Kap. 3.3.3.

Die funktionsorientierte Einteilung der Kosten wird im Rahmen der Kostenstellenrechnung aufgegriffen und dient dort als Grundlage zur Einteilung des Betriebs in Kostenstellen (vgl. Kapitel 3.1). Demnach bestünde eine Mindestgliederung aus den vier Kostenstellen Beschaffung, Fertigung, Vertrieb und Verwaltung – sofern die Lagerhaltung als Teil der Beschaffung gesehen wird.

1.4.7 Unterscheidung nach dem Zeitbezug

Von der Zeitdimension der Betrachtung her lassen sich *vergangenheits-* und *zukunftsorientierte* Kosten unterscheiden:

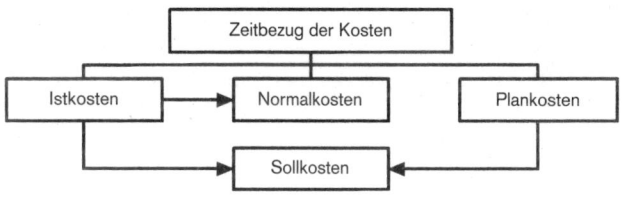

▶ **Istkosten:** Istkosten, auch tatsächliche oder effektive Kosten genannt, sind die Kosten, die (im Nachhinein betrachtet) tatsächlich für eine Periode oder eine produzierte Einheit angefallen sind. Es gilt die Formel:

$$\text{Istkosten} = \text{Ist-Menge} \cdot \text{Ist-Preis}$$

▶ **Normalkosten:** Normalkosten werden als Durchschnittswerte (bezogen auf den Preis und/oder die Menge) aus den Istkosten vergangener Perioden gemittelt. Formel:

$$\text{Normalkosten} = \text{Normal-Menge} \cdot \text{Normal-Preis}$$

▶ **Plankosten:** Plankosten sind zukunftsgerichtet. Unter der Voraussetzung eines ordnungsgemäßen Produktionsverlaufs fallen sie in vorausbestimmbarer Höhe an, wobei erwartete Preisänderungen berücksichtigt werden. Formel:

$$\text{Plankosten} = \text{Plan-Menge} \cdot \text{Plan-Preis}$$

▶ **Sollkosten:** Sollkosten entstehen, wenn *im Nachhinein* die tatsächliche Ausbringungsmenge bekannt ist und mit dem Plan-Preis bewertet wird. Die Sollkosten geben an, in welcher Höhe die Kosten zu einem bestimmten Beschäftigungsgrad hätten anfallen dürfen. Die Formel lautet:

$$\text{Sollkosten} = \text{Ist-Menge} \cdot \text{Plan-Preis}$$

Je nach Umfang der Verrechnung sind Ist-, Normal- und Plankostenrechnung sowohl auf Vollkosten- als auch auf Teilkostenbasis möglich.[1]

1.4.8 Unterscheidung nach dem Umfang der Kosten

Nach dem Umfang der Kostenberücksichtigung wird unterschieden in:
- **Vollkosten** (sämtliche Einzel- und Gemeinkosten)
- **Teilkosten** (z. B. nur die variablen Kosten)

Hierbei wird allerdings nicht eine einzelne Kostenart betrachtet, sondern – quasi summarisch – inwieweit *sämtliche* Kosten in das Kostenrechnungssystem einfließen oder nur ein Teil davon, z. B. die relevanten Kosten.[2]

1.5 Kostenrechnungssysteme

Die verschiedenen Kostenrechnungssysteme können nach den Aspekten „Zeit"[3] und „Umfang"[4] unterschieden werden. Demnach gibt es:[5]

---

1 Kostenrechnungssysteme werden in Kap. 1.5 behandelt.
2 Relevante Kosten sind abhängig vom Treffen einer bestimmten Entscheidung. Ohne Engpässe setzen sie sich nur aus Einzelkosten zusammen, mit Engpässen fließen die Opportunitätskosten mit ein.
3 Vgl. Kap. 1.4.7.
4 Vgl. Kap. 1.4.8.
5 Vgl. Horvárth, P., Controlling, 9. Auflage, München 2003, S. 472 ff.

Aspekt	System
Zeitbezug der Kosten	• Istkostenrechnungssysteme • Normalkostenrechnungssysteme • Plankostenrechnungssysteme
Umfang der eingerechneten Kosten	• Vollkostenrechnungssysteme • Teilkostenrechnungssysteme

Da ein Kostenrechnungssystem immer eine Kombination der beiden Aspekte „Zeit" und „Umfang" ist, ergeben sich sechs Möglichkeiten: Ist-, Normal- und Plankostenrechnung können jeweils als Voll- oder Teilkostenrechnung durchgeführt werden:

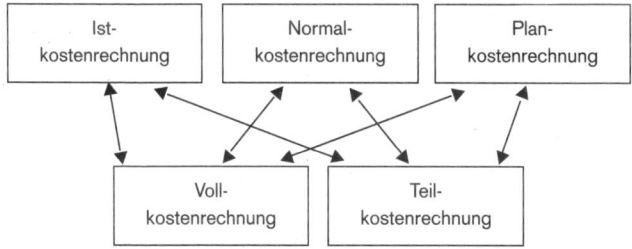

Die **Istkostenrechnung** rechnet mit Ist-Mengen und Ist-Preisen und damit mit den tatsächlich angefallenen (= effektiven) Kosten. Konsequent durchgeführt, ergibt sich daraus insofern ein Nachteil, als z. B. bei Schwankungen der Rohstoffpreise die Kostenermittlung laufend aktualisiert werden müsste. In der Praxis wird deshalb eher mit Durchschnitts- oder Planwerten gearbeitet (z. B. Verrechnungspreise für Rohstoffe), was bei den kalkulatorischen Kosten sowieso üblich ist. In diesem Sinne hat jede Istkostenrechnung auch Elemente einer Normalkostenrechnung.

Als Vorteil der Istkostenrechnung wird gesehen, dass sie sich zur *Nachkalkulation* eignet. Eine wirksame Kostenkontrolle setzt allerdings voraus, dass die Ist-Kosten anhand von Soll-Kosten gemessen werden können.

Die **Normalkostenrechnung** rechnet ebenfalls mit Vergangenheitswerten, die allerdings als Durchschnitt mehrerer Perioden gebildet wurden (bezogen auf Mengen und/oder Faktorpreise).

Ihre Vorteile bestehen in der Glättung der Kosten um Zufalls-schwankungen sowie einer Vereinfachung der Kostenermittlung. Wenn auch aufgrund der normalisierten Kalkulationssätze keine ex-akte Nachkalkulation möglich ist, so ist doch eine gewisse Kosten-kontrolle möglich, wenn die Differenz zwischen Normal- und Ist-kosten als Kostenüber- bzw. -unterdeckung ermittelt wird.[1]

Gerade bei erwarteten Änderungen der Preise sowie der Einsatz- und Ausbringungsmengen ergäbe eine Extrapolierung vergangener Daten völlig unrealistische Ergebnisse. Die **Plankostenrechnung** rechnet deshalb mit zukünftigen Größen, also mit geplanten Men-gen und geplanten Kosten.

Bei der *starren* Plankostenrechnung werden die Plankosten für die Planmenge bestimmt, ohne bei schwankender Ausbringungs-menge eine Anpassung an die tatsächliche Ist-Beschäftigung vorzu-nehmen. In der Praxis ist deshalb die *flexible* Plankostenrechnung von größerer Bedeutung, bei der die Plankosten flexibel angesetzt, d. h., an Beschäftigungsänderungen angepasst werden.[2]

Durch den Vergleich der Plan- mit den Sollkosten[3] wird eine wirk-same Kostenkontrolle ermöglicht.

Eine **Vollkostenrechnung** verrechnet sämtliche Kosten auf die Kostenträger, was insbesondere bei längerfristigen Betrachtungen sinnvoll ist. Sie folgt dabei i. d. R. dem Durchschnitts- oder dem Tragfähigkeitsprinzip.[4]

Nach dem *Durchschnittsprinzip* werden den Kostenträgern statt der tatsächlichen Werte die durchschnittlich angefallenen Kosten zugeordnet (man denke beispielsweise an schwankende Rohstoff-preise). Die einfachste Version ist bei einer Einproduktunterneh-mung gegeben, in der die Summe der Fixkosten durch die gesamte Ausbringungsmenge geteilt wird.[5]

---

1 Vgl. S. 94.
2 Vgl. Kap. 6.
3 Sollkosten = Planpreis · Istmenge; vgl. S. 36.
4 Es gibt mehrere Kostenzurechnungsprinzipien – wie die (Fix-)Kosten den Kostenträ-gern zugerechnet werden sollen; die wesentlichen drei werden nachfolgend vorge-stellt; weitere Prinzipien finden sich im Glossar ab S. 217.
5 Vgl. die Divisionskalkulation in Kap. 4.2.2.

In einer Mehrproduktunternehmung müssen die Fixkosten mit Hilfe von *Bezugsgrößen* aufgeschlüsselt werden.

Das *Tragfähigkeitsprinzip* ist eine spezielle Abwandlung des Durchschnittsprinzips. Die fixen Kosten werden dabei nach der Tragfähigkeit eines Kostenträgers verteilt, d. h. nach dessen Preis bzw. Deckungsbeitrag[1]: Ein Produkt mit höherem Preis oder Deckungsbeitrag muss dann anteilig höhere Fixkosten tragen.

Durchschnitts- und Tragfähigkeitsprinzip werden bei Vollkostenrechnungssystemen zugrunde gelegt. Allerdings wird das Verursachungsprinzip dabei außer Acht gelassen, nach dem die Kosten entsprechend ihren verursachenden Kostenträgern auf diese verrechnet werden sollen. Die Gefahr dabei ist, dass aufgrund einer falschen Zuordnung von Kostenblöcken unternehmerische Fehlentscheidungen getroffen werden.

Das *Verursachungsprinzip* besagt, dass Kosten nur jenem Kostenträger (= Leistung) zuzurechnen sind, durch den sie ursächlich entstanden sind. In seiner extremsten Version berücksichtigt das Verursachungsprinzip vorerst nur variable Kosten und ist damit Grundlage für die verschiedenen **Teilkostenrechnungen**.

Das Verursachungsprinzip in allgemeinerer Form kann die Kosten statt *einem* Kostenträger auch einer gesamten Produktart, Produktgruppe, Kostenstelle oder gar einem kompletten Betriebsbereich zuordnen.

Es gibt mehrere Formen der Teilkostenrechnung:[2]

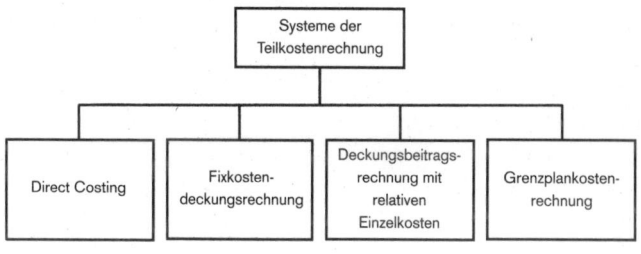

---

1 Deckungsbeitrag = Stückpreis – variable Stückkosten
2 Die einzelnen Formen der Teilkostenrechnung werden in Kap. 5 und 6.2.2 behandelt.

39

Mit Ist-Werten rechnen das Direct Costing, die (stufenweise) Fixkostendeckungsrechnung und die Deckungsbeitragsrechnung mit relativen Einzelkosten. Die Grenzplankostenrechnung verwendet Plankosten.

Bedeutung: Sowohl Teil- als auch Vollkostenrechnung existieren in der Praxis, und zwar durchaus auch nebeneinander. Es ist also nicht so, dass eine Unternehmung nur *eines* der genannten Kostenrechnungssysteme anwendet. Im Gegenteil: Für unternehmensweite Zeitvergleiche mag eine Vollkostenrechnung auf Ist-Kostenbasis verwendet werden, um dispositive Entscheidungen fällen zu können, mag z. B. ein Vollkostensystem auf Normal- oder Plankostenbasis zweckmäßig sein, und eine Deckungsbeitragsrechnung wird möglicherweise benötigt, um kurzfristige Sonderaufträge beurteilen zu können.

Die verschiedenen Systeme werden nachfolgend vorgestellt, wobei in den Kapiteln 2 und 3 *systemübergreifende* Grundlagen vermittelt werden, Kapitel 4 speziell auf die Vollkostenrechnung eingeht und in Kapitel 5 die Teilkostenrechnung behandelt wird. Die Plankostenrechnung ist Gegenstand des Kapitels 6, und in Kapitel 7 werden neue (und ergänzende) Ansätze vorgestellt, die als Instrumente eines wirksamen Kostenmanagement gelten.

2. Kostenartenrechnung

2.1 Bedeutung und Aufgaben der Kostenartenrechnung

Die Kostenartenrechnung ist die Basis der nachfolgenden Stufen der Kostenrechnung – und zwar prinzipiell *unabhängig* vom Kostenrechnungssystem. Die zentrale Frage lautet: *Welche Kosten sind angefallen?* Aufgaben der Kostenartenrechnung sind deshalb:

- die Erfassung sämtlicher Kosten,
- die Zuordnung zu den entsprechenden Kostenarten und
- die Ermittlung der €-Beträge je Kostenart

Kosten in diesem Sinne erfüllen folgende Kriterien:[1]

- es liegt ein mengenmäßiger *Güterverzehr* vor,
- der Güterverzehr ist *leistungsbezogen* und
- der leistungsbezogene Güterverzehr wird *bewertet*.

Es sollen also sämtliche Kosten eindeutig identifiziert werden. Im Rahmen eines Kostenarten-Controlling werden damit erste Aussagen bezüglich der Wirtschaftlichkeit des Leistungserstellungsprozesses ermöglicht: Die einzelnen Kosten können beispielsweise im Zeitvergleich oder als relativer Anteil an den Gesamtkosten beurteilt werden.

Die wesentliche Aufgabe der Kostenartenrechnung liegt jedoch darin, dass sie die Kostenstellen- sowie die Kostenträgerrechnung mit den erfassten Kosten beliefert, und zwar fließen...[2]

- die (Kostenträger-)Einzelkosten direkt in die Kostenträgerrechnung,
- die (Kostenträger-)Gemeinkosten zunächst in die Kostenstellenrechnung.

---

1 Zugrunde liegt der auf Schmalenbach zurückgehende *wertmäßige* Kostenbegriff; vgl. Kosiol, E., Grundriß der Betriebsbuchhaltung, 4. Auflage, Wiesbaden 1966, S. 11.
2 Vgl. S. 28.

Die nachstehende Grafik veranschaulicht die Zusammenhänge:

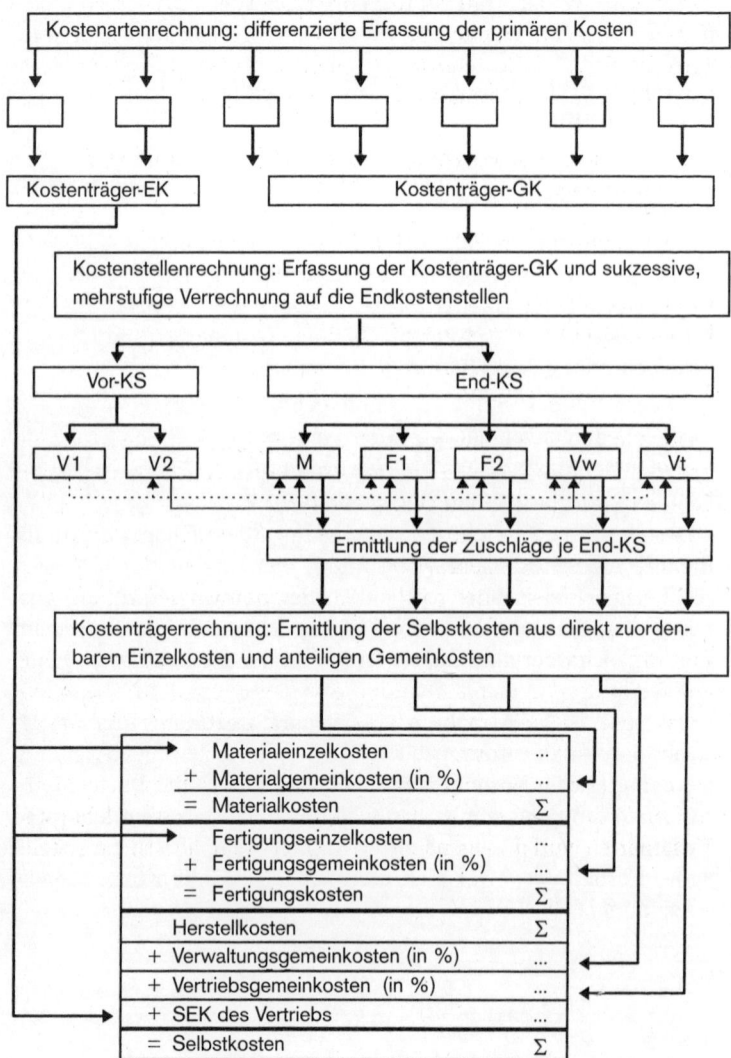

Die nebenstehende Grafik zeigt, dass Kostenarten-, Kostenstellen- und Kostenträgerrechnung ein logisches, strukturiertes System bilden und weniger eine strikte chronologische Abfolge von kostenrechnerischen Arbeiten. Bei der Erfassung von z. B. Kopier- oder Telefonkosten (= Kosten*arten*) werden die verbrauchenden Kosten*stellen* gleich mit genannt.

2.2 Erfassung der einzelnen Kosten in der Kostenartenrechnung

Die einzelnen Kosten werden z. T. aus der Finanzbuchhaltung unverändert oder mit geänderten Werten übernommen. Um eine systematische Ordnung zu gewährleisten, bietet es sich daher an, die Kosten mit Hilfe eines *Kostenartenplans* zu gruppieren.

2.2.1 Kostenartenplan

Ein Kostenartenplan wird i. d. R. von den Kontonummern der Finanzbuchhaltung abgeleitet. Als Auszug der Kontenklasse 4 des GKR soll dies beispielhaft gezeigt werden.

Der umseitige Kostenartenplan hat nur Modellcharakter. In der Praxis ist er weiter untergliedert.

Gliederungsbasis eines solchen Kostenartenplanes sind die Kostenarten nach ihrem Verbrauch, also nach der Art der eingesetzten Produktionsfaktoren.[1] Entsprechend fußt die Kostenartenrechnung auf Daten der Finanzbuchhaltung bzw. vor allem der Nebenbuchhaltungen Materialabrechnung, Lohn- und Gehaltsabrechnung sowie Anlagenabrechnung.[2]

Als Basis eines Kostenrechnungssystems muss die Kostenartenrechnung die einzelnen Kosten exakt erfassen. Für die wichtigsten Kostenarten wird dies im nächsten Kapitel exemplarisch dargestellt.

---

1 Vgl. Kap. 1.4.2.
2 Vgl. S. 3 f.

Kostenartenplan

40	Werkstoffkosten	46	Zwangsabgaben
401	Einsatzstoffe	460	Grundsteuer
402	Fertigungsstoffe	461	Gewerbesteuer
402	Hilfsstoffe	463	andere Steuern
403	Betriebsstoffe	464	allg. Abgaben und Gebühren
404	Fremdbauteile	465	Gebühren für Rechtsschutz
408	Verpackungsstoffe	467	Prüfungsgebühren
409	Handelswaren	468	Beiträge und Spenden
42	Brennstoffe und Energie	469	Versicherungsprämien
420	Brenn- und Treibstoffe	47	Mieten, Verkehrs-, Büro- und Werbekosten
429	Energie		
43	Personalkosten	471	Raummieten
431	Fertigungslöhne	472	Maschinenmieten
432	Hilfslöhne	472	allg. Transportkosten
438	andere Löhne	473	Versandkosten
439	Gehälter und Tantiemen	474	Reisekosten
44	Sozial- und andere Personalkosten	475	Postkosten
		476	Bürokosten
441	gesetzliche Sozialkosten	477	Werbekosten
447	freiwillige Sozialkosten	478	Vertreterkosten
447	Personalkosten	479	Finanzspesen
45	Instandhalt., div. Leistungen	48	Kalkulatorische Kosten
451	Instandhaltung an Grundstücken und Gebäuden	480	Betriebsbed. Abschreibungen
		481	Betriebsbed. Zinsen
452	Instandhaltung an Maschinen und Technischen Anlagen	482	Betriebsbedingte Wagnisse
		483	kalkulat. Unternehmerlohn
453	Instandhaltung an Fuhrpark, Werkzeug und Betriebs- und Geschäftsausstattung	484	sonst. kalkulat. Kosten
		49	Innerbetr. Leistungsverrechn., SEK und Sammelverrechnung
455	allg. Instandhaltung	490	Innerbetr. Leistungsverrechn.
456	Entwicklungs-, Versuchs- und Konstruktionskosten	491	Sondereinzelkosten
		498	Sammelkonto zeitl. Abgrenzung
457	Ausschuss, Gewährleistungen	499	Sammelkonto Kostenarten

2.2.2 Erfassung einzelner Kostenarten

▶ **A. Materialkosten:** Material- oder Werkstoffkosten sind die mit Preisen bewerteten Verbrauchsmengen der entsprechenden Verbrauchsgüter (Roh-, Hilfs-, Betriebsstoffe und Fremdbauteile). Daher müssen im Rahmen der Kostenartenrechnung zunächst die

Verbrauchsmengen ermittelt und anschließend in Geld *bewertet* werden.

Zur Ermittlung der Verbrauchsmengen bieten sich drei Verfahren an:

- **Skontrationsmethode**
- **Inventurmethode**
- **Retrograde Methode**

Die Skontrationsmethode (= Fortschreibungsmethode) ist die genaueste der drei Verfahren – wenn sie auch einen ständigen Arbeitsaufwand bedingt: Sie notiert jeden einzelnen Zugang *und* Abgang am Lager. Dabei wird jeder Zugang mittels Lieferschein und jeder Verbrauch mittels Materialentnahmeschein dokumentiert. Damit gilt die Formel:[1]

Verbrauch = Σ aller Entnahmemengen lt. Materialentnahmescheinen

Ihr Vorteil liegt darin, dass zum einen alle Lagerbestandsveränderungen stets erfasst werden, und zum anderen, dass auf den Entnahmescheinen direkt die verbrauchende Kostenstelle (bzw. der Kostenträger) vermerkt werden kann.

Ohne Schwund, Verderb oder Diebstahl würden Buchbestand und Inventurbestand übereinstimmen. Eine körperliche Inventur könnte ggf. Abweichungen feststellen.

Die Inventurmethode (= Befundrechnung) erfasst ebenfalls jeden Lagerzugang, nicht aber die einzelnen Abgänge. Deshalb muss am Ende einer Periode per Inventur der Endbestand ermittelt und mit dem Buchbestand (= AB + Zugänge; aber ohne Abgänge!) verglichen werden. Als Differenz ergibt sich so der Verbrauch:

Verbrauch = Anfangsbestand + Zugänge – Endbestand

Diese Methode ist für Zwecke der Kostenrechnung nicht zu empfehlen, da keine verbrauchenden Kostenstellen angegeben und außerdem Bestandsdifferenzen aufgrund von Schwund o. Ä. nicht festgestellt werden können.

Ein weiterer Nachteil liegt darin begründet, dass die Kostenrechnung meist eine monatliche Rechnung ist und von daher einer eben-

---

1 Daraus ergibt sich die Gleichung: AB + Zugänge – Verbrauch = Endbestand.

falls monatlich durchgeführten Inventur bedürfte. Dadurch ergäbe sich ein hoher Arbeitsaufwand.

Im Rahmen der Finanzbuchhaltung jedoch hat die Inventurmethode ihre Berechtigung, z. B. bei der Verbrauchsermittlung von Hilfsstoffen.

Bei der retrograden Methode (= Rückrechnung) werden die verbrauchten Mengen für die produzierten unfertigen und fertigen Erzeugnisse anhand von Stücklisten ermittelt, wobei zwangsläufig anfallender Abfall berücksichtigt wird. Die Formel lautet:

Verbrauch = Produzierte Stückzahlen · Sollverbrauchsmenge je Stück

Zusätzliche oder geringere Bestandsminderungen – letztere z. B. aufgrund von sparsamerem Verbrauch – können allerdings nur ermittelt werden, wenn neben dem Sollverbrauch auch der Istverbrauch vorliegt (wozu wieder auf eine der anderen Methoden zurückgegriffen werden muss). Um eine optimale Analyse der verbrauchten Materialmengen zu erhalten, sollten die drei Verfahren nebeneinander eingesetzt werden.

Zur Bewertung der ermittelten Verbrauchsmengen können unterschiedliche Ansätze gewählt werden:

- **Anschaffungswert**
- **Wiederbeschaffungswert**
- **Tageswert**
- **Verrechnungspreis**

Unter Anschaffungswert versteht man den Einstandspreis, also den Wert, der sich unter Berücksichtigung erhaltener Rabatte, in Anspruch genommener Skonti, angefallener Bezugskosten und dgl. ergibt.

Sehr arbeitsintensiv ist die Verwendung *effektiver* Anschaffungspreise, da hier jeder Zugang und jeder Verbrauch zum tatsächlich bezahlten Preis erfolgt.

Einfacher ist die Verwendung *durchschnittlicher* Anschaffungspreise, wobei der Durchschnitt *permanent*, d. h. mit jeder Bestandsveränderung (sehr aufwendig!), oder *periodisch* errechnet wird; für letzteren gilt die Formel:

$$\text{Durchschnittswert} = \frac{\text{AB} + \sum \text{aller Zugänge (in €)}}{\text{AB} + \sum \text{aller Zugänge (in Stück, kg o. Ä.)}}$$

Der Nachteil der genannten Istpreis-Verfahren[1] liegt darin, dass für jede (i. d. R. monatliche) Abrechnungsperiode neue Durchschnittswerte ermittelt werden müssen – was mit enormem Arbeitsaufwand verbunden ist. Eine Alternative dazu bieten die nachfolgend beschriebenen Festpreis-Verfahren:

Der Wiederbeschaffungswert ist der Wert, den ein *Ersatzgut* hätte. Auch dieser Ansatz ist in der Kostenrechnung nicht unproblematisch, weil sowohl die Kostenhöhe als auch der Zeitpunkt der Wiederbeschaffung schwer bestimmbar sind. Außerdem liegt dann keine Kongruenz mit dem Verbrauchszeitpunkt vor.

Der Tageswert ist der Wert eines Gutes zu einem bestimmten Zeitpunkt, z. B. am Tag des Verbrauchs. Gerade bei Preisschwankungen bedingt auch der Tageswert einen hohen Arbeitsaufwand.

Befriedigender ist daher der Ansatz von **Verrechnungspreisen**, d. h., dass die Kostenrechnung für einen längeren Zeitraum feste Kosten bestimmt.[2] Damit ist die Kostenhöhe unabhängig von evtl. Preisschwankungen. Durch die Konstanz wird die Kostenkontrolle erleichtert. Von Zeit zu Zeit müssen Verrechnungspreise überprüft und ggf. neu festgesetzt werden.

Bei den Istpreis-Verfahren stimmen Aufwand und Kosten überein. Bei den Festpreis-Verfahren werden statt der Aufwendungen Anderskosten angesetzt. Im Rahmen der **sachlichen Abgrenzung** wird von dem einen auf den anderen Wertansatz übergeleitet.[3]

▶ **B. Personalkosten:** Zur Erfassung der Personalkosten wird in erster Linie auf die Daten der Lohn- und Gehaltsbuchhaltung zurückgegriffen: Anhand der Lohn- oder Gehaltsstreifen sind die angefallenen Aufwendungen bekannt, die als Kosten in die Kostenrechnung übernommen werden. Dazu zählen nicht nur die Bruttoentgelte, sondern auch z. B. der Arbeitgeberanteil zur Sozialversicherung.

---

1 Auch z. B. Lifo- oder Fifo-Methode zählen zu den Istpreis-Verfahren; sie werden jedoch nur in der Finanzbuchhaltung zur bilanziellen Bestandsbewertung angesetzt.
2 Es handelt sich hierbei um Anderskosten; vgl. auch Kap. 2.2.3.4.
3 Näheres dazu in Kap. 2.3.

Die einzelnen Personalkosten unterscheiden sich bezüglich ihrer Abhängigkeit zur erbrachten Leistung.[1]

- **Zeitlöhne und -gehälter**
- **Akkordlöhne**
- **Prämienlöhne**

Ihre Erfassung geschieht wie folgt:

Ein Zeitlohn ist *unabhängig* von der erbrachten Leistung. Er wird berechnet aus dem Lohnsatz je Zeiteinheit mal deren Anzahl:

Zeitlohn = Lohnsatz je Zeiteinheit · Anzahl der Zeiteinheiten

Auf diese Weise kann ein Zeitlohn z. B. als Tage-, Wochen- oder Monatslohn ermittelt werden. Zu den Monatslöhnen in diesem Sinne zählen auch die Gehälter.

Beispiel: Die Regelarbeitszeit eines Angestellten beträgt 172 Stunden im Monat. Bei einem Stundensatz von 16 € erhält er damit 2752 € Gehalt.

Akkordlöhne werden in Abhängigkeit zur erbrachten Leistung bezahlt, und zwar als *Einzel*akkord (die Leistung eines einzelnen Arbeiters wird gemessen und als Grundlage für die Entlohnung genommen) oder als *Gruppen*akkord (Basis ist die Leistung einer Gruppe von Arbeitern).

Die Ermittlung des Akkordlohnes geschieht grundsätzlich in zwei möglichen Varianten, entweder per

- **Geldakkord** oder per
- **Zeitakkord.**

Beim **Geldakkord** wird jede Stückleistung mit einem bestimmten Bruttoentgelt bewertet. Bei höherer Leistung ergibt sich damit ein höherer Bruttolohn.

Beispiel: Pro gefertigtem Stück erhält ein Arbeiter 0,70 €; bei einer Leistung von 25 Stück in einer Stunde also 17,50 €.

Allgemein lautet die Formel:

Stundenlohn = Geldakkordsatz je Stück · Stückzahl in 1 Stunde

---

1 Vgl. Kap. 1.4.2.

Es besteht allerdings das Problem, dass bei Tarifänderungen die einzelnen Geldakkordwerte geändert werden müssen. Als Alternative bietet sich deshalb der Zeitakkord an.

▶ Beim **Zeitakkord** wird pro zu fertigendes Stück eine bestimmte Zeitvorgabe ermittelt. Wird diese unterschritten (und damit die Leistung erhöht), so erhöht sich das Bruttoentgelt. Dazu wird zunächst der Zeitakkordsatz bestimmt:

$$\text{Zeitakkordsatz} = \frac{60 \text{ Minuten}}{\text{Normalleistung je Stunde}}$$

Auf Basis des Grundlohnes (= tariflicher Mindestlohn + Akkordzuschlag) wird jede Minute als Minutenfaktor berechnet:

$$\text{Minutenfaktor} = \frac{\text{Grundlohn (= Akkordrichtsatz)}}{60 \text{ (Minuten)}}$$

Der Bruttolohn ergibt sich dann wie folgt:

$$\text{Bruttolohn} = \text{Zeitakkordsatz} \cdot \text{Stück} \cdot \text{Minutenfaktor}$$

Beispiel: Die Normalleistung betrage 10 Stück je Stunde, der Zeitakkordsatz also 6 [Minuten pro 1 Stück].

Bei einem angenommenen Grundlohn von 9 € beträgt der Minutenfaktor (9 : 60 =) 0,15 €.

Bei einer Leistung von 12 Stück je Stunde beträgt der Bruttolohn daher:

$$6 \cdot 12 \cdot 0{,}15 \text{ €} = 10{,}80 \text{ €}.$$

▶ **Der Prämienlohn** ist eine Mischform aus einem leistungsunabhängigen Grundlohn und einer leistungsabhängigen Prämie. Wie diese erfasst wird, hängt von der Art der Prämie ab, bzw., worauf sie sich bezieht (z. B. Umsatz, Qualität, Menge oder Werkstoffeinsparung). Auf eine genauere Darstellung soll hier verzichtet werden.

▶ **Zeitliche Abgrenzung von Personalkosten:** Da die Kostenrechnung unterjährig durchgeführt wird, müssen jene Kosten besonders berücksichtigt werden, die nur einmal pro Jahr anfallen, wie z. B. Urlaubs- oder Weihnachtsgeld. So darf das Weihnachtsgeld im Auszahlungsmonat nur mit 1/12 berücksichtigt werden, in den anderen Monaten muss je 1/12 zusätzlich eingerechnet werden. Diese *Vor- oder Nachverteilung* von Kosten stellt sicher, dass Kosten korrekt in die Kostenrechnung einfließen, wenn sie ursächlich zu einem Abrechnungszeitraum gehören, in diesem aber nicht gezahlt werden.[1]

Neben den vorgestellten Personalkosten müssen noch weitere Personal- bzw. Sozialkosten erfasst werden, z. B. für betriebliche Altersversorgung, Beihilfen für Kuren und Fahrten (= primäre Sozialkosten), Kantinen oder Büchereien (= sekundäre Sozialkosten), Stellenanzeigen, Auswahlverfahren, Umzugskosten (= sonstige Personalkosten; ebenfalls sekundär).

▶ **C. Dienstleistungskosten:** Dienstleistungskosten entstehen, wenn von *außen*[2] erbrachte Dienstleistungen in den Produktionsprozess einfließen, wie z. B. Fremdinstandhaltungen, Werbung, Beratung durch Steuerberater und Rechtsanwälte, Porti und Telefongebühren oder Versicherungsschutz.

Zu ihrer Erfassung werden i. d. R. die entsprechenden Aufwendungen aus der Finanzbuchhaltung übernommen; insofern stellen sie kein besonderes Erfassungsproblem dar.

Zeitliche Abgrenzung: Da einige der Dienstleistungskosten (z. B. Versicherungsprämie) für einen längeren Zeitraum anfallen, dürfen sie im Abrechnungsmonat nicht voll zu Buche schlagen. Insofern gilt, was zuvor über die Urlaubsgelder ausgeführt wurde – sie werden jeden Monat anteilig berücksichtigt.

▶ **D. Zwangsabgaben:** Auch die **Kostensteuern** (z. B. Gewerbesteuer), **Gebühren** (z. B. für Grundbucheintrag) und **Beiträge** (z. B. an Berufsverbände) können anhand der Belege aus der Finanzbuchhaltung übernommen werden.

Eine sachliche Abgrenzung sollte dort durchgeführt werden, wo sie nicht nur für betriebliche Zwecke anfallen: Wird z. B. ein Teil des Gewinnes durch (betriebsfremde) Wertpapiergeschäfte erzielt, so sind die gewinnabhängigen Steuern mit einem entsprechend niedri-

---

1 Die Vor- und Nachverteilung ist nicht identisch mit der zeitlichen Abgrenzung im Rahmen der Jahresabschlussarbeiten. Bilanziell wird unter „Periode" das Geschäftsjahr verstanden, in der Kostenrechnung die Abrechnungsperiode, z. B. der Monat.

2 Damit handelt es sich um primäre Kosten. Im Gegensatz dazu liegen sekundäre Kosten vor, wenn z. B. die eigene Werkstatt eine Reparatur ausführt.

geren Betrag anzusetzen (Anderskosten). Ähnliches gilt für die Grundsteuer von nicht betrieblich genutzten Grundstücken.

Als letztes Erfassungsproblem müssen nun die **kalkulatorischen Kosten** betrachtet werden. Da dies einer sehr differenzierten Darstellung bedarf, soll ihnen ein gesondertes Kapitel gewidmet werden:

2.2.3 Kalkulatorische Kosten

Kalkulatorischen Kosten steht ein Aufwand in *anderer Höhe* (= Anderskosten) oder *kein* Aufwand (Zusatzkosten) gegenüber. Zum einen haben kalkulatorische Kosten damit die Aufgabe, die Kosten z. B. von Preisschwankungen und anderen Zufälligkeiten zu bereinigen, und zum anderen, echte Kosten mit einzurechnen, die aufgrund der handelsrechtlichen Vorschriften in der Finanzbuchhaltung nicht gebucht werden dürfen.

Zu den kalkulatorischen Kosten zählen vor allem:

Anderskosten	• kalkulatorische Abschreibungen • kalkulatorische Zinsen • kalkulatorische Wagnisse • Verrechnungspreise für Werkstoffe
Zusatzkosten	• kalkulatorischer Unternehmerlohn • kalkulatorische Miete

Nachfolgend werden die einzelnen kalkulatorischen Kosten und ihre Berechnung dargestellt.[1]

2.2.3.1 Kalkulatorische Abschreibungen: Abschreibungen erfassen den *Werteverzehr von Anlagegütern*. Diese werden im Rahmen der Leistungserstellung genutzt und verlieren dadurch nach und nach[2] an Wert. Als Input des Produktionsfaktors „Betriebsmittel" stellen Abschreibungen somit Kosten dar.

Im Gegensatz zu den bilanziellen Abschreibungen verwendet die Kostenrechnung allerdings andere Wertansätze – und zwar sowohl für die planmäßige als auch für die außerplanmäßige Abschreibung.

---

1 In Kap. 2.3 wird dargestellt, wie die sachliche Abgrenzung durchgeführt wird.
2 Bzw. durch besondere Ereignisse, wodurch außerplanmäßig abgeschrieben wird.

An dieser Stelle werden nur die *planmäßigen* kalkulatorischen Abschreibungen näher betrachtet – die *außerplanmäßigen* werden als Wagniszuschläge im Kap. 2.2.3.3 behandelt. Die Abschreibungsmethoden seien hier vorgestellt,[1] wobei grundsätzlich von den Anschaffungs- bzw. Herstellungskosten ausgegangen wird.

▶ **Die lineare Abschreibung** verteilt die Wertminderung auf die Jahre der Nutzungsdauer – sie geht damit von zwei Fiktionen aus: Erstens, dass sich die (Ab-)Nutzung der Betriebsmittel gleichmäßig vollzieht, und zweitens, dass das Anlagegut am Ende der Nutzungsdauer keinen Wert mehr hat (und damit theoretisch auch nicht mehr genutzt werden kann). Der jährliche Abschreibungsbetrag wird wie folgt berechnet:

$$\text{Abschreibungsbetrag} = \frac{\text{Anschaffungs- bzw. Herstellungskosten}}{\text{Nutzungsdauer}}$$

Diese Methode könnte in der Kostenrechnung ebenfalls angewandt werden, wobei allerdings der jährliche Abschreibungsbetrag durch 12 zu teilen ist, wenn die Abrechnungsperiode der Monat ist.[2]

▶ **Die degressive Abschreibung**[3] berechnet den Abschreibungsbetrag jährlich neu, und zwar mit einem bestimmten Prozentsatz vom Buchwert (= Restwert).[4] Die Formel lautet:

$$\text{Abschreibungsbetrag} = \text{Buchwert} \cdot \text{Abschreibungssatz}$$

Die Abschreibungsbeträge werden dabei von Jahr zu Jahr kleiner und erreichen nie den Wert Null. Bei einer Anwendung in der Kostenrechnung würden damit nicht sämtliche Kosten erfasst.

Die degressive Abschreibung geht von der Fiktion aus, dass die

---

1 Für die Zwecke der Kostenrechnung ist es dabei unerheblich, ob die Finanzbuchhaltung die Abschreibung direkt oder indirekt vornimmt. Zum Unterschied vgl. Jossé, G., Buchführung – aber locker!, a.a.O., S. 150ff. Die weiteren Abschreibungsmethoden (z. B. in Staffelsätzen oder progressiv) seien hier vernachlässigt.

2 Dies gilt so auch für die anderen vorgestellten Methoden.

3 Genau genommen handelt es sich hier um die geometrisch-degressive Abschreibung; die arithmetisch-degressive wird hier nicht betrachtet.

4 Bilanziell darf max. mit 20 % abgeschrieben werden. Im Zugangsjahr wird statt vom Buchwert von den Anschaffungs- bzw. Herstellungskosten aus abgeschrieben. Für Neuanschaffungen seit 2008 entfällt die degressive Abschreibung.

Wertminderung des Betriebsmittels zu Beginn höher ist und sukzessive abnimmt. Auch hier liegt also keine verursachungsgemäße Kostenerfassung vor. Ein weiterer Kritikpunkt an dieser Methode ist, dass die Kostenhöhe laufend neu berechnet werden muss.

▶ **Die Leistungsabschreibung** ist – wie der Name schon sagt – leistungsbezogen. Wird ein Anlagegut in einer Periode stärker genutzt, wird auch mehr abgeschrieben, bei geringerer Nutzung wird weniger abgeschrieben. Ermittelt wird der abzuschreibende Betrag wie folgt:

$$\text{Abschreibungsbetrag je km o.\ddot{A}.} = \frac{\text{Anschaffungs- bzw. Herstellungskosten}}{\text{geschätzte Gesamtleistung in km, h o.\ddot{A}.}}$$

Dazu muss die Leistung in Kilometern oder Betriebsstunden messbar sein, was z. B. für Büroeinrichtung nicht möglich ist. Die Leistungsabschreibung ist zwar für viele Betriebsmittel nicht anwendbar, trotzdem ist sie eigentlich der Idealfall einer verursachungsgerechten Kostenermittlung. Ein weiterer Vorteil ist, dass die Leistungsabschreibung *variable* Kosten und meist *Einzel*kosten darstellt – im Gegensatz zu den anderen Abschreibungsmethoden, die Fixkosten und Gemeinkosten bewirken.

Wir fassen zusammen: Die Leistungsabschreibung ist eine verursachungsgerechte Abschreibung, die allerdings nur für Betriebsmittel mit messbarer Leistung in Frage kommt. Mit Hilfe der linearen Abschreibung können die Kosten einfach ermittelt werden. Letztere hat zudem den Vorteil, dass die Kosten über einen längeren Zeitraum hinweg in gleicher Höhe anfallen.

Während bilanziell die verschiedensten Methoden Anwendung finden, wird in der Kostenrechnung üblicherweise linear abgeschrieben. Die Frage erhebt sich, von welchem *Wert* dabei ausgegangen wird. Dafür kommen in der Kostenrechnung folgende Ansätze in Betracht:

● **Anschaffungs- bzw. Herstellungskosten**
● **Wiederbeschaffungswert**
● **Tageswert**

▶ **Die Anschaffungs- bzw. Herstellungskosten** sind für die Finanzbuchhaltung vorgeschrieben. Für die Zwecke der Kostenrechnung sind sie weniger empfehlenswert, da sie Preissteigerungen nicht berücksichtigen. Es sind aber tatsächlich Kosten, wenn absehbar ist, dass ein Betriebsmittel am Ende der Nutzungsdauer nur zu einem höheren Preis ersetzt werden kann.

▶ **Der Wiederbeschaffungswert** wird deshalb in der Kostenrechnung bevorzugt angesetzt. Man versteht darunter den Wert, den ein Gut zum Ersatzzeitpunkt haben wird. Im Gegensatz zur Finanzbuchhaltung, die das Prinzip der *nominalen Kapitalerhaltung* befolgt, wird mit dem Wiederbeschaffungswert dem Prinzip der *Substanzerhaltung* gefolgt.[1]

Um die Höhe des Wiederbeschaffungswertes zu bestimmen, können beispielsweise die Inflationsrate oder aktuelle Preislisten zugrunde gelegt werden.

Ein Beispiel soll verdeutlichen, dass die bilanzielle und die kalkulatorische Abschreibung zu unterschiedlichen Werten gelangt:[2]

Eine Unternehmung kauft im Jahr 01 einen PKW für 30 000 €, dessen Nutzungsdauer 6 Jahre beträgt.

In der Finanzbuchhaltung wird er linear abgeschrieben.

Kalkulatorisch wird jedes Jahr[3] linear vom Wiederbeschaffungswert abgeschrieben, welcher jährlich (der Einfachheit halber) um konstante 5 % steigt:

	Bilanziell	Kalkulatorisch	
Jahr	Abschreibungs-betrag	Wiederbeschaffungs-wert	Abschreibungs-betrag
1	5000	30000 + 5 % = 31500	31500 : 6 = 5250
2	5000	31500 + 5 % = 33075	33075 : 6 = 5513
3	5000	33075 + 5 % = 34729	34729 : 6 = 5788
4	5000	34729 + 5 % = 36465	36465 : 6 = 6078
5	5000	...	...
6	5000	...	...

Die Abschreibungen werden als Kosten erfasst und in die Verkaufspreise einkalkuliert; damit fließen sie über die Umsatzerlöse in

---

1 Vgl. Wöhe, a.a.O., S. 1098 ff.

2 Zahlenbeispiel in Anlehnung an: Jossé, G., Rechnungswesen für Hotellerie und Gastronomie, 2. Auflage, Darmstadt 2003, S. 276

3 Bzw. monatlich ein Zwölftel des Jahreswerts.

die Unternehmung und stehen am Ende der Nutzungsdauer für eine Ersatzinvestition zur Verfügung – und zwar in der dann benötigten Höhe.

▶ **Der Tageswert** ist die dritte Möglichkeit für einen Wertansatz. Dies ist insofern problematisch, als z. B. zu jedem Monatsende der Wert der Betriebsmittel erneut geschätzt werden muss. Damit wären auch die Kosten von Monat zu Monat unterschiedlich hoch.

Zusammenfassend bleibt zu sagen, dass der *Wiederbeschaffungswert* die gängige Berechnungsgrundlage für die planmäßige Abschreibung ist. Meist wird davon linear abgeschrieben, bei messbarer Leistung auch mittels der Leistungsabschreibung.

In allen Fällen werden also für kostenrechnerische Zwecke *Anderskosten* angesetzt, die im Rahmen der sachlichen Abgrenzung den Aufwendungen der Finanzbuchhaltung gegenübergestellt werden.[1]

2.2.3.2 Kalkulatorische Zinsen: Zinsen sind definiert als Entgelt für überlassenes Kapital. Die Finanzbuchhaltung erfasst als Aufwand aber nur die gezahlten Zinsen für das *Fremd*kapital. Die Verzinsung des *Eigen*kapitals hingegen darf dort nicht gewinnmindernd als Aufwand gebucht werden.

Ein zweiter Aspekt macht den Ansatz von Anderskosten notwendig: Die gezahlten Fremdkapitalzinsen sowie eine gewünschte Eigenkapitalverzinsung beziehen sich auf das gesamte eingesetzte Kapital, welches aber nicht unbedingt ausschließlich für betriebliche Zwecke verwendet wird. M. a. W., ein Teil der Zinsen fällt für betriebsfremde Zwecke an und stellt somit keine Kosten dar. In der Kostenrechnung wird der Zins deshalb auf das **betriebsnotwendige Kapital** berechnet. Dieses wird wie folgt berechnet (siehe hierzu Tabelle Seite 56).

Dazu folgende Erläuterungen:

▶ **Das nicht abnutzbare Anlagevermögen** wird üblicherweise mit dem Wiederbeschaffungswert oder den Werten aus der Finanzbuchhaltung angesetzt; dazu zählen z. B. Grundstücke[2] oder Beteiligungen.

---

1 Vgl. hierzu Kap. 2.3.
2 Grundstücke sind nur dann planmäßig abnutzbar, wenn der Boden abgebaut wird.

	Nicht abnutzbares Anlagevermögen
+	*Abnutzbares Anlagevermögen (kalkulatorisch bewertet)*
=	Betriebsnotwendiges Anlagevermögen
+	*Betriebsnotwendiges Umlaufvermögen (als Durchschnittswerte)*
=	Betriebsnotwendiges Vermögen
−	*Abzugskapital (z. B. zinsfreie Darlehen)*
=	**Betriebsnotwendiges Kapital**

▶ **Zum abnutzbaren Anlagevermögen** zählen (sofern sie betrieblich genutzt werden!) alle Gebäude, Technische Anlagen und Maschinen, Fahrzeuge und die Betriebs- und Geschäftsausstattung. Für ihren Wertansatz kommen zwei Möglichkeiten in Frage:

• Bewertung zu *kalkulatorischen Restwerten*, d. h. momentaner Wiederbeschaffungswert abzüglich bisher vorgenommener kalkulatorischer Abschreibungen.

• *Durchschnittsverzinsung*, d. h. der halbe durchschnittliche Anschaffungs- bzw. Herstellungs-, Tages- oder Wiederbeschaffungswert wird zugrunde gelegt.[1] Im Gegensatz zu der Restwertverzinsung erhält man so für jedes Anlagegut gleich bleibende Kosten.

▶ **Das betrieblich genutzte Umlaufvermögen** umfasst das gesamte Umlaufvermögen ausschließlich betriebsfremder Vermögensteile (z. B. Wertpapiere). Für die einzelnen Posten werden Durchschnittswerte gebildet.

▶ **Das betriebsnotwendige Vermögen** ist die Summe der bisherigen Posten.

▶ **Abzugskapital:** Da nun aber Teile des Kapitals zinslos zur Verfügung stehen, müssen diese herausgerechnet werden. Dazu zählen zinsfreie Darlehen, zinslos erhaltene Lieferantenkredite[2], Rückstellungen sowie erhaltene Anzahlungen von Kunden.

---

1 Nach der Formel (AB + SB) : 2 ergibt sich z. B. (Wiederbeschaffungswert + 0) : 2, also der halbe Wiederbeschaffungswert. Diese Methode geht von regelmäßigen Ersatzbeschaffungen aus, womit neuere und ältere Betriebsmittel zum Betriebsvermögen zählen. Gemittelt ergeben diese einen Durchschnittswert.

2 Hingegen zählen Lieferantenkredite *mit* der Möglichkeit des Skontoabzugs *nicht* zum Abzugskapital, da sie nicht zinslos zur Verfügung stehen.

Um nun die Zinskosten zu erhalten, muss ein bestimmter *Zinssatz* auf das so ermittelte betriebsnotwendige Kapital berechnet werden. Die Formel lautet daher:

Kalkulatorische Zinsen = Betriebsnotwendiges Kapital · Zinssatz

Die Höhe des Zinssatzes bestimmt die Unternehmung selbst. Zweckmäßigerweise orientiert sie sich dabei am Zins des langfristigen Kapitalmarktes.

2.2.3.3 Kalkulatorische Wagnisse: Jede unternehmerische Tätigkeit ist einer Vielzahl von Wagnissen (= Risiken) ausgesetzt, die als monetäre Größe einen möglichen Vermögensverlust darstellen. Es sind zwei Gruppen von Risiken zu unterscheiden:

- **das allgemeine Unternehmerrisiko** bezieht sich auf Verlustsituationen, die die Unternehmung als Ganzes bedrohen. Dazu zählen Verschiebung der Marktsituation, Nachfragerückgang usw.
- **spezielle Einzelwagnisse** stehen in direktem Bezug zum Prozess der Leistungserstellung und -verwertung, also z. B. auf einzelne Tätigkeiten oder Produkte.

Das allgemeine Unternehmerrisiko wird durch den Gewinn abgegolten und hat damit keinen Kostencharakter.

Einzelwagnisse sind vorhersehbar und mit Hilfe von Erfahrungswerten berechenbar. Soweit sie nicht durch Versicherungen abgedeckt sind, haben sie kalkulatorischen Kostencharakter.[1] Im Einzelnen zählen dazu:

- **Anlagewagnis:** Risiko, dass Betriebsmittel durch Unfall, Brand o. Ä. zu Schaden kommen oder durch technischen Fortschritt vorzeitig an Wert verlieren.[2]
- **Beständewagnis:** Vorratsverluste durch Schwund, Vernichtung, Verderb, Veraltern, Diebstahl oder Wertverlust durch Preisverfall.
- **Entwicklungswagnis:** Kosten für fehlgeschlagene Arbeiten im Bereich Forschung und Entwicklung.

---

1 Werden Einzelwagnisse durch Versicherung abgedeckt, so stellen die Versicherungsprämien Dienstleistungskosten dar.
2 Bilanziell wird in diesen Fällen außerplanmäßig abgeschrieben; vgl. Jossé, G., Bilanzen – aber locker!, 6. Auflage, Hamburg 2005, S. 83 ff.

- **Fertigungswagnis** (= Mehrkostenwagnis): Dazu zählen z. B. die Mehrkosten aufgrund von Konstruktionsfehlern oder mangelhafter Arbeit.
- **Gewährleistungswagnis:** z. B. kostenlose Ersatzlieferungen, Rückrufaktionen oder Preisnachlässe wegen einer Mängelrüge.
- **Vertriebswagnis:** Forderungsausfälle durch Zahlungsunfähigkeit der Schuldner oder Mindererlöse aufgrund von Wechselkursverschiebungen.

Für jedes Wagnis, das nicht bereits durch eine Versicherung abgedeckt ist, wird ein sog. **Wagnissatz** ermittelt, der sich als Erfahrungswert aus den vergangenen Perioden ergibt. Dazu werden Bezugsgrößen benötigt, die für die einzelnen Wagnisse unterschiedlich sind:

Wagnis	Bezugsgröße
Anlagewagnis	Anschaffungs- bzw. Herstellungskosten oder Buchwert
Beständewagnis	durchschnittlicher Lagerbestand, aus Einstandspreisen gemittelt, oder gesamter Materialeinsatz
Entwicklungswagnis	Entwicklungskosten der Periode
Fertigungswagnis	Herstellkosten
Gewährleistungswagnis	Umsatz zu Selbstkosten
Vertriebswagnis	Umsatz zu Selbstkosten oder Forderungsbestand

Am Beispiel des Vertriebswagnisses soll die Berechnung kurz verdeutlicht werden:

In den letzten fünf Jahren betrug die Summe der Forderungen 800 000 €; die Forderungsausfälle im gleichen Zeitraum beliefen sich auf 20 000 €;[1] der Wagnissatz beträgt somit 20 000 € : 800 000 € = 0,025 = *2,5 %.*

---

1 Forderungen und ihre Ausfälle sind jeweils netto anzusetzen. Statt der Forderungsbestände können auch die Umsätze zu Selbstkosten zugrunde gelegt werden, was zu genaueren Ergebnissen führt.

Allgemein lässt sich der Wagnissatz wie folgt berechnen:

$$\text{Wagnissatz} = \frac{\text{Summe der eingetretenen Wagnisverluste}}{\text{Summe der Basisgrößen (z. B. Anschaffungskosten)}}$$

Um die Wagniskosten zu erhalten, muss die zugrundeliegende Basisgröße als Ist-, Normal- oder Plan-Wert mit dem ermittelten Wagnissatz multipliziert werden. Die Formel lautet:

Wagniskosten = Ist-, Normal- oder Plan-Bezugsgröße · Wagnissatz

Beispiel: In einer Abrechnungsperiode betrug der Forderungsbestand 40 000 €; das kalkulatorische Vertriebswagnis wird demnach mit (40 000 € · 2,5 % =) 1000 € angesetzt.

Auch die kalkulatorischen Wagniskosten stellen *Anderskosten* dar. Auf ihre Abgrenzung von den Aufwendungen der Finanzbuchhaltung wird in Kap. 2.3 eingegangen.

2.2.3.4 Verrechnungspreise für Werkstoffe: Es wurde bereits ausgeführt, dass zur Bewertung des Verbrauchs u. a. Verrechnungspreise angesetzt werden können, die für kostenrechnerische Zwecke die befriedigendsten Ergebnisse liefern.[1]

Dazu werden für die einzelnen Werkstoffe (gewichtete) Durchschnittswerte aus den vergangenen Perioden gebildet, um die zufälligen Preisschwankungen am Beschaffungsmarkt auszuschalten.

$$\text{Durchschnittspreis} = \frac{\Sigma\,\text{angeschaffte Mengen} \cdot \text{jeweilige Einstandspreise}}{\text{angeschaffte Gesamtmenge}}$$

Anschließend wird der so ermittelte Durchschnittspreis mit dem Ist- oder Plan-Verbrauch multipliziert.

Die bisher behandelten kalkulatorischen Kosten stellen Anderskosten dar. Nachfolgend werden Zusatzkosten näher betrachtet.

2.2.3.5 Kalkulatorischer Unternehmerlohn: Die geschäftsführenden Personen in *Kapitalgesellschaften* (Vorstand bei der AG, Geschäftsführer bei der GmbH) beziehen Gehalt, welches samt Arbeitgeberanteil zur Sozialversicherung und evtl. betrieblicher Al-

---

1 Vgl. S. 47.

tersversorgung als Personalaufwand in der Finanzbuchhaltung gebucht wird. Als Grundkosten fließen diese Aufwendungen unverändert in die Kostenrechnung ein.

Bei *Einzelunternehmen* und *Personengesellschaften* ist dies aus handels- und steuerrechtlichen Gründen nicht zulässig. Stattdessen werden die geschäftsführenden Gesellschafter aus dem Gewinn entlohnt. Damit dieser Betrag auch verdient werden kann, muss er als Kosten erfasst (und einkalkuliert) werden. Erst durch den Ansatz kalkulatorischer Kosten werden Unternehmungen unterschiedlicher Rechtsform in ihren Kostenstrukturen vergleichbar.

Erfassung: Um eine realistische Kostenhöhe zu erhalten, sollte als Vergleich das Gehalt eines leitenden Angestellten einer vergleichbaren Unternehmung in ähnlicher Position genommen werden. Da der Unternehmer vom Gewinn seine Sozialversicherung sowie ggf. Altersvorsorge selbst zu tragen hat, müsste auf das Vergleichsgehalt ein entsprechender Zuschlag erfolgen.[1]

Zusatzkosten: Der kalkulatorische Unternehmerlohn stellt Zusatzkosten dar. Wie diese im Rahmen der sachlichen Abgrenzung in die Kostenartenrechnung einfließen, wird in Kap. 2.3 erläutert.

Kritik: Wenn der kalkulatorische Unternehmerlohn in größerem Maße von Vergleichsgehältern abweicht, besteht die Gefahr, dass eine gewünschte Gewinn- und damit Einkommenserwartung den Ansatz realistischer Kosten verhindert. Es würde quasi mit einem subjektiven Gewinn(wunsch) gerechnet anstatt mit objektiven Kosten.[2]

2.2.3.6 Kalkulatorische Miete: Kosten, aber kein Aufwand: Stellt der Unternehmer – also der Einzelunternehmer oder Gesellschafter einer Personengesellschaft – private Grundstücke, Gebäude oder Räume zur Verfügung, die nunmehr betrieblich genutzt werden, so steht ihm dafür eine Vergütung zu. In der Finanzbuchhaltung darf

---

1 Es wurden verschiedene Formeln zur Berechnung des Unternehmerlohnes publiziert, die z. T. äußerst realitätsfremd sind. Auf ihre explizite Darstellung wird daher verzichtet.

2 Vgl. Hummel, S./Männel, W., Kostenrechnung 1 – Grundlagen, Aufbau und Anwendung, 4. Auflage, Wiesbaden 1986 (Nachdruck 1999), S. 184 f.

diese nicht als Aufwand gebucht werden,[1] obwohl es sich um Kosten handelt. Die kalkulatorische Miete ist also ein ähnlicher Fall wie der kalkulatorische Unternehmerlohn.

In der Kostenrechnung kann die kalkulatorische Miete auf zwei Arten berücksichtigt werden:

(1) Die kalkulatorische Miete soll dem Gesellschafter mit dem Gewinn abgegolten werden und muss deshalb als *Zusatzkosten* berücksichtigt werden. Gängigerweise legt man zur Ermittlung der Kostenhöhe die ortsübliche Miete zugrunde.

(2) Stattdessen wird *keine* kalkulatorische Miete angesetzt, wenn für die privaten, aber betrieblich genutzten Räume die nachstehenden Kosten bereits anteilig verrechnet wurden:
- kalkulatorische Abschreibungen
- kalkulatorische Zinsen
- Erhaltungsaufwand
- Gebäudeversicherungen
- Grundsteuer

Nachdem nun die Erfassung der wichtigsten Kosten geklärt ist, wird als Nächstes das Problem beleuchtet, wie die Kosten im Rahmen der Kostenartenrechnung „gebucht" werden.[2]

2.3 Sachliche Abgrenzung

Die Werte der Finanzbuchhaltung können nur bedingt in die Kostenrechnung übernommen werden. Es erhebt sich die Frage, wie *abweichende* Werte buchhalterisch behandelt werden. Diese Aufgabe übernimmt die sachliche Abgrenzung, die auf zweierlei Arten durchgeführt werden kann:
- Betriebsbuchhaltung in **Kontenform** (z. B. im GKR) oder

---

1 Es würde sich sonst um ein „In-sich-Geschäft" zwischen Unternehmer und Privatperson als ein und derselben natürlichen Person handeln.

2 Das Wort „gebucht" steht deshalb in Anführungszeichen, da die Kosten im Rahmen der Betriebsbuchhaltung tatsächlich gebucht werden; in der häufigeren Form der tabellarischen Kostenerfassung ist der Begriff unpassend, da keine Konten vorliegen.

• gesondert **tabellarisch** (also außerhalb der Buchhaltung) mittels sog. Ergebnistabellen (z. B., wenn der IKR zugrunde liegt).

Als Betriebsbuchhaltung durchgeführt bedeutet, dass die Kostenartenrechnung die abweichenden oder zusätzlichen Werte auf Konten bucht. Sie benötigt dazu (neben den Konten der Finanzbuchhaltung) gesonderte Konten der Kostenrechnung.

Im Gemeinschaftskontenrahmen GKR sind die Erfolgskonten in drei Kontenklassen zu finden:

• Klasse 2 enthält die neutralen Aufwendungen und Erträge,
• Klasse 4 die Kosten und
• Klasse 8 die Erträge bzw. Leistungen.[1]

Die Klassen 4 und 8 erfassen demnach die Werte für die Kostenrechnung. Da diese nicht unbedingt mit den Beträgen der Finanzbuchhaltung übereinstimmen, übernimmt die Klasse 2 die erforderlichen Korrekturen.[2]

Die grundsätzliche Buchung zur Erfassung kalkulatorischer Kosten lautet:

Klasse 4 *an* Klasse 2

oder in Worten:

Kalkulatorische Kosten *an* Verrechnete kalkulatorische Kosten

Mit dieser Methodik ist zweierlei erreicht: Zum einen werden alle Kosten in einer Klasse erfasst; im Abschluss ergibt sich dann das **Betriebsergebnis**, also der Gewinn oder Verlust aus betrieblicher Tätigkeit.

Zum anderen müssen nach handels- und steuerrechtlichen Vorschriften Aufwendungen anstatt der Kosten gebucht werden. Durch die Gegenbuchung über die Klasse 2 wird die vorherige Buchung

---

1 Dies gilt ähnlich für die anderen, ebenfalls dem Prozeßgliederungsprinzip folgenden Kontenrahmen; vgl. hierzu S. 4.

2 Die Klassen 4 und 8 werden nicht direkt über das GuV-Konto abgeschlossen, sondern über das Betriebsergebniskonto. Die Klasse 2 wird über das Abgrenzungssammelkonto (= Neutrales Ergebniskonto) abgeschlossen; beider Salden werden anschließend auf das GuV-Konto gebucht. Eine Vorgehensskizze findet sich in: Jossé, G., Rechnungswesen für Reiseverkehrskaufleute, 5. Auflage, Darmstadt 2000, S. 273.

der Anders- und Zusatzkosten letztlich aufgehoben[1] – im gemeinsamen Abschlusskonto „Gewinn und Verlust" wird damit wieder das **Unternehmensergebnis** ausgewiesen.

Die Buchungssystematik von Anders- und Zusatzkosten wird exemplarisch dargestellt.

Beispiel für die Buchung kalkulatorischer Zusatzkosten: Der kalkulatorische Unternehmerlohn wird mit monatlich 15 000 € angesetzt und gebucht:

① Kalk. U'lohn (483) an Verrechn. kalk. U'lohn (283) 15 000

Beide Erfolgskonten werden abgeschlossen: Das Kostenkonto über das Betriebsergebniskonto, das neutrale Ertragskonto über das Neutrale Ergebniskonto:

② Betriebsergebniskonto (980) an Kalk. U'lohn (483) 15 000
③ Verrechn. kalk. U'lohn (283) an Neutr. Ergebniskonto (987) 15 000

Beide Abschlusskonten werden über das GuV-Konto abgeschlossen, wodurch der Unternehmenserfolg ermittelt wird:

④ GuV-Konto (989) an Betriebsergebniskonto (980) 15 000
⑤ Neutr. Ergebniskonto (987) an GuV-Konto (989) 15 000

Dazu ein Blick auf die Konten:

S	Kalk. U'lohn (483)	H		S	Verr. kalk. U'lohn (283)	H
①	15.000	② 15.000		③	15.000	① 15.000

S	Betriebsergebniskonto (980)	H		S	Neutr. Ergebniskonto (987)	H
②	15.000	④ 15.000		⑤	15.000	③ 15.000

S	GuV-Konto	H
④	15.000	⑤ 15.000

Aufgrund der Zusatzkosten ergibt sich auf dem Betriebsergebniskonto als Saldo ④ ein Betriebsverlust, auf dem Neutralen Ergebniskonto dagegen ein Neutraler Gewinn ⑤ in gleicher Höhe.

In der GuV stehen im Soll und Haben jeweils 15 000 € und heben sich damit auf. Das ist korrekt, da der Gewinn nicht um den Unternehmerlohn gemindert werden darf.

---

1 Eine Erfolgsbuchung im Soll und eine im Haben egalisieren sich.

Beispiel für die Buchung kalkulatorischer Anderskosten: Eine Maschine mit einem Buchwert von 48 000 € wird bilanziell mit 3000 € abgeschrieben (Monatswert!); kalkulatorisch wird vom Wiederbeschaffungswert ausgegangen, wodurch sich Anderskosten in Höhe von 4000 € ergeben.

Bilanzmäßige Abschreibung der Maschine mit 3000 €:

① Bilanzmäßige Abschreibungen (230) an Maschinen (010)   3000

Kalkulatorisch werden dagegen 4000 € angesetzt:

② Kalk. Abschreibungen (480) **an** Verr. kalk. Abschreibungen (280)   4000

Die Erfolgskonten werden abgeschlossen, nämlich die der Klasse 2 über das Neutrale Ergebniskonto, das Konto „kalk. Abschreibungen" hingegen über das Betriebsergebniskonto:

③ Neutr. Ergebniskonto (987) **an** Bilanzmäß. Abschreibungen (230)   3000
④ Verr. kalk. Abschreibungen (280) **an** Neutr. Ergebniskonto (987)   4000
⑤ Betriebsergebniskonto (980) **an** Kalk. Abschreibungen (480)   4000

Per Saldo ergibt sich auf dem Betriebsergebniskonto ein Betriebsverlust in Höhe von 4000 € und auf dem Neutralen Ergebniskonto ein neutraler Gewinn über 1000 €.

Beide Sammelkonten werden über das GuV-Konto abgeschlossen; dort wird per Saldo zu Recht ein Verlust[1] von 3000 € ausgewiesen.

⑥ GuV-Konto (989) an Betriebsergebniskonto (980)   4000
⑦ Neutrales Ergebniskonto (987) an GuV-Konto (989)   1000

Auch hier sei die Situation anhand der Konten verdeutlicht:

---

1 Eigentlich handelt es sich nur um einen Aufwand, nämlich den der bilanzmäßigen Abschreibung.

S	Maschinen (010)	H
AB	48.000	① 3.000

S	Bilanzmäß. Abschr. (230)	H
①	3.000	③ 3.000

S	Kalk. Abschreibung (480)	H
②	4.000	⑤ 4.000

S	Verr. kalk. Abschr. (280)	H
④	4.000	② 4.000

S	Betriebsergebniskonto (980)	H
⑤	4.000	⑥ 4.000

S	Neutr. Ergebniskonto (987)	H
③	3.000	④ 4.000
⑦	1.000	

S	GuV-Konto	H
⑥	4.000	⑦ 1.000
		Saldo: 3.000

Die dargestellte Methodik setzt einen Einkreissystem-Kontenrahmen voraus. Bei Zweikreissystemen wird die Kostenartenrechnung üblicherweise tabellarisch durchgeführt. Natürlich führen beide Vorgehensweisen zu gleichen Ergebnissen.

Die Kostenartenrechnung in tabellarischer Form wird in der Praxis mit Hilfe leistungsfähiger Software durchgeführt. Zur Veranschaulichung soll hier auf die manuelle Version zurückgegriffen werden, die auf einer sog. **Ergebnistabelle** basieren kann.

Diese übernimmt in den ersten beiden Spalten die Aufwendungen und Erträge der Finanzbuchhaltung,[1] dann werden neutrale Erfolgsvorgänge ausgegrenzt und schließlich Anders- und Zusatzkosten angesetzt. In den letzten Spalten stehen die Kosten und Leistungen der Kostenrechnung. Die Salden der jeweiligen Doppelspalten ergeben Teilergebnisse.

Im folgenden Auszug aus einer Ergebnistabelle sind die gleichen Daten zu finden wie in den Beispielfällen der beiden Vorseiten:[2]

---

1 Hierbei ist auf Kongruenz der zugrundeliegenden Perioden zu achten; Jahreswerte der Finanzbuchhaltung müssen z. B. in Monatswerte umgerechnet werden, wenn dies die Abrechnungsperiode der Kostenrechnung ist.

2 Die angegebenen Kontennummern entstammen dem IKR: 653 = Abschreibungen auf technische Anlagen; 746 = Verlust aus Wertpapierverkäufen.

Rechnungskreis I			Rechnungskreis II					
Erfolgsbereich der Finanzbuchhaltung			Abgrenzungsbereich				Bereich der Kostenrechnung (Betriebsergebnisrechnung)	
			untern. bezog. Abgrenzungen		kostenrechnerische Korrekturen			
Kto.	Aufw.	Ertrag	neutr. Aufw.	neutr. Ertrag	betriebl. Aufw.	verrechn. Kosten	Kosten	Leistungen
653	3000	–	–	–	3000	4000	4000	…
746	500	–	500	–	–	–	–	
UL	–	–	–	–	–	15000	15000	
		3500		500	16000			19000

$$\underbrace{\text{Unternehmensverlust}}_{} = \underbrace{\text{Verlust aus untern. bez. Abgrenzung}}_{} + \underbrace{\text{Gewinn aus kostenrechn. Korrekturen}}_{} + \underbrace{\text{Betriebsverlust}}_{}$$

$$\sum = \text{neutraler Gewinn} = 15500$$

Laut Finanzbuchhaltung wurden bilanzmäßige Abschreibungen (Konto 653) in Höhe von 3000 € vorgenommen, kalkulatorisch werden statt dessen 4000 € angesetzt. Diese beiden Beträge stehen sich in der Doppelspalte „kostenrechnerische Korrekturen" gegenüber.

Der kalkulatorische Unternehmerlohn wird mit monatlich 15 000 € angesetzt.

Das Konto 746 weist einen Verlust aus dem Verkauf von Wertpapieren aus (betriebsfremd).

3. Kostenstellenrechnung

3.1 Aufgaben der Kostenstellenrechnung

Die Kosten*arten*rechnung wird von der Frage geleitet, *welche* Kosten angefallen sind. Die Kosten*stellen*rechnung als nächster Schritt untersucht, welchen Betriebsbereichen die Kosten zuzuordnen sind; salopp ausgedrückt, lautet die Frage damit: *„Wo sind die Kosten angefallen?"*

Da Einzelkosten direkt den Kostenträgern zugeordnet werden können, fokussiert sich die Kostenstellenrechnung nur auf (echte oder unechte) Gemeinkosten, die den Kostenträgern *nicht direkt* zugerechnet werden können.

Der Grundgedanke dabei ist die Tatsache, dass die Gemeinkosten von den einzelnen Betriebsbereichen unterschiedlich stark verursacht werden, weshalb sie auf letztere differenziert verteilt werden müssen. Je detaillierter diese Aufteilung vollzogen wird, desto eher besteht die Möglichkeit, dass letztlich jedem Kostenträger die Kosten zugerechnet werden, die er verursacht.[1]

Die Aufgaben der Kostenstellenrechnung sind:[2]

- **Wirtschaftlichkeitskontrolle** an den Stellen, an denen die Kosten entstehen; dazu werden beispielsweise durchgeführt:
- Soll-Ist-Vergleiche und
- unternehmensweite Vergleiche zwischen Kostenstellen mit gleicher oder ähnlicher Aufgabenstellung.
- **Kostenbudgets überwachen** im Sinne eines Kostenstellen-Controlling.
- **Die Genauigkeit der Kalkulation erhöhen**, wozu adäquate Zuschlags- bzw. Verrechnungssätze ermittelt werden.
- **Relevante Kosten** der einzelnen Betriebsbereiche **liefern**.

---

1 In der Vollkostenrechnung bleibt die verursachungsgerechte Zurechnung bzw. Weiterwälzung der Gemeinkosten letztlich ein Ideal.
2 Vgl. Haberstock I, a.a.O., S. 118; Hummel/Männel 1, a.a.O., S. 194.

Die ersten beiden sind eigenständige Aufgaben der Kostenstellenrechnung, die anderen beiden dienen den anderen Teilbereichen der Kostenrechnung.

Damit bildet die Kostenstellenrechnung das Bindeglied zwischen Kostenartenrechnung einerseits und Kostenträgerrechnung (inkl. Kalkulation), kurzfristiger Erfolgsrechnung sowie Planungsrechnung andererseits.

3.2 Gliederung des Betriebs in Kostenstellen

Um den Ort der Kostenentstehung möglichst genau zu lokalisieren, wird der Betrieb in **Kostenstellen** unterteilt. Jeder dieser Teilbereiche wird kostenrechnerisch selbstständig abgerechnet.

Ein solcher Teilbereich muss keine räumliche oder organisatorische Einheit darstellen, wenngleich oft eine funktionale Einheit gegeben ist. Als weiteres Kriterium kommt hinzu, wie die Kostenstelle abgerechnet wird.[1]

Gängigerweise ist eine Kostenstelle durch vier Merkmale charakterisiert:

- Sie ist ein selbstständiger, abgrenzbarer **Verantwortungsbereich** – nur so können zum einen Kosten zweifelsfrei zugeordnet und andererseits eine wirksame Kostenkontrolle und ggf. Korrekturmaßnahmen durchgeführt werden.

- Es besteht ein **proportionales** Verhältnis zwischen den Kosten einer Kostenstelle und der von ihr erstellten Leistung.

- Jeder Kostenstelle müssen exakte **Maßgrößen der Kostenverursachung** zuordenbar sein, um Fehler in der Kostenkontrolle und Kalkulation zu vermeiden.

- Eine Kostenstelle muss mittels **Kostenbelegen** eindeutig, genau und einfach abgerechnet werden können.

Entsprechend den Hauptfunktionsbereichen wird ein Betrieb in folgende Kostenbereiche unterteilt:

---

1 Vgl. die Unterteilung in Haupt- und Hilfskostenstellen auf S. 71 f.

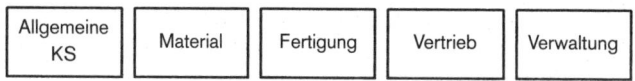

Diese Grobeinteilung wird derart untergliedert, dass insgesamt eine ganze **Kostenstellenhierarchie** entsteht (s. Abb. unten).

Wie fein letztlich untergliedert wird, muss wirtschaftlich gerechtfertigt sein. Da eine detaillierte Aufsplittung in Kostenstellen eine exaktere Kalkulation und Kostenkontrolle ermöglicht, sollte dieses Kriterium Maßstab für den Feinheitsgrad der Untergliederung sein. Durch *kalkulatorische Fehlerrechnungen* kann überprüft werden, ob die Kostenstellenhierarchie ausreicht.[1]

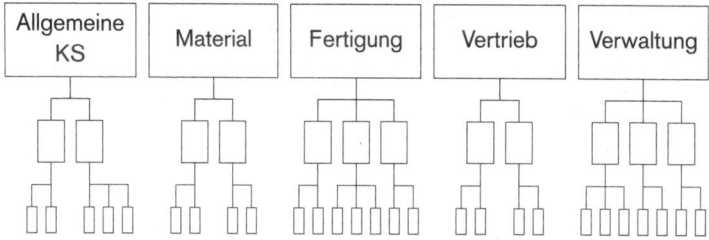

Um diese schematische Darstellung zu verdeutlichen, sei der Teilbereich „Fertigung" näher betrachtet:

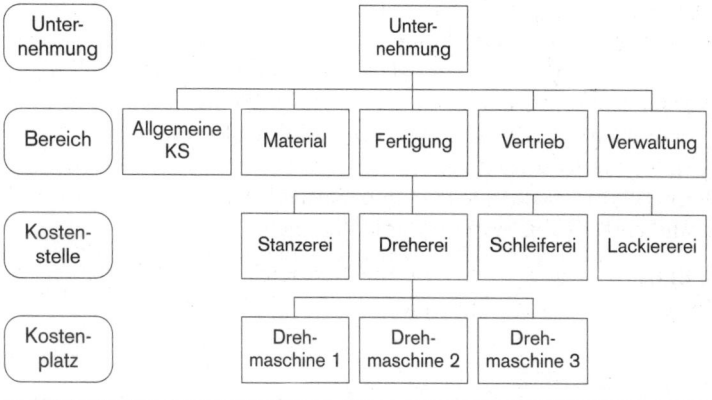

1 Vgl. zur Vertiefung in: Haberstock I, S. 120 ff.

Die vorstehende Grafik dient auch dazu, das Problem der Kostenzuordnung zu verstehen – dies sei anhand von Personalkosten verdeutlicht. Auf den einzelnen Stufen fallen folgende Kosten an:

- **Gesamte Unternehmung:** Vorstandsgehalt
- **Unternehmensbereich:** Produktionsleitergehalt
- **Kostenstelle:** Meistergehalt
- **Kostenplatz:** Fertigungslohn

Nur auf der untersten Ebene fallen (Kostenstellen-)Einzelkosten an, alle anderen Kosten der übergelagerten Hierarchieebenen stellen Gemeinkosten dar. Aus dem Blickwinkel der nächsten Stufe ist der Meister ausschließlich für die Dreherei zuständig; sein Gehalt stellt damit (Kostenstellen-)Einzelkosten dar, während z. B. die Bezüge des Produktionsleiters Gemeinkosten sind. Das ändert sich wiederum aus Sicht der nächsten Stufe: Das Gehalt des Produktionsleiters stellt dann (Bereichs-)Einzelkosten dar, wohingegen das Vorstandsgehalt nach wie vor zu den Gemeinkosten zählt. Eine weitere Aggregation wäre die Unternehmenssicht, wonach dann das Vorstandsgehalt (Unternehmens-)Einzelkosten wären.[1]

Für jede Kostenstelle[2] werden alle Kosten erfasst und ausgewiesen, die durch die Kostenstelle verursacht werden. Dazu wird in zwei Schritten vorgegangen:

- Zunächst werden die **Primärkosten** (die von *außen* stammen) aus der Kostenartenrechnung übernommen und den jeweiligen Kostenstellen zugeordnet,
- anschließend werden die **Sekundärkosten** der *innerbetrieblichen* Leistungsströme erfasst.

Beispiel: In der Kostenstelle „Betriebsschlosserei" fallen Primärkosten an, z. B. Reparaturmaterial, Personalkosten oder Abschreibungen. Sobald die Betriebsschlosserei z. B. für das Lager ein Regal herstellt, wird die Kostenstelle „Material" mit Sekundärkosten belastet. Dazu muss die innerbetriebliche Leistung auf geeignete Weise verrechnet werden.

---

1 Auf diesen Überlegungen fußt die Deckungsbeitragsrechnung mit relativen Einzelkosten; vgl. Kap. 5.3.3.
2 Abweichend zur vorstehenden Grafik sei nachfolgend unter „Kostenstelle" die jeweils kleinste Gliederungseinheit innerhalb einer Kostenstellenhierarchie verstanden.

Es wird deutlich, dass die einzelnen Kostenstellen entweder für den Markt produzieren oder für andere Kostenstellen.[1] Auf diesem Unterschied basiert die *abrechnungsorientierte* Differenzierung der Kostenstellen in Haupt- und Hilfskostenstellen. Mehr oder minder synonym werden stattdessen auch die Begriffe End- und Vorkostenstellen verwendet. Demnach gilt:

- **End- oder Hauptkostenstellen** sind marktorientiert; sie geben Leistungen an den Markt ab.
- **Vor- oder Hilfskostenstellen** geben ihre Leistungen unternehmensintern an andere Kostenstellen ab.

Diese Unterscheidung ist nicht ganz unproblematisch, dient aber einer ersten Begriffsklärung.

Will man die genannten Arten von Kostenstellen weiter aufsplitten, so ergeben sich die folgenden Untertypen:[2]

Kostenstellen (KS)			Beispiele
End-KS	→Haupt-KS i. e. S.		Montage
≈ Haupt-KS	→Neben-KS		Abfallverwertung
Vor-KS	→Allg. Hilfs-KS		Werksfeuerwehr
= Hilfs-KS	→Bereichsbezogene Hilfs-KS	→Fertigungshilfs-KS	Arbeitsvorbereitung
		→Hilfs-KS sonstiger Betriebsbereiche	Druckerei

Hierzu ist anzumerken:

(1) Am Beispiel der Kuppelproduktion[3] wird deutlich, dass auch Nebenkostenstellen evtl. Leistungen erstellen. Daher ist eine Abgrenzung zwischen Haupt- und Nebenkostenstelle im Einzelfall schwierig.

(2) Allgemeine Hilfskostenstellen bedienen die gesamte Unternehmung oder zumindest mehrere Unternehmensbereiche, wäh-

---

1 Moderne Managementkonzepte sprechen daher vom externen und vom internen Kunden, die es *beide* optimal zu beliefern gilt.
2 Vgl. Hummel/Männel 1, a.a.O., S. 192.
3 Vgl. Kap. 4.2.6.

71

3. Kostenstellenrechnung

1 Allg. Hilfskostenstellen	**3 Fertigung**
11 Immobilien/Raum	31 Fertigungshilfskostenstellen
111 Grundstücke u. Gebäude	311 Produktionsplanung
112 Heizung	312 Arbeitsvorbereitung
113 Reinigung	313 Werkzeug- und Musterbau
...	...
12 Sozialdienste	32 Fertigungsbereich I
121 Kantine	321 Meisterbüro I
122 Werksbücherei	322 Dreherei
123 Betriebsrat	323 Fräserei
...	
13 Energie	33 Fertigungsbereich II
131 Wasserversorgung	331 Meisterbüro II
132 Gaserzeugung	332 Bohrerei
133 Stromerzeugung	333 Schweißerei
...	334 Montage
14 Transport	...
141 Fuhrpark	**4 Vertrieb**
142 Innentransport	41 Verkauf Inland
...	411 Verkaufsleitung Inland
15 Instandhaltung	412 Verkaufsabteilung I
151 Bauabteilung	413 Verkaufsabteilung II
152 Schlosserei	...
153 Elektrowerkstatt	42 Verkauf Ausland
...	421 Verkaufsleitung Ausland
16 Forschung und Entwicklung	422 Verkaufsabteilung I
161 Planung	...
162 Labor	43 Kundendienst
163 Konstruktionsabteilung	44 Marktforschung
...	45 Werbung
2 Material	46 Versand
21 Einkauf	**5 Verwaltung**
211 Einkaufsleitung	51 Geschäftsleitung
212 Einkaufsabteilung I	52 Rechtsabteilung
213 Einkaufsabteilung II	53 Finanzen und Rechnungswesen
...	531 Buchhaltung
219 Rechnungsprüfungsstelle	532 Betriebsabrechnung
22 Lager	533 Kalkulation
221 Warenannahme	534 Lohnbuchhaltung
222 Prüflabor	...
223 Warenausgabe	54 EDV und Organisation
224 Rohstofflager I	55 Personalabteilung
...	...

rend bereichsbezogene Hilfskostenstellen (hauptsächlich) nur an *einen* Bereich Leistungen abgeben. Klassisch bereichsbezogen sind die Fertigungshilfsstellen, die ausschließlich vorbereitende Leistungen an die Fertigung abgeben.

(3) Nach obiger Einteilung würden innerbetriebliche Leistungen nur von Hilfskostenstellen erbracht. Dies ist nicht richtig – gelegentlich produzieren Endkostenstellen nicht für den Markt, sondern für andere Kostenstellen (wenn z. B. eine Möbelfabrik einen Bürotisch für das eigene Sekretariat fertigt).

Trotz der genannten Kritikpunkte soll nachfolgend nur die vereinfachte – aber durchaus ausreichende – Terminologie verwendet werden, wonach Hauptkostenstellen vornehmlich Leistungen für den Markt erbringen, Hilfskostenstellen hingegen in erster Linie innerbetriebliche Leistungen erstellen.

Unter Berücksichtigung o. a. Prämissen[1] erstellt eine Unternehmung einen individuellen, systematisch gegliederten Kostenstellenplan, der die Kostenstellenhierarchie insgesamt darstellt. Auf der gegenüberliegenden Seite findet sich dazu ein vereinfachtes Beispiel.

3.3 Betriebsabrechnung

Wie für die Kostenartenrechnung gilt auch für die Kostenstellenrechnung, dass sie grundsätzlich auf zwei Arten durchgeführt werden kann:

- **Kontenmäßig** in Einkreissystemen;[2] im GKR stehen dafür die Kontenklassen 5 und 6 zur Verfügung.[3]
- **Tabellarisch**, also in statistisch aufbereiteter Form. Diese ist für Zweikreissysteme zwingend und in der Praxis die gängige Version.

Eine kontenmäßige Kostenstellenrechnung bedeutet viel Arbeitsaufwand und einen vergleichsweise mangelhaften Überblick: Jede

---

1 Siehe S. 68.

2 Zur Unterscheidung von Ein- und Zweikreissystemen vgl. S. 4 und S. 61 ff.

3 Insofern wurden die Kostenstellennummern im Beispiel der Vorseite willkürlich gewählt; nach dem GKR begännen sie durchweg mit der Ziffer 5 oder 6.

Kostenstelle wird wie ein Konto geführt, wobei im Soll die einzelnen Kostenarten stehen, im Haben die abgegebenen Leistungen. Wir beschränken uns deshalb auf die Darstellung der **tabellarisch** durchgeführten Kostenstellenrechnung mit Hilfe des Betriebsabrechnungsbogens (BAB).

3.3.1 Betriebsabrechnungsbogen (BAB)

Der Betriebsabrechnungsbogen (BAB) ist Hilfsmittel der **tabellarisch** durchgeführten Kostenstellenrechnung. Er ist eine matrixartige Zusammenstellung aller kostenstellenbezogenen Kostenarten (vertikal) und der Kostenstellen (horizontal); letztere sind üblicherweise entsprechend dem Güterstrom von links nach rechts geordnet. Die Abrechnung erfolgt in zwei Schritten:

(1) Zunächst werden alle **primären Gemeinkosten** den *verursachenden* Haupt- und Hilfskostenstellen zugeordnet.

(2) Als nächster Schritt werden im Rahmen der *innerbetrieblichen Leistungsverrechnung* die **Sekundärkosten** stufenweise von links nach rechts auf die anfordernden Kostenstellen umgelegt (vgl. die Abbildung auf der gegenüberliegenden Seite). Letztlich werden so die Hilfskostenstellen eliminiert, und als Summe erhält man die Kosten je Hauptkostenstelle.

Diese sind Basis für weitere Berechnungen (z. B. zur Ermittlung der Zuschlagssätze) sowie zur Kostenkontrolle.

Da Betrachtungsgegenstand der Kostenstellenrechnung ausschließlich **Gemeinkosten** sind, finden sich im BAB *keine Einzelkosten*; sie können allerdings zusätzlich erwähnt werden, da sie u. a. für die anschließende Zuschlagssatzermittlung benötigt werden.

Die Grafik zeigt, dass zunächst alle Primärkosten den einzelnen Kostenstellen zugeordnet werden. In einem zweiten Schritt erfolgt die **Kostenumlage** der innerbetrieblichen Leistungsverrechnung. Dazu werden die Kosten der Vorkostenstelle V1 auf alle anderen beanspruchenden Kostenstellen (inklusive V2) umgelegt, anschließend die Kosten von V2 auf die rechts davon stehenden Kostenstellen verrechnet.

Ähnlich würde mit bereichsbezogenen *Hilfskostenstellen* verfahren: z. B. würden die Kosten einer Fertigungshilfsstelle auf die bei-

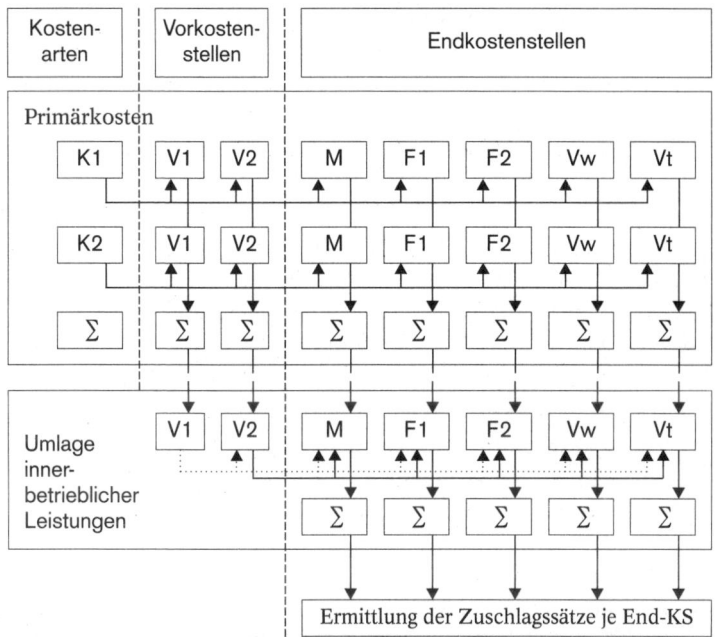

Legende: K = Kostenart, V = Vorkostenstelle, M = Material, F = Fertigung,
Vw = Verwaltung, Vt = Vertrieb

den Endkostenstellen der Fertigung (F1 und F2) umgelegt. In der umseitigen Abbildung eines BAB findet sich eine solche vorgelagerte Fertigungshilfskostenstelle.

Nachdem die Umlage abgeschlossen ist, sind als Summen die gesamten Gemeinkosten je Endkostenstelle ermittelt.

Ein Muster-BAB soll als Zahlenbeispiel die Art und Weise der Abrechnung verdeutlichen (siehe Folgeseite).

Kostenstellen / Kostenarten	Σ	Vorkostenstellen Gebäude-verwaltg.	Vorkostenstellen Fuhrpark	End-KS Material	Hilfs-KS Fertigung	Fertigung End-KS Fertig. I	Fertigung End-KS Fertig. II	End-KS Verwaltg.	End-KS Vertrieb
1 Hilfslöhne	37 000	1200	2600	3100	4200	8100	9200	3600	5000
2 Gehälter	45 000	1300	2100	1700	5300	5900	7100	13 400	8200
3 Energie	18 000	100	–	1100	2600	8400	5300	200	300
4 Instandhaltung	12 000	3100	–	2200	800	1300	2600	1300	500
5 Versicherung	1800	400	300	500	–	–	–	200	400
6 Werbung	12 600	–	–	–	–	–	–	–	12 600
7 kalk. Abschr.	26 400	4700	2100	1300	900	6700	5900	2200	2600
8 kalk. Zinsen	5200	800	400	200	100	1400	1300	500	500
9 Σ GK	158 000	11 600	7500	10 300	13 900	31 800	31 400	21 400	30 100
10 Umlage Gebäude	−11 600 +11 600	−11 600	→+300	→+700	→+600	→+3500	→+4300	→+1700	→+500
11 Umlage Fuhrpark	−7800 +7800		−7800	→+1400				→+2300	→+4100
12 Uml. Fertig.- Hilfs-KS	−14 500 +14 500				−14 500	→+7700	→+6800		
13 Σ GK	158 000			12 400		43 000	42 500	25 400	34 700
14 Fert.löhne	130 000					60 000	70 000		
15 Fert.material	212 000			212 000					
16 Herstellkosten	439 900							439 900	439 900
17 Zuschlagssätze	–			5,85 %		71,7 %	60,7 %	5,8 %	7,9 %

Anmerkungen zum vorseitig abgebildeten Muster-BAB:

• Die Aufschlüsselung der Gemeinkosten von 158 000 € hat nur Modellcharakter. Wie die Gemeinkosten in der Praxis aufgeteilt werden, wird in den Folgekapiteln näher erläutert.

• Strenggenommen endet der BAB mit Zeile 13. Zweckdienlicherweise werden anschließend die Einzelkosten genannt, damit die Ist-Zuschlagssätze ermittelt werden können.

• Das vorstehende Beispiel rechnete mit Ist-Kosten. Stattdessen kann der BAB auch mit Normal- oder Plan-Kosten rechnen, womit erste Ansätze für ein Kostenstellen-Controlling geschaffen sind: Würden z. B. zusätzlich die Normal-Kosten aufgeführt werden, so könnte daraus die Abweichung der Ist-Kosten in Prozent angegeben werden.[1]

• Zum besseren Verständnis für den Zusammenhang der Zeilen 14–17 seien hier die Selbstkosten[2] noch einmal gesondert berechnet:[3]

Bereich	Kosten	€	%
Material-bereich	Fertigungsmaterial (MEK)	212 000	100,00
	+ Material-GK	12 400	5,85
	∑ **Materialkosten**	**224 400**	
Fertigungs-bereich I	Fertigungslöhne (FEK) I	60 000	100,00
	+ Fertigungs-GK I	43 000	71,70
	∑ **Fertigungskosten I**	**103 000**	
Fertigungs-bereich II	Fertigungslöhne (FEK) II	70 000	100,00
	+ Fertigungs-GK II	42 500	60,70
	∑ **Fertigungskosten II**	**112 500**	
	∑ **Herstellkosten**	**439 900**	100,00
Verwaltung	+ Verwaltungs-GK	25 400	5,80
Vertrieb	+ Vertriebs-GK	34 700	7,90
	∑ **Selbstkosten**	**500 000**	

Im BAB werden also sämtliche primären Kostenarten zunächst auf die verursachenden Kostenstellen verteilt, anschließend werden

---

1 Vgl. hierzu das fortgeführte Beispiel auf S. 94.
2 Zum Berechnungsschema vgl. S. 42.
3 Dies ist nur ein allgemeines Berechnungsbeispiel vorab; vgl. zur Vertiefung Kap. 3.4.

die Sekundärkosten den betroffenen Kostenstellen zugerechnet. Dies wird in den Folgekapiteln weiter vertieft.

An dieser Stelle muss betont werden, dass die Darstellungen im Buch drastisch verkürzt sind – in der Praxis sind oft weit über hundert Kostenarten auf bis zu 2000 Kostenstellen zu verteilen. Dies ist ohne Unterstützung durch entsprechende Software kaum zu bewältigen – mittels EDV lassen sich nicht nur der BAB erstellen, sondern auch Auswertungen generieren.

3.3.2 Verteilung der Primärkosten

Letztlich sollen jedem Kostenträger genau (und nur) die Kosten zugerechnet werden, die durch ihn verursacht werden. Bei den Einzelkosten ist dies direkt möglich. Was nun die **Gemeinkosten** betrifft, so sollen diese in der Kostenstellenrechnung verursachungsgerecht zugerechnet bzw. verteilt werden. Dazu unterscheidet man zwei Fälle:

• Die **direkte Verteilung** lässt sich vornehmen, wenn eindeutig feststeht, dass Gemeinkosten genau für eine Kostenstelle angefallen sind. Man spricht in diesem Fall von Kostenstellen*einzel*kosten.

• Die **indirekte Verteilung** wird dann benötigt, wenn nicht eindeutig bekannt ist, für welche Kostenstellen und in welcher Höhe die Gemeinkosten angefallen sind. In diesem Fall muss man möglichst verursachungsgerechte Verteilungs- oder Umlageschlüssel bestimmen.

▶ **Die direkte Verteilung** kann anhand der Belege (mit Angabe der verbrauchenden Kostenstelle) vorgenommen werden. Beispiele sind:

Kostenarten	Verteilungsgrundlage
Gehälter	Gehaltslisten
Zusatzlöhne/Hilfslöhne	Lohnlisten
Hilfs- und Betriebsstoffe	Materialentnahmescheine
Fremdreparaturen	Eingangsrechnungen
Eigene Reparaturen	Reparaturaufträge
Kopien und Drucke	Kopier- bzw. Druckaufträge
Porti	Postausgangsbuch
Telefon	Telefonatslisten
Kalk. Abschreibungen/kalk. Zinsen	Werte der Anlagen einer KS
Kraftstrom	Stromzähler der verbrauchenden KS

▶ **Die indirekte Verteilung** ist komplizierter. Man denke beispielsweise an die Miete für eine Halle mit mehreren Kostenstellen: Nach welchen Kriterien sollten die Gemeinkosten dazu verursachungsgerecht aufgeteilt werden? In jedem Fall ist ein geeigneter Verteilungsschlüssel zu finden, d. h. eine Bezugs- oder Maßgröße für die Kostenverursachung. Grundsätzlich kommen in Frage:

• **Wertschlüssel** als Bezugsgröße, z. B. Löhne oder Gehälter, Herstell- oder Selbstkosten, Bestandswerte der Vorräte oder der Anlagen u. a. m.

Wertschlüssel ergeben immer prozentuale Umlagesätze: Besteht z. B. ein Verhältnis der Gehälter zu den Löhnen von 60 : 40, so würden 60 % der freiwilligen Sozialkosten auf die Gehälter und 40 % auf die Löhne aufgeschlagen.

• **Mengenschlüssel** als Bezugsgröße legen immer eine Menge zugrunde, z. B. Maschinenstunden, Rauminhalt bei gelagerten Stoffen oder m^2.

Mengenschlüssel werden in einem Zuschlagssatz pro Mengeneinheit angegeben.

Beträgt z. B. die Gesamtmiete 12 000 € für 600 m² (= 20 €/m²), so sind einer Kostenstelle mit 100 m² 2000 € zuzurechnen.

Beispiele für indirekte Verteilungen:

Kostenarten	Verteilungsgrundlage	WS/MS[1]
Freiwillige Sozialkosten	Verhältnis Bruttogehälter : -löhne	WS
Mieten/Heizkosten	m²	MS
Reinigungskosten	m²	MS
Lichtstrom	Anzahl der Lampen	MS
Hilfsstoffe[2]	Herstellkosten	WS
Innentransporte	Tonnenkilometer	MS
Arbeitsvorbereitung	Fertigungslöhne	WS
Versicherungskosten	z. B. durchschnittlicher Lagerbestand	WS

1 WS = Wertschlüssel; MS = Mengenschlüssel. Weitere Schlüssel s. Gabler Wirtschaftslexikon, a. a. O., S. 1217.
2 Nur wenn der Verbrauch nicht pro Kostenstelle erfaßt wird, was grundsätzlich vorzuziehen ist.

Auf diese Weise können die primären Gemeinkosten auf die empfangenden Kostenstellen verrechnet werden. In den letzten beiden Übersichten waren auch bereits Sekundärkosten (z. B. Kopieraufträge oder Innentransporte) erwähnt, die ebenso verrechnet werden. Diese *innerbetriebliche Leistungsverrechnung* wird im nächsten Kapitel genauer untersucht.

3.3.3 Innerbetriebliche Leistungsverrechnung

Neben den Aufträgen für externe Kunden erbringt ein Betrieb auch Leistungen für den internen Verbrauch. Es werden also Leistungen an andere Kostenstellen abgegeben, denen somit **Sekundärkosten** entstehen. Innerbetriebliche Leistungen werden erbracht:

- vor allem von **Hilfskostenstellen**, z. B. Strom- oder Dampferzeugung, Transportleistungen oder selbst durchgeführte Reparaturen,
- gelegentlich auch von **Hauptkostenstellen**, wenn z. B. ein Möbelhersteller Tische für die eigene Kantine herstellt.

Für die Kostenerfassung muss bei innerbetrieblichen Leistungen *nach der Güterart* differenziert werden:[1]

- entweder, es handelt sich dabei um **aktivierbare Anlagegüter** (z. B. BGA, Maschinen, Fahrzeuge, Werkzeuge) oder
- um Leistungen, die in der gleichen Periode **verbraucht** werden (z. B. Strom, Gas, Transporte, Reparaturen oder Arbeitsvorbereitung).

Im ersten Fall handelt es sich um materielle Güter, deren Kosten wie für einen Außenauftrag erfasst werden. Anschließend werden die Anlagegüter aktiviert. In den Folgejahren werden die Abschreibungen und Zinsen den beanspruchenden Kostenstellen als Kosten zugerechnet. Insofern entsteht hier kein besonderes Erfassungsproblem.

Anders im zweiten Fall: Die Leistungen werden sofort von anderen Kostenstellen beansprucht – und deren Kosten sollen schließlich vollständig erfasst werden. Das Problem der dadurch notwendigen **innerbetrieblichen Leistungsverrechnung** soll ein Beispiel

---

1 Vgl. Haberstock I, a.a.O., S. 141 f.

verdeutlichen: Die Hilfskostenstelle „Stromerzeugung" gibt Strom an die Hilfskostenstelle „Reparaturwerkstatt" ab, umgekehrt führt letztere Reparaturen für die Stromerzeugung durch.

Da letztlich alle Kosten den Kostenträgern (= externe Aufträge) zugerechnet werden sollen, müssen als Ergebnis der Kostenstellenrechnung alle Kosten je Hauptkostenstelle ermittelt und die Hilfskostenstellen eliminiert werden. Dazu dient die innerbetriebliche Leistungsverrechnung.

Um die **Leistungsströme** (und die daraus resultierenden Verrechnungsprobleme) zu verdeutlichen, seien zunächst die **Grundtypen** dargestellt, wie Kostenstellen durch untereinander abgegebene Leistungen miteinander verflochten sind (siehe Tabelle auf Seite 82).[1]

Verfahren der innerbetrieblichen Leistungsverrechnung: *Wie* die innerbetrieblichen Leistungen verrechnet werden, hängt von mehreren Aspekten ab, u. a. ob es sich um Einzelleistungen oder summarische Leistungen einer Periode handelt, wie genau die Leistungen gemessen werden können, ob eine Kostenstelle immer nur *eine* bestimmte oder unterschiedliche Leistungen abgibt.

Ist die Leistung schwer messbar, so erfolgt z. T. eine einfache **Kostenumlage**[2] mittels (Umlage-)Schlüsseln, wie sie schon bei der Verteilung der Primärkosten dargestellt wurde.[3]

Bei einer **mehrseitigen Leistungsverflechtung** (Typ IV) müsste die Leistungsverrechnung eigentlich *simultan* erfolgen, um eine korrekte Erfassung (und Kostenkontrolle!) aller dort angefallenen Kosten zu ermöglichen. In der Tat geschieht dies beim:

• **Iterationsverfahren** und beim
• **Gleichungsverfahren**.

---

1 Grafik in Anlehnung an: Hummel/Männel 1, a.a.O., S. 212.
2 Das Weiterwälzen der Kosten (letztlich auf die Hauptkostenstellen) von innerbetrieblichen Leistungen erfolgt mittels Verrechnung, wenn die Leistung gemessen wird, ansonsten per Umlage; vgl. Hummel/Männel 1, S. 217.
3 Siehe S. 78 f.

Grundtypen innerbetrieblicher Leistungsverflechtung

Beim **Typ I** als einfachstem Fall einer Leistungsverflechtung ist der Leistungsstrom: • einseitig und • einstufig Es findet also keine gegenseitige Leistungsabgabe statt, noch muss diese mehrstufig verrechnet werden. Beispiel: Arbeitsvorbereitung für eine Fertigungshauptkostenstelle.	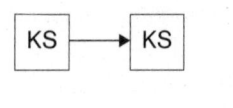
Beim **Typ II** werden Leistungen an mehrere Kostenstellen abgegeben; die Verflechtung ist dabei ebenfalls: • einseitig und • einstufig Es findet auch keine gegenseitige Leistungsabgabe statt. Beispiel: Arbeitsvorbereitung für mehrere Fertigungshauptkostenstellen.	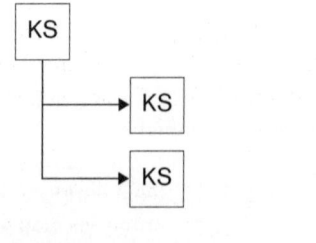
Beim **Typ III** fließt der Leistungsstrom wiederum nur in eine Richtung, wird aber stufenweise aufgefächert; er ist damit: • einseitig und • mehrstufig Beispiel: Die Reparaturwerkstatt gibt sowohl an die Arbeitsvorbereitung als auch an die Fertigungshauptkostenstellen Leistungen ab.	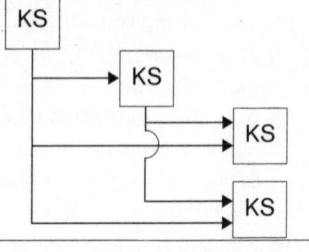
Typ IV schließlich ist jede Leistungsverflechtung, bei der gegenseitig Leistungen abgegeben werden. Typ IV ist: • mehrseitig und • ein- oder mehrstufig in verschiedenen Variationen Beispiel: Gebäudeverwaltung, Reparaturwerkstatt und Stromerzeugung beliefern sich gegenseitig mit Leistungen.	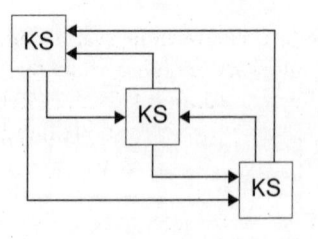

Nur bei **einseitiger** (ggf. durchaus mehrstufiger) **Leistungsverflechtung** (Typ I – III) können (auch) folgende Verfahren angewandt werden, wenn korrekte Ergebnisse erzielt werden sollen:

• **Stufenleiterverfahren** und

• **Anbauverfahren**

Zur Unterscheidung seien die genannten Verfahren einzeln vorgestellt. Als **Ausgangsfall** diene folgende Situation:

In einem Betrieb fallen in der Hilfskostenstelle „Stromerzeugung" für die Produktion von 300 000 kWh Strom 18 000 € Primärkosten an, in der Hilfskostenstelle „Reparaturwerkstatt" werden bei 21 000 € Primärkosten 700 Reparaturstunden erbracht.

Die Hilfskostenstellen beliefern sich gegenseitig und außerdem die Hauptkostenstellen mit Leistungen. Die genauen Leistungsbeziehungen sowie die weiteren Primärkosten sind in der nachfolgenden Tabelle aufgelistet:

Abgebende Kostenstellen			Empfangende Kostenstellen			
	Primär-kosten	Ges.-leistung	Hilfs-KS Strom-erzeug.	Hilfs-KS Repara-turen	Haupt-KS Fertig. I	Haupt-KS Fertig. II
Hilfs-KS Strom	18 000	300 000 kWh	–	60 000 kWh	100 000 kWh	140 000 kWh
Hilfs-KS Reparat.	21 000	700 Std.	120 Std.	–	220 Std.	360 Std.
Haupt-KS Fert. I	35 000	–	–	–	–	–
Haupt-KS Fert. II	14 000	–	–	–	–	–

▶ **A. Das Gleichungsverfahren:** Beim Gleichungsverfahren wird je innerbetrieblich verflochtener Kostenstelle eine Gleichung gebildet. Um diese zu lösen, besteht der nahe liegendste Weg darin, diese unzuformen und ineinander einzusetzen (**Einsetzverfahren**).

Im Beispiel ergeben sich folgende Gleichungen:

A: $18\,000 + 120 \cdot y = 300\,000 \cdot x$
B: $21\,000 + 60\,000 \cdot x = 700 \cdot y$

Durch Umformen ergeben sich:

A: $300\,000 \cdot x - 120 \cdot y = 18\,000$
B: $-60\,000 \cdot x + 700 \cdot y = 21\,000$

B wird nun mit 5 multipliziert:

B': $-300\,000 \cdot x + 3500 \cdot y = 105\,000$

Durch Addition von A und B' wird y ermittelt:

$$0 \cdot x + 3380 \cdot y = 123\,000 \mid : 3380$$
$$y = 36{,}39$$

x wird durch Einsetzen von y in A ermittelt:

$$300\,000 \cdot x - 120 \cdot 36{,}39 = 18\,000$$
$$300\,000 \cdot x - 4366{,}80 = 18\,000$$
$$300\,000 \cdot x = 22\,366{,}80$$
$$x = 0{,}074556$$

Bei einer Vielzahl beteiligter Kostenstellen bewirkt diese Methode einen hohen Rechenaufwand.

Deshalb wird stattdessen die innerbetriebliche Leistungsverflechtung häufig als **System linearer Gleichungen** erfasst, wobei auch hier die Zahl der Gleichungen der Anzahl der sich untereinander beliefernden Kostenstellen entspricht. In jeder Gleichung sind die Mengen der innerbetrieblichen Leistungen bekannte Größen, die gesuchten **Verrechnungspreise** werden als Variablen (q_1, q_2,... q_n) gesetzt:[1]

---

1 Die Variable q1 entspricht der Variablen x im vorher dargestellten Einsetzverfahren, q2 entspricht y etc.

	q_1	q_2	Primärkosten	

$$
\begin{array}{ll}
\text{I} \\ \text{II}
\end{array}
\left(
\begin{array}{rr}
300\,000 & -120 \\
-60\,000 & 700
\end{array}
\right|
\left.
\begin{array}{r}
18\,000 \\
21\,000
\end{array}
\right)
$$

⇐ Kostenstelle Stromerzeugung[1]
⇐ Kostenstelle Reparaturwerkstatt

$$
\begin{array}{ll}
\text{I} \\ \text{II}
\end{array}
\left(
\begin{array}{rr}
2500 & -1 \\
-600 & 7
\end{array}
\right|
\left.
\begin{array}{r}
150 \\
210
\end{array}
\right)
$$

/ : 120
/ : 100

$$
\begin{array}{ll}
\text{I} \\ \text{II}
\end{array}
\left(
\begin{array}{rr}
2414,29 & 0 \\
0 & 6,76
\end{array}
\right|
\left.
\begin{array}{r}
180 \\
246
\end{array}
\right)
$$

/ I + II : 7
/ II + I : 25 · 6

$$
\begin{array}{ll}
\text{I} \\ \text{II}
\end{array}
\left(
\begin{array}{rr}
1 & 0 \\
0 & 1
\end{array}
\right|
\left.
\begin{array}{r}
0,074556 \\
36,39
\end{array}
\right)
$$

/ : 2414,29
/ : 6,76

Erläuterung: Zeilen können multipliziert und dividiert werden. Ziel ist es, durch Addition oder Subtraktion von Zeilen (oder einem Vielfachen davon) je Zeile eine Variable auf 1, die anderen auf 0 zu setzen. Im Beispiel erhält man so als Verrechnungspreise: q_1 = 0,074556 € und q_2 = 36,39 €.

Mit beiden Versionen des Gleichungsverfahrens wurden die gleichen Ergebnisse ermittelt:

Kostenstelle	produzierte Einheiten	Verrechnungspreis je Einheit	Gesamt-kosten
A: Stromerzeugung	300 000	0,074556	22 367
B: Reparaturwerkstatt	700	36,39	25 473

Die ermittelten Gesamtkosten jeder Hilfskostenstelle (= primäre *und* sekundäre Kosten) werden anschließend auf die beziehenden Kostenstellen verteilt, und zwar entsprechend der Inanspruchnahme von Leistungseinheiten:

---

1 Würde die KS Stromerzeugung anstatt der 120 Reparaturstunden *keine* Leistungen dieser Hilfskostenstelle beziehen, stünde hier anstelle von „–120" der Wert Null.

	Hilfs-KS Stromerz.	Hilfs-KS Reparat.	Haupt-KS Fertig. I	Haupt-KS Fertig. II
Primärkosten	18 000	21 000	35 000	14 000
Stromerzeugung	−22 367			
		▼ 4473	▼ 7456	▼ 10 438
Reparaturwerkstatt		−25 473		
	▼ 4367		▼ 8006	▼ 13 100
Primär- + Sekundärkosten nach Verrechnung	0	0	50 462	37538

▶ **B. Das Iterationsverfahren:** Hierbei werden die Verrechnungspreise in einem iterativen, also schrittweisen Prozess ermittelt. Ausgangspunkt sind zunächst die Kosten je Leistungseinheit ohne Berücksichtigung der Verflechtung (z.B. Strom = 18 000 €: 300 000 kWh = 0,06 € je kWh). Diese Werte werden schrittweise den tatsächlichen Verrechnungspreisen angenähert (siehe Folgeseite).

Beispiel: In der 2. Iteration werden für die Stromerzeugung folgende Kosten zugrunde gelegt:

	Primärkosten	= 18 000 €
+	vorläufige Sekundärkosten aus der Verrechnungnungsdifferenz	= 3600 €
	Summe	= 21 600 €

Dieser Wert wird nun durch die Anzahl der Leistungseinheiten dividiert, so dass man als vorläufigen Wert der 2. Iteration erhält:

21 600 € : 300 000 kWh = 0,072 €/kWh.

Entsprechend der verbrauchten Leistungsmengen werden die Stromkosten auf die Kostenstellen verteilt:

– Hilfs-KS Reparaturwerkstatt: 60 000 kWh · 0,072 €/kWh = 4 320 €
– Haupt-KS Fertigung I: 100 000 kWh · 0,072 €/kWh = 7 200 €
– Haupt-KS Fertigung II: 140 000 kWh · 0,072 €/kWh =10 080 €

Diese Beträge werden den jeweiligen Kostenstellen zugerechnet. Gleichzeitig wird die Gesamtsumme von 21 600 € in der Spalte „Stromerzeugung" subtrahiert. Dieses Verfahren wird analog für die anderen Kostenstellen angewandt, und zwar so lange, bis sich keine Verrechnungsdifferenzen mehr ergeben – im Beispiel ist die 7. die letzte Iteration:

	Hilfs-KS Stromerz.	Hilfs-KS Reparat.	Haupt-KS Fertig. I	Haupt-KS Fertig. II
Primärkosten	18 000	21 000	35 000	14 000
Stromerzeugung: Leistung in kWh	300 000			
		60 000	100 000	140 000
Reparaturwerkstatt: Leistung in Std.		700		
	120		220	360
1. Iteration: S: 18 000 : 300 000 = 0,06 R: 21 000 : 700 = 30,00	−18 000 3600	3600 −21 000	6000 6600	8400 10 800
Verrechnungsdifferenz:	3600	3600		
2. Iteration: S: 21 600 : 300 000 = 0,072 R: 24 600 : 700 = 35,143	−21 600 4217	4320 −24 600	7200 7731	10 080 12 651
Verrechnungsdifferenz:	617	720		
3. Iteration: S: 22 217 : 300 000 = 0,07406 R: 25 320 : 700 = 36,171	−22 217 4340	4444 −25 320	7406 7958	10 368 13 022
Verrechnungsdifferenz:	123	124		
4. Iteration: S: 22 340 : 300 000 = 0,07447 R: 25 444 : 700 = 36,3486	−22 340 4362	4468 −25 444	7447 7997	10 425 13 085
Verrechnungsdifferenz:	22	24		
5. Iteration: S: 22 362 : 300 000 = 0,07454 R: 25 468 : 700 = 36,3829	−22 362 4366	4472 −25 468	7454 8004	10 436 13 098
Verrechnungsdifferenz:	4	4		
6. Iteration: S: 22 366 : 300 000 = 0,07455 R: 25 472 : 700 = 36,3886	−22 366 4367	4473 −25 472	7455 8005	10 438 13 100
Verrechnungsdifferenz:	1	1		
7. Iteration: S: 22 367 : 300 000 = 0,074557 R: 25 473 : 700 = 36,39	−22 367 4367	4473 −25 473	7456 8006	10 438 13 100
Verrechnungsdifferenz:	0	0		
Primär- + Sekundärkosten nach Verrechnung:			50 462	37 538

Noch zwei Beispiele:
Die vorläufigen Gesamtkosten der Hilfs-KS Reparatur betragen in der
3. Iteration 25320 €; Rechnung:

21 000 € (= Primärkosten)
+ 4 320 € (= belastete Stromkosten aus der 2. Iteration)
= 25 320 €

In der 4. Iteration betragen sie 25 444 €:

21 000 € (= Primärkosten)
+ 4 444 € (= belastete Stromkosten aus der 3. Iteration)
= 25 444 €

▶ **C. Das Stufenleiterverfahren:** Auch beim Stufenleiterverfahren
(= Treppenverfahren oder Stepp-ladder-Verfahren) erfolgt eine
schrittweise Annäherung an die innerbetrieblichen Verrechnungspreise. Im Unterschied zu den vorher dargestellten Simultanverfahren werden dabei allerdings jene Leistungen vernachlässigt, die von einer noch nicht abgerechneten Kostenstelle an eine
gerade abgerechnete fließen.

Um trotzdem eine hohe Genauigkeit zu erzielen, wird wie folgt
vorgegangen: Zunächst wird jene Hilfskostenstelle untersucht, die
möglichst wenig Leistungen von anderen Kostenstellen bezieht.
Ihre Kosten werden auf die anderen (nachfolgenden) Kostenstellen
verteilt. Anschließend wird jene Hilfskostenstelle herausgegriffen,
die am zweitwenigsten Leistungen bezieht, usw.

Als nebenstehende Grafik ergibt diese Vorgehensweise jenes Bild,
wie es aus dem BAB bekannt ist.[1]

Für die 1. Kostenstelle werden die Primärkosten durch die gesamte Leistungsabgabe geteilt. Für jede weitere Kostenstelle gilt: Deren
Primärkosten plus alle bis dahin dieser Kostenstelle zugewiesenen
Sekundärkosten werden durch die gesamte Leistungsabgabe abzüglich der Leistungsabgabe an vorgelagerte Kostenstellen dividiert. Es
gilt also die Formel:

$$q_n = \frac{\text{Primärkosten} + \text{Sekundärkosten einer Kostenstelle}}{\text{Gesamtabgabe der KS} - \text{an vorgelagerte KS abgegebene Leistungen}}$$

---

1 Vgl. S. 42 und S. 75.

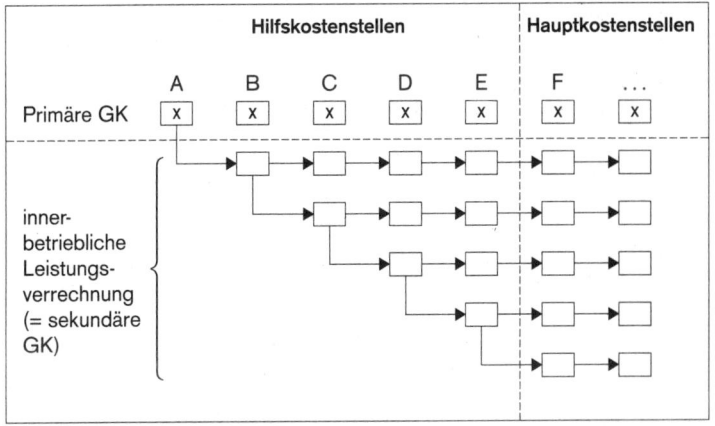

Im **Beispiel** ergibt sich für die Kostenstelle „Stromerzeugung" ein Verrechnungspreis wie folgt:

$$\frac{\text{Primärkosten}}{\text{Gesamtabgabe}} = \frac{18\,000\,€}{300\,000\,\text{kWh}} = 0{,}06\,€/\text{kWh}$$

Für die Kostenstelle „Reparaturwerkstatt" ergibt sich:

$$\frac{\text{Primärkosten} + \text{Sekundärkosten}}{\text{Gesamtabgabe} - \text{an vorgelagerte KS abgegebene Leistungen}} =$$

$$= \frac{21\,000\,€ + (60\,000\,\text{kwh} \cdot 0{,}06\,€/\text{kwh})}{700\,\text{Std.} - 120\,\text{Std.}} =$$

$$= \frac{21\,000\,€ + 3\,600\,€}{580\,\text{Std.}} = \frac{24\,600\,€}{580\,\text{Std.}} \approx 42{,}41\,€/\text{Std.}$$

Kritik: Bei manueller Berechnung erfordert das Stufenleiterverfahren nur geringen Arbeitsaufwand, weshalb es in der Praxis häufig angewandt wird. Nur in dem Fall, dass die Hilfskostenstellen so angeordnet sind, dass *keine* der Stellen von *nachgelagerten* Kostenstellen Leistungen empfängt, liefert dieses Verfahren exakte Werte (wie die Simultanverfahren). Ansonsten liefert das Stufenleiterverfahren immer mehr oder minder grobe Näherungswerte, die umso realistischer sind, als die wenig empfangenden Kostenstellen zuerst verrechnet werden, die viel empfangenden Kostenstellen zuletzt.

▶**D. Das Anbauverfahren:** Bei dieser Methode wird die innerbetriebliche Leistungsverflechtung zwischen den Hilfskostenstellen gänzlich vernachlässigt. Stattdessen werden einfach die Primärkosten einer Kostenstelle durch die Leistungsabgabe an (ausschließlich) Hauptkostenstellen dividiert. Formel:

$$q_n = \frac{\text{Primärkosten einer KS}}{\text{Gesamtabgabe der KS an Hauptkostenstellen}}$$

Im Beispiel wären das für die Stromerzeugung:

$$q_s = \frac{18\,000\,€}{300\,000\,kWh - 60\,000\,kWh} = \frac{18\,000\,€}{240\,000\,kWh} = 0{,}075\,€/Std.$$

Für die Reparaturstunden ergäben sich:

$$q_r = \frac{21\,000\,€}{700\,Std. - 120\,Std.} = \frac{21\,000\,€}{580\,Std.} = 36{,}207\,€/Std.$$

Kritik: Das Anbauverfahren ist die einfachste, allerdings auch ungenaueste Methode zur Ermittlung innerbetrieblicher Verrechnungspreise. Es führt nur in dem (theoretischen) Fall zu korrekten Ergebnissen, wenn unter den Hilfskostenstellen überhaupt *kein* Leistungsaustausch stattfindet.

In jedem anderen Fall werden die Primärkosten der Hilfskostenstellen zwar auch auf die Hauptkostenstellen weitergewälzt, aber nicht verursachungsgerecht. Dadurch werden manche Hauptkostenstellen mit zu wenig Kosten belastet, andere mit zu hohen. Insgesamt bewirkt diese Verzerrung der Kostenstruktur eine falsche Ermittlung der Selbstkosten und begünstigt Fehlentscheidungen.

Zusammenfassung: Die Ergebnisse im Beispielfall betragen:

Hilfs-KS	Einheit	Gleichungs-verfahren	Iterations-verfahren	Stufenleiter-verfahren	Anbau-verfahren
Stromerzeug.	€/kWh	0,074556	0,074556	0,06	0,075
Rep.werkst.	€/Std.	36,39	36,39	42,41	36,207

Die Unterschiede ergeben sich daraus, dass beim Gleichungs- und beim Iterationsverfahren der Leistungsaustausch zwischen den Hilfskostenstellen exakt erfasst wird, beim Stufenleiterverfahren hingegen nur die Leistungsabgabe an nachgelagerte Kostenstellen. Beim Anbauverfahren wird der Leistungsaustausch zwischen den Hilfskostenstellen komplett vernachlässigt.

Gesamtkritik an den Verfahren der innerbetrieblichen Leistungsverrechnung:
- Das **Gleichungsverfahren** ist manuell lösbar, für komplexe Verflechtungen am besten mittels linearen Gleichungssystems.
- Das **Iterationsverfahren** bedarf bei komplexer Leistungsverflechtung geeigneter EDV-Software.
- Beide ermitteln *verursachungsgerechte Verrechnungspreise* als Ist-Kosten einer Periode. Für Normal- oder Plankosten werden i. d. R. abweichende Verrechnungspreise zugrunde gelegt, so dass die aufwendige Ist-Ermittlung nur aperiodisch zu Kontrollzwecken erfolgen muss.
- Das **Stufenleiterverfahren** stimmt mit den Ergebnissen der Simultanverfahren nur dann überein, wenn keine mehrseitige (aber durchaus mehrstufige) Leistungsverflechtung besteht und die Kostenstellen so angeordnet sind und verrechnet werden, dass die nicht empfangende Kostenstelle links, die nicht abgebende Kostenstelle rechts aufgelistet wird.
- Das **Anbauverfahren** ist die gröbste Methode. Sie sollte nur dann benutzt werden, wenn zwischen den Hilfskostenstellen kein Leistungsaustausch stattfindet.

3.3.4 Ermittlung von Kalkulationssätzen

Nach den bisher erfolgten Abrechnungsschritten sind sämtliche Gemeinkosten verursachungsgemäß auf die Hauptkostenstellen verrechnet. In einem letzten Schritt ermittelt die Kostenstellenrechnung die Kalkulationssätze, die grundsätzlich wie folgt berechnet werden:

$$\text{Kalkulationssatz} = \frac{\text{(Kostenträger-)GK der Hauptkostenstelle}}{\text{Bezugsbasis der Hauptkostenstelle}}$$

Der Kalkulationssatz kann in zwei Versionen gebildet werden:

• Als **Zuschlagssatz**, in dem die Bezugsbasis eine Wertgröße (in €) darstellt, so dass sich aus der Division von € : € ein Prozentsatz ergibt.

• Als **Verrechnungssatz**, in dem im Nenner eine Mengengröße steht; also z. B. € : Stück oder € : kg. Alternativ steht im Nenner eine Zeitgröße, wenn z. B. *Maschinenstunden* als Bezugsgröße benötigt werden.

Alle Kalkulationssätze können als Ist-, Normal- oder Plankalkulationssätze ermittelt werden, wenn die entsprechenden Ist-, Normal- bzw. Plangrößen zueinander in Bezug gesetzt werden.

Als spezielle und bedeutsame Zuschlagssätze für Kostenträger-Gemeinkosten sind zu nennen:[1]

$$\text{Material-GK-Zuschlagssatz} = \frac{\text{Materialgemeinkosten (MGK)}}{\text{Materialeinzelkosten (MEK)}} \quad (\cdot 100)$$

$$\text{Fertigungs-GK-Zuschlagssatz} = \frac{\text{Fertigungsgemeinkosten (FGK)}}{\text{Fertigungseinzelkosten (FEK)}} \quad (\cdot 100)$$

$$\text{Verwaltungs-GK-Zuschlagssatz} = \frac{\text{Verwaltungsgemeinkosten (VwGK)}}{\text{Herstellkosten (HK)}} \quad (\cdot 100)$$

$$\text{Vertriebs-GK-Zuschlagssatz} = \frac{\text{Vertriebsgemeinkosten (VtGK)}}{\text{Herstellkosten (HK)}} \quad (\cdot 100)$$

Bei Bedarf wird unterschiedlich stark differenziert:

• Im **Verwaltungsbereich** werden üblicherweise die Gemeinkosten des gesamten *Bereiches* zugrunde gelegt.[2]

• Im **Allgemeinen Bereich**, im **Material-** und im **Vertriebsbereich** werden i. d. R. die Gemeinkosten *je Kostenstelle* herangezogen, wodurch sich jeweils mehrere Zuschlagssätze ergeben.

---

1 Vgl. die Berechnung im BAB auf S. 76: Für den Materialbereich ergibt sich dort bspw. aufgrund der Beziehung MGK : MEK = 12 400 € : 212 000 € = 5,85 %. In der Ist-Kalkulation wird daher zukünftig jeder Kostenträger mit 5,85 % Materialgemeinkosten (bezogen auf 100 % Materialeinzelkosten) belastet.

2 Aber auch hier können differenzierte Verrechnungssätze ermittelt werden; vgl. hierzu S. 109 ff.

- Im **Fertigungsbereich** wird meist bis auf die *Kostenplätze* heruntergegangen, wodurch sich je Kostenplatz ein eigener Zuschlagssatz ermitteln lässt.[1]

Die so ermittelten Kalkulationssätze haben folgende Bedeutung:

- Sie stellen das *Bindeglied* zwischen Kostenstellen- und Kostenträgerrechnung dar, weil zukünftig Kostenträger im Rahmen der Ist-Kalkulation verursachungsgerecht mit Gemeinkosten belastet werden, und zwar mit Hilfe der errechneten Kalkulationssätze.[2]
- Die Kalkulationssätze sind Basis einer *Kostenkontrolle*, und zwar in Form von Soll-Ist-Vergleichen, Zeitvergleichen und zwischenbetrieblichen Vergleichen (z. B. von mehreren Fertigungs-Kostenstellen).

Die genannten Aufgaben werden im nächsten Kapitel beispielhaft verdeutlicht.

3.4 Auswertung des BAB

In der Praxis wird der BAB meist durch zusätzliche Angaben ergänzt, speziell durch die Ist- und Normal- (oder Soll-)Zuschlagssätze sowie die Ist-Gemeinkosten und die Normal- bzw. Soll-Gemeinkosten. Auf dieser Basis können Aussagen getroffen werden, inwieweit die Kosten eingehalten wurden: Sind die Ist-Kosten niedriger als üblich (bzw. geplant), so liegt eine **Kostenüberdeckung** vor, im anderen Fall eine **Kostenunterdeckung**. Diese Abweichung kann für jede Kostenstelle (bzw. Kostenplatz) einzeln, für einen ganzen Bereich oder gar für die gesamten Kosten (= Selbstkosten)[3] ermittelt werden.

Auf Basis des BAB (von S. 76) werden folgende Ergänzungen vorgenommen:

---

1 Ein Kostenplatz in der Fertigung kann z. B. eine Maschine sein; vgl. S. 110 f.
2 Vgl. das Beispiel in Fußnote 1 auf S. 92.
3 Vgl. hierzu das Schema auf S. 42.

	Material	Fertig. I	Fertig. II	Verwaltg.	Vertrieb
Ist-GK	12 400	43 000	42 500	25 400	34 700
Zuschlagsbasis	MEK 212 000	FEK I 60 000	FEK II 70 000	HK des Umsatzes[1] 439 900[2]	
Ist-Zuschlagssatz	5,85 %	71,7 %	60,7 %	5,8 %	7,9 %
Normal-Zuschl.satz	6,0 %	75,0 %	58,5 %	6,0 %	8,2 %
Normal-GK	12 720	45 000	40 950	26 440[3]	36 135
K'überdeckung – K'unterdeckung	320 –	2000 –	– –1550	1040 –	1435 –
= ∑ K'überdeckung	3245				

Es lässt sich feststellen, dass im Bereich Fertigung II die Normalkosten überschritten, während in allen anderen Kostenstellen die Normalkosten unterschritten wurden. Ein Kostenstellen-Controlling müsste nunmehr diese Abweichungen analysieren, z. B. ob sie auf veränderte Faktorpreise, weniger Verbrauch, bessere Kapazitätsauslastung etc. zurückzuführen sind. Möglicherweise würden anschließend die Normal-Zuschlagssätze überprüft und angepasst werden.

---

1 Die Summe aller Material- und Fertigungskosten ergibt die Herstellkosten der Erzeugung; diese stimmt (wie im Beispiel) dann mit den Herstellkosten des Umsatzes überein, wenn *keine* Mehr- oder Minderbestände an unfertigen und Fertigerzeugnissen vorliegen. Falls doch, gilt die Rechnung:
HK der Fertigung + Minderbestände – Mehrbestände = HK des Umsatzes (HKU).
Begründung: die Minderbestände entstehen durch Verbrauch von in Vorperioden hergestellten Gütern. Mehrbestände bedeutet, daß diese Güter jetzt nicht verkauft wurden, weshalb ihre Kosten herauszurechnen sind.
2 Die HKU ergeben sich aus folgender Addition (jeweils Ist-Kosten):
MEK + MGK + FEK I + FGK I + FEK II + FGK II = 212 000 + 12 400 + 60 000 + 43 000 + 70 000 + 42 500 = 439 900 €.
3 Den Normal-GK der Verwaltung und des Vertriebs liegen die Normal-HKU als Zuschlagsbasis zugrunde:
212 000 + 12 720 + 60 000 + 45 000 + 70 000 + 40 950 = 440 670 €.

4. Kostenträgerrechnung auf Basis von Vollkosten

4.1 Einführung in die Kostenträgerrechnung

4.1.1 Wesen und Begriffe der Kostenträgerrechnung

Die Kostenträgerrechnung ist die dritte Stufe der Kostenrechnung: Sie übernimmt die Einzelkosten direkt aus der Kosten*arten*rechnung und die Gemeinkosten aus der Kosten*stellen*rechnung. Beide ordnet sie dem jeweils verursachenden Kostenträger zu.[1] Ihre zentrale Frage ist damit: *„Wofür sind die (vorher erfassten) Kosten angefallen?"*[2]

Unter einem **Kostenträger** ist allgemein jene Leistung (als Output des Produktionsprozesses) zu verstehen, die Kosten verursacht hat und sie daher auch tragen muss. Dies kann *eine* Produkteinheit sein, ein gesamter Auftrag oder eine ganze Produktreihe. Analog zur Untergliederung der Kostenstellen lässt sich – in der Mehrprodukt-unternehmung – auch hier eine ganze Kostenträgerhierarchie erkennen, beispielsweise ein bestimmter Artikel (z. B. VW Golf III), als feinere Untergliederung mehrere Sorten (Zwei- oder Viersitzer, Benzin- oder Dieselmotoren usw.) und je Sorte evtl. unterschiedliche Varianten (z. B. Sondermodell „Rolling Stones").

Nach dem Abnehmer der Leistung lassen sich Kostenträger wie folgt differenzieren:

- **Absatzleistungen** i. e. S., also Kundenaufträge
- **Lagerleistungen**, d. h. Mehrbestände an unfertigen und Fertigerzeugnissen
- **aktivierbare Leistungen**, d.h einen Innenauftrag zum Anlagenbau
- **nicht aktivierbare innerbetriebliche Leistungen**, die bereits im Rahmen der innerbetrieblichen Leistungsverrechnung erfasst wurden.

---

1 Vgl. Grafik auf S. 28.
2 Während die Kostenartenrechnung die Kosten herkunftsbezogen einteilt, wird in der Kostenträgerrechnung also eine hinkunftsbezogene Betrachtung durchgeführt.

Nur in den ersten beiden Fällen handelt es sich um *Außen*aufträge und damit um End- bzw. Zwischenkostenträger. Die nachfolgenden Ausführungen legen i. d. R. solche Kundenaufträge und damit Endkostenträger ($\approx$ Hauptkostenträger) zugrunde.

4.1.2 Aufgaben der Kostenträgerrechnung

In der Kostenträgerrechnung sollen den jeweiligen Kostenträgern die durch sie verursachten Kosten zugerechnet werden. Im Detail ergeben sich dabei unterschiedliche Aufgaben und entsprechende Teilgebiete.

Die wichtigste Aufgabe der Kostenträgerrechnung ist die **Preiskalkulation**, also die Ermittlung:

- der **Selbstkosten**,
- von **marktbezogenen Angebotspreisen** sowie
- von **Preisuntergrenzen**.

Daneben verfolgt die Kostenträgerrechnung weitere Zwecke:

- Ermittlung **interner Verrechnungspreise** zwischen einzelnen Betriebsstätten oder Abteilungen.
- **Bewertung** der Bestände an **unfertigen** und **Fertigerzeugnissen**[1] sowie von selbsterstellten Anlagen (zu Herstellkosten).
- Durchführung der **Kurzfristigen Erfolgsrechnung (KER)**.[2]
- Durchführung von **Effizienzvergleichen** (z. B. für die Entscheidung „Eigenfertigung oder Fremdbezug").
- Daten liefern für weitere **Vergleiche** und **Abweichungsanalysen**, insbesondere Soll-Ist-Vergleiche.

Für die einzelnen Aufgaben haben sich verschiedene Teilgebiete herauskristallisiert.

---

1 Diese werden auch Halb- bzw. Fertigfabrikate genannt.
2 Die Kurzfristige Erfolgsrechnung ist eine unterjährig durchgeführte Ergebnisrechnung. Soweit sie Aufwendungen und Erträge zugrunde legt (wie in mancher Branchenpraxis üblich), kann sie heutzutage bei Bedarf mittels gängiger Software (auf Basis der Daten aus der Finanzbuchhaltung) generiert werden.
Soweit sie Kosten und Leistungen zugrunde legt, ist sie eine um den Faktor Zeit von der Kostenträger-Zeitrechnung abweichende Unterform. In der nachfolgenden Behandlung der Kostenträger-Zeitrechnung wird die KER daher subsumiert.

4.1.3 Teilgebiete der Kostenträgerrechnung

Die Kostenträgerrechnung lässt sich in folgende Teilgebiete aufsplitten:

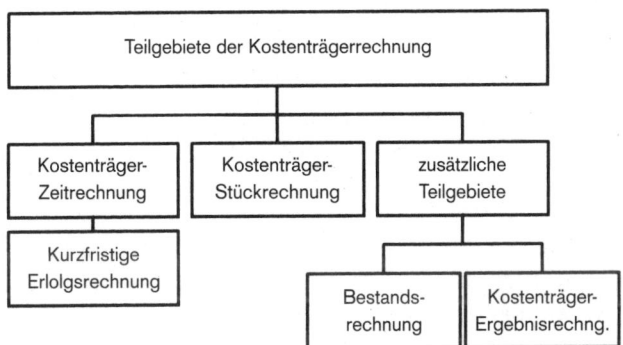

▶ Die **Kostenträger-Zeitrechnung** ist eine *Perioden*rechnung; sie ermittelt für die einzelnen Leistungsarten (= Kostenträger) die angefallenen Kosten je Periode. Oft wird sie als (unterjährige) Kurzfristige Erfolgsrechnung (KER) durchgeführt.

▶ Die **Kostenträger-Stückrechnung** ermittelt die Herstell- bzw. Selbstkosten eines Kostenträgers, also die Kosten *einer* Leistungseinheit. Auf dieser Basis werden Angebotspreise und Preisuntergrenzen ermittelt – es handelt sich bei der Kostenträgerstückrechnung also um die **Kalkulation**.

Zu den weiteren Teilgebieten zählen die **Bestandsrechnung**, also die Dokumentation der mengen- und wertmäßigen Bestandsbewegungen an unfertigen und Fertigerzeugnissen, sowie die **Kostenträger-Ergebnisrechnung**, die für bestimmte Zeiträume die angefallenen Kosten den Erlösen gegenüberstellt, und zwar differenziert nach den einzelnen Komponenten des Produktions- und Absatzprogramms.

Nachfolgend werden zunächst die Kostenträger-Stückrechnung, anschließend die Kostenträger-Zeitrechnung vertiefend dargestellt.

4.2 Kostenträger-Stückrechnung (Kalkulation)

Eine wichtige Aufgabe der Kosten(träger)rechnung ist die Kalkulation der Preise. Nachfolgend werden die verschiedenen Kalkulationsarten dargestellt, die in erster Linie vom Produktionsprogramm einer Unternehmung bestimmt werden – so benötigt z. B. eine Mehrproduktunternehmung andere Kalkulationsverfahren als eine Einproduktunternehmung.

Zuvor muss die Kalkulation nach ihrem Zeitpunkt differenziert werden.

4.2.1 Zeitpunkt der Kalkulation

Die Kostenträger-Stückrechnung wird nach dem *Zeitpunkt* unterschieden, zu dem die Kalkulation durchgeführt wird:

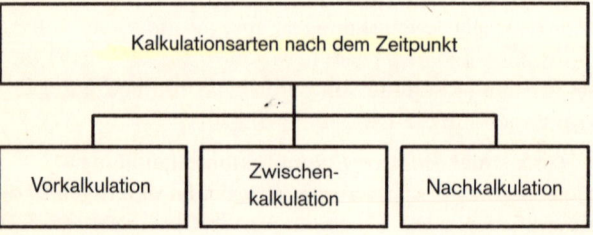

▶ **Die Vorkalkulation** ist eine *im Voraus* durchgeführte Kalkulation (ex ante), z. B., um über die Annahme eines bestimmten Auftrages zu entscheiden. Sie rechnet daher mit Normal- oder Plankosten.

▶ **Die Nachkalkulation** erfolgt *im Nachhinein* (ex post), d. h. die Ist-Kosten für einen bestimmten Auftrag oder für eine bestimmte Menge an Leistungseinheiten werden ermittelt und ggf. mit den Soll-Kosten verglichen.

▶ **Die Zwischenkalkulation** kann bei längerfristigen Projekten erfolgen, d. h. bei Aufträgen, deren Produktionsdauer sich über mehrere Perioden erstreckt. Sie ist dann eine spezifische *Nach*kalkulation der bisher erstellten Leistungen (also der unfertigen Erzeugnisse = Halbfabrikate). Sofern die restlichen, noch ausstehenden Leistungen nochmals neu kalkuliert werden, hat sie gleichzeitig den Charakter einer *Vor*kalkulation.

4.2.2 Divisionskalkulation *= für 1 Produkt UT = die in Masse fertigen*

Die Divisionskalkulation ist das einfachste Kalkulationsverfahren, das nur bei *gleich bleibender* und *einheitlicher Massenfertigung* (z. B. Elektrizitätswerk) angewandt werden kann. Sofern in Betriebsbereiche unterteilt wird und jeder Bereich genau eine Sorte herstellt, ist sie auch für Unternehmen mit Sortenfertigung tauglich (z. B. Ziegelei, Waschmittel- oder Getränkehersteller).

Grundsätzlich differenziert die Divisionskalkulation nicht nach Einzel- und Gemeinkosten:[1] Es werden die gesamten Kosten einer Periode durch die Menge der produzierten Leistungseinheiten dividiert, wodurch sich die Selbstkosten je Stück ergeben.

Die Formel dieser **einstufigen Divisionskalkulation** lautet damit:

$$\text{Selbstkosten je Stück} = \frac{\text{Kosten der Periode}}{\text{Leistungsmenge}} \quad \text{bzw. } k = \frac{K}{x}$$

Diese Rechnung ermittelt dann korrekte Kosten, wenn folgende Bedingungen erfüllt sind:

(1) Es handelt sich um eine **Einproduktunternehmung**,[2]

(2) es fallen **keine Bestandsveränderungen an unfertigen Erzeugnissen** und

(3) **keine Bestandsveränderungen an Fertigerzeugnissen** an.

Der Grund für die Bedingungen 2 und 3 liegt darin, dass z. B. bei Bestandserhöhungen (d. h. produzierte Menge > Absatzmenge) Kosten angefallen sind, die nicht durch abgesetzte Leistungen der gleichen Periode zu tragen sind.

Bei der einstufigen Divisionskalkulation wird also davon ausgegangen, dass *produzierte und abgesetzte Mengen identisch* sind.

---

1 Insofern muss der Betrieb nicht in Kostenstellen unterteilt werden.

2 Sofern je Betriebsbereich nur ein Produkt gefertigt wird, handelt es sich um eine *mehrfache* Divisionskalkulation. Die Verwaltungs- und Vertriebskosten müssten dann per Zuschlagssatz auf die Stückkosten je Bereich addiert werden. Insofern läge dann eine Mischform von Divisions- und Zuschlagskalkulation vor.

Da dies i. d. R. nicht der Fall ist, finden in der Praxis vor allem differenzierende Verfahren Anwendung, wie z. B. die **zweistufige Divisionskalkulation**: Sie ermittelt korrekte Ergebnisse, wenn bei unterschiedlicher Produktions- und Absatzmenge

- nur *ein* Produkt hergestellt wird,
- aber keine Zwischenlager bestehen (und damit keine Halbfabrikate anfallen).

Die zweistufige Divisionskalkulation unterscheidet dazu nach Kosten der hergestellten Leistungseinheiten und Kosten der abgesetzten Leistungseinheiten. Die Formel lautet:

$$\text{Selbstkosten je Stück} = \frac{\text{Herstellkosten}}{\text{produzierte Menge}} + \frac{\text{Verwalt.- + Vertriebskosten}}{\text{abgesetzte Menge}}$$

bzw.

$$k = \frac{HK}{x_P} + \frac{VwGK + VtGK}{x_A} = k_H + k_{VV}$$

Beispiel: In einem Betrieb werden 4000 Stück in einer Periode produziert und 3000 verkauft. Bei 190 000 € Gesamtkosten betragen die Kosten für Verwaltung und Vertrieb 30 000 €. Es ergibt sich damit folgende Rechnung:

$$\text{Selbstkosten je Stück} = \frac{160\,000}{4000} + \frac{30\,000}{3000} = 40 + 10 = 50 \ [\text{€/Stück}]$$

In der betrieblichen Praxis ist dieses Verfahren meist noch nicht ausreichend, da dort Bestandsveränderungen an Halbfabrikaten (in Zwischenlagern) die Regel sind. Genauer gesagt, ein Produkt durchläuft meist mehrere Produktionsstufen, wobei die Mengen je Produktionsstufen unterschiedlich sind.

Benötigt wird daher eine **mehrstufige Divisionskalkulation** (= Stufenkalkulation), wozu der Fertigungsbereich in sukzessive Produktionsstufen untergliedert wird. Für jede Produktionsstufe werden die dort entstandenen Kosten durch die jeweilige Ausbringungsmenge dividiert:

$$k = \frac{HK_1}{x_{P1}} + \frac{HK_2}{x_{P2}} + \ldots + \frac{HK_n}{x_{Pn}} + \frac{VwGK + VtGK}{x_A} = \sum k_H + k_{VV}$$

Beispiel: In einem Betrieb wird ein Produkt in zwei Produktionsstufen hergestellt, und zwar fallen in der 1. Stufe für 500 Halbfabrikate 8000 € Herstellkosten an, in der 2. Stufe werden bei 4000 € Herstellkosten 400 Halbfabrikate zu Fertigerzeugnissen weiterverarbeitet.

Es fallen 1000 € Verwaltungskosten und 800 € Vertriebskosten an. 300 Stück werden verkauft.

$$k = \frac{8000}{500} + \frac{4000}{400} + \frac{1000 + 800}{300} = 16 + 10 + 6 = 32 \ [\text{€/Stück}]$$

Die Selbstkosten je Stück betragen somit 32 €.

Außerdem ergeben sich weitere Daten:
- Herstellkosten der Fertigerzeugnisse =   26 €
- Herstellkosten der unfertigen Erzeugnisse =   16 €
- Bestandserhöhung an Fertigerzeugnissen:
  (400−300) · 26 =   2600 €
- Bestandserhöhung an unfert. Erzeugnissen:
  (500−400) · 16 =   1600 €

Bei der hier dargestellten **addierenden Divisionskalkulation** wurden die Stückkosten für jede Produktionsstufe getrennt ermittelt und anschließend addiert.[1] Bei der **durchwälzenden Divisionskalkulation** werden stattdessen auf jeder Stufe auch die Herstellkosten der jeweiligen Vorprodukte eingerechnet. Letztlich führen beide Verfahren zu gleichen Ergebnissen. Zur Vertiefung des letzteren Verfahrens sei auf die einschlägige Literatur verwiesen.[2]

Die mehrstufige Divisionskalkulation wird in der Einproduktunternehmung, also bei Massenproduktion, angewandt. Falls unterschiedliche Produktvarianten hergestellt werden, führt sie nur dann

---

1 Genauer gesagt, es handelt sich im Beispiel um eine addierende, *summarische* Divisionskalkulation, da die Kostenarten nicht aufgeschlüsselt werden, sondern je Produktionsstufe en bloc in die Kalkulation eingehen. Außerdem werden hierbei die Rohstoffkosten direkt den einzelnen Stufen zugerechnet. Im Gegensatz dazu schlüsselt die *Veredelungskalkulation* die Kostenarten je Stufe auf; zur Vertiefung sei z. B. Hummel/Männel 1, S. 271 ff. empfohlen.

2 Vgl. Kosiol, E., Kostenrechnung der Unternehmung, 2. Auflage, Wiesbaden 1979, S. 226 ff.; vgl. Schweitzer, M./Küpper, H.-U., Systeme der Kostenrechnung, 8. Auflage, München 2003, S. 168 ff.; vgl. Hummel/Männel 1, a.a.O., S. 270 ff.

zu befriedigenden Ergebnissen, wenn die dadurch auftretenden Kostenunterschiede marginal sind.

Dies ist bei Sortenfertigung i. d. R. nicht der Fall, weshalb dort gängigerweise die sog. Äquivalenzziffernkalkulation, eine besondere Unterform der Divisionskalkulation, Anwendung findet.

4.2.3 Äquivalenzziffernkalkulation

Die Äquivalenzziffernkalkulation geht davon aus, dass die Kosten der verschiedenen <u>produzierten Sorten</u> *in einem bestimmten Verhältnis zueinander* stehen, da sich die Fertigung auf ähnliche Weise vollzieht. Bedingung für einen proportionalen Bezug zueinander ist also, dass in der Kostengestaltung der einzelnen Sorten ein „hoher Grad innerer Verwandtschaft" besteht.[1]

Klassische Betriebe, für die die Äquivalenzziffernkalkulation in Frage kommt, sind z. B. Brauereien, Ziegeleien, Spinnereien und Webereien, Glasflaschen- und Mineralwasserhersteller, Zigarettenfabriken oder die Eisen schaffende Industrie (z. B. Walzwerke).

Bei dieser Methode ergibt sich das Problem, geeignete Bezugsgrößen zu finden, zu denen sich die Kosten proportional verhalten. Denkbar wäre beispielsweise, dass sich in einem Betrieb die Kosten proportional zur Einsatzmenge eines Rohstoffes, zur Fertigungszeit oder zu Merkmalen der Produktabmessung verhalten.

Ist die Bezugsgröße bestimmt, wählt man sog. Äquivalenzziffern, die die unterschiedliche Kostenverursachung widerspiegeln sollen.

Die Stückkosten jeder Sorte können tabellarisch oder rechnerisch ermittelt werden.

Beispiel: In einem Betrieb werden bei Gesamtkosten von 970 600 € vier Sorten gefertigt. Die Produktionsmengen und die Äquivalenzziffern sind aus nachstehender Tabelle zu entnehmen:

---

1 Kosiol, E., Kostenrechnung in der Unternehmung, a.a.O., S. 236.

Sorte	Äquival.-ziffer	Produktions-menge	Schlüssel-zahl	Stückkosten je Tonne in €	Gesamtkosten je Sorte in €
A	0,6	14 000 t	8 400	13,80	193 200
B	1,2	8 000 t	9 600	27,60	220 800
C	1,0	17 000 t	17 000	23,00	391 000
D	0,8	9 000 t	7 200	18,40	165 600
Σ			42 200		970 600

Vorgehen:

1. Produktionsmenge · Äquivalenzziffer = Schlüsselzahl;
   z. B. Sorte A: 14 000 t · 0,6 = 8400
2. Schlüsselzahlen addieren = · Schlüsselzahlen; hier = 42 200
3. Gesamtkosten : Σ Schlüsselzahlen = Kosten je Schlüsseleinheit;
   im Beispiel: 970 600 € : 42 200 = 23 €
4. Kosten je Schlüsseleinheit · Äquivalenzziffer = Stückkosten je Tonne;
   z. B. Sorte A: 23 € · 0,6 = 13,80 €
5. Stückkosten je Tonne · Produktionsmenge = Gesamtkosten je Sorte;
   z. B. Sorte A: 13,80 € · 14 000 = 193 200 €
   oder: Schlüsselzahl · Kosten je Schlüsseleinheit = Gesamtkosten je
   Sorte; z. B. Sorte A: 8400 · 23 € = 193 200 €

Die rechnerische Ermittlung der Stückkosten erfolgt mittels der Formel:

$$k_i = \frac{\text{Gesamtkosten}}{a_1 x_1 + a_2 x_2 + \ldots + a_n x_n} \cdot a_i$$

wobei gilt:

a_i = Äquivalenzziffer des Produktes i
k_i = Stückkosten einer Sorte i
n = Anzahl der Sorten
x_i = Produktionsmenge des Produktes i

In der obigen Darstellung wurde die Grundversion einer *einstufigen* Äquivalenzziffernkalkulation zugrunde gelegt. Weitere Versionen, insbesondere die mehrstufige unter Berücksichtigung von Zwischenlagern, verfahren analog zu den vorherigen Ausführungen der Divisionskalkulation.[1]

4.2.4 Zuschlagskalkulation *für alle UT*

Die bisherigen Restriktionen – Einproduktunternehmung bzw. Sortenfertigung – können für die Mehrzahl der Betriebe nicht aufrechterhalten werden, in denen vielmehr *Einzel-* und *Serienfertigung* üblich sind.

Hier findet die Zuschlagskalkulation Anwendung.

Ausgangspunkt der bisher behandelten Kalkulationsverfahren waren die Gesamtkosten. Bei der Zuschlagskalkulation wird stattdessen von dem einzelnen Stück, dem Auftrag oder der Serie – also dem Kostenträger – ausgegangen.

Ebenfalls unterschiedlich ist, dass die Zuschlagskalkulation in *Einzel-* und *Gemeinkosten* differenziert. Die Einzelkosten werden dem einzelnen Kostenträger direkt zugerechnet, die Gemeinkosten mittels **Zuschlagssätzen** aufgeschlagen.[2]

Vom Grundprinzip her werden bei der Zuschlagskalkulation die Selbstkosten wie folgt ermittelt:

Selbstkosten = Einzelkosten + Gemeinkosten

Dabei gilt, dass die Einzelkosten je Kostenträger in € bekannt sind, die Gemeinkosten als Zuschlagssatz aufgeschlagen werden. Zuschlagsbasis dafür sind 100 % Einzelkosten.[3]

Die verschiedenen Varianten der Zuschlagskalkulation werden nach dem Kriterium unterteilt, welche Gemeinkostenzuschläge angewandt und inwieweit diese summarisch oder feiner aufgesplittet werden.

Demnach unterscheidet man:

---

1 Zur Vertiefung sei z. B. verwiesen auf: Hummel/Männel 1, a.a.O., S. 279 ff. Im Übrigen kann die Äquivalenzziffernkalkulation als eine besondere Form der Divisionskalkulation angesehen werden.
2 Vgl. Kap. 3.3.4.
3 Bzw. 100% Herstellkosten als Basis für Verwaltungs- und Vertriebszuschläge.

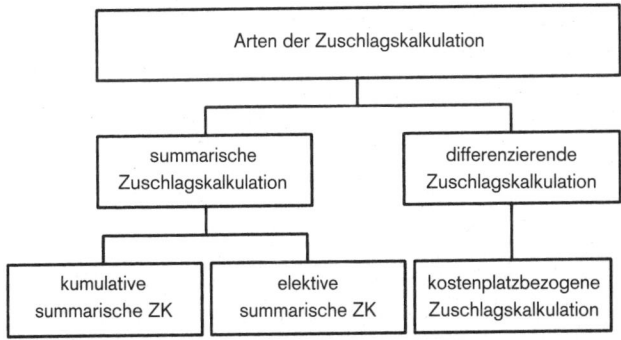

Die kumulative summarische Zuschlagskalkulation legt *eine* Einzelkostenart zugrunde (z. B. Lohn- oder Materialkosten). Alle anderen Kosten werden mittels Zuschlagssatz errechnet und dazu addiert:

$$\text{Zuschlagssatz} = \frac{\text{Gesamte Gemeinkosten der Periode}}{\text{Einzelkosten der Periode}}$$

In dieser einfachsten Variante ist die Zuschlagskalkulation recht ungenau, insbesondere berücksichtigt sie nicht, dass die einzelnen Produkte unterschiedliche Produktionstiefen haben (und damit verschieden stark an den Gemeinkosten zu beteiligen sind). Anwendung findet diese Methode daher vor allem außerhalb der Industrie, z. B. im Einzelhandel oder zur Kalkulation von Speisen und Getränken in der Gastronomie.[1]

Für Industriebetriebe eher adäquat ist die **elektive summarische Zuschlagskalkulation**, bei der allerdings ebenfalls nicht in einzelne Kostenstellen differenziert wird. Es werden aber immerhin die Einzelkosten und Zuschlagssätze je Kostenbereich ermittelt. Das Grundschema dazu sieht folgendermaßen aus:[2]

---

1 Vgl. Jossé, G., Rechnungswesen für Hotellerie und Gastronomie, a.a.O., S. 329 ff.
2 Vgl. S. 42 und vor allem das Zahlenbeispiel auf S. 77.

Materialeinzelkosten (= Rohstoffe u. a.) + Materialgemeinkosten	
= ∑ Materialkosten —————————	▶ Materialkosten
Fertigungseinzelkosten (= Fertigungslöhne) + Fertigungsgemeinkosten + SEK der Fertigung	
= ∑ Fertigungskosten ————————	▶ + Fertigungskosten
	= Herstellkosten
+ Verwaltungsgemeinkosten ————————	▶ + VwGK
+ Vertriebsgemeinkosten ————————	▶ + VtGK
+ SEK des Vertriebs ————————	▶ + SEK des Vertriebs
	= Selbstkosten

Beispiel: In einer Möbelfabrik wird mit folgenden Normalzuschlagssätzen gerechnet:

• Material = 80 % (Basis: MEK)	• Verwaltung = 12 % (Basis: HK)
• Fertigung = 200 % (Basis: FEK)	• Vertrieb = 15 % (Basis: HK)

Die Einzelkosten für einen abzurechnenden Auftrag betrugen:

• Material-EK:	20 000 €	• SEK der Fertigung:	4000 €
• Fertigungslöhne:	50 000 €	• SEK des Vertriebs:	5000 €

Die Selbstkosten werden wie folgt ermittelt:

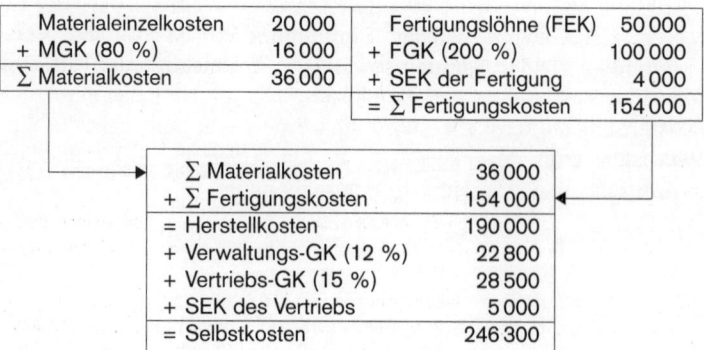

Materialeinzelkosten	20 000	Fertigungslöhne (FEK)	50 000
+ MGK (80 %)	16 000	+ FGK (200 %)	100 000
∑ Materialkosten	36 000	+ SEK der Fertigung	4 000
		= ∑ Fertigungskosten	154 000

∑ Materialkosten	36 000
+ ∑ Fertigungskosten	154 000
= Herstellkosten	190 000
+ Verwaltungs-GK (12 %)	22 800
+ Vertriebs-GK (15 %)	28 500
+ SEK des Vertriebs	5 000
= Selbstkosten	246 300

Wie aus dem Beispiel ersichtlich, differenziert die elektive Zuschlagskalkulation bei den Einzelkosten in jene des Material- und jene des Fertigungsbereichs sowie in Sondereinzelkosten. Für die Gemeinkosten jeder Gruppe (Material, Fertigung, Verwaltung und Vertrieb) sind damit unterschiedliche Zuschlagsgrundlagen gegeben. Die Material-Einzelkosten werden z. B. anhand von Stücklisten oder Rezepturen ermittelt, die Fertigungslöhne (FEK) z. B. auf Basis der Stückakkordsätze.[1]

Trotz der deutlichen Verbesserung führt auch die elektive Zuschlagskalkulation i. d. R. nicht zu einer verursachungsgerechten Kostenverteilung. In der betrieblichen Praxis ist selten die unterstellte, eindeutige Proportionalität zwischen Gemeinkosten und ihren Bezugsgrößen anzutreffen. Für kleinere Betriebe allerdings kommt gerade die elektive Zuschlagskalkulation aus Vereinfachungsgründen in Frage.

Ein weiterer Kritikpunkt liegt darin, dass bei Faktorpreisänderungen das Schema neu durchgerechnet werden muss: Ändern sich z. B. die Lohnkosten aufgrund eines neuen Tarifabschlusses, müsste der Zuschlagssatz für die Fertigungsgemeinkosten neu berechnet und gesenkt werden.

Ein deutlich genaueres Verfahren ist die **differenzierende Zuschlagskalkulation**. Diese übernimmt die Aufteilung der Gemeinkosten aus der Kostenstellenrechnung und ermittelt die Zuschlagssätze für jede Kostenstelle getrennt.[2]

Ein vereinfachtes Beispiel mit zwei Kostenstellen findet sich auf S. 77.

Um den Angebotspreis zu erhalten, müssen weitere Zuschläge erfolgen, z. B. Gewinnzuschlag, Einräumung von Skonti oder Mengenrabatten für den Kunden sowie ggf. die Umsatzsteuer (um den Bruttoangebotspreis zu erhalten).[3]

---

1 Vgl. (Isermann, H., Kalkulationsverfahren, in:) Busse von Colbe, W., Pellens, B., Lexikon des Rechnungswesens, München 1998, S. 380.

2 Die kostenplatzbezogene Zuschlagskalkulation geht noch weiter. Sie ermittelt die Zuschlagssätze je Arbeitsplatz (= Kostenplatz) und führt damit zu verfeinerten Ergebnissen.

3 Diese Angebotskalkulation ist kein Spezifikum der Zuschlagskalkulation. Auch für andere Kalkulationsverfahren werden auf Basis der – unterschiedlich ermittelten – Selbstkosten weitere Zuschläge bis zum Angebotspreis vorgenommen.

Zusätzlich zu den genannten Zuschlägen können branchenspezifisch weitere Zuschläge mit eingerechnet werden, z. B. Risikozuschläge auf die Selbstkosten oder diverse Zuschläge im Rahmen einer Exportkalkulation[1].

Rechenbeispiel für die Ermittlung der Angebotspreise: Für ein bestimmtes Produkt ermittelte ein Betrieb Selbstkosten in Höhe von 56,00 € je Stück.

Die weiteren Zuschläge sind aus nachstehender Tabelle zu entnehmen:

	€	%			
Selbstkosten	56,00	100			
+ Gewinnaufschlag	14,00	25			
= Barverkaufspreis	70,00	125	97		
+ Kundenskonto	2,16		3		
= Zielverkaufspreis	72,16		100	95	
+ Großabnehmerrabatt	3,80			5	
= Netto-Verkaufspreis	75,96			100	100
+ Umsatzsteuer	14,43				19
= Brutto-Verkaufspreis	90,39				119

Sollen für andere Produkte die gleichen Konditionen eingeräumt werden, kann zukünftig auch mit einem (summarischen) Kalkulationszuschlag auf die Selbstkosten gerechnet werden:

$$\text{Kalkulationszuschlag in } \% = \frac{\text{Brutto-Verkaufspreis} - \text{Selbstkosten}}{\text{Selbstkosten}}$$

Im **Beispiel** ergibt dies:

$$\text{Kalkulationszuschlag} = \frac{(90,39 - 56,00)}{56,00} = \frac{34,39}{56,00} = 61,4\%$$

Alle bisherigen Ausführungen legten eine **Vorwärtskalkulation** zugrunde, d. h. auf Basis der Einzel- und Gemeinkosten wurden die Selbstkosten ermittelt. Durch Addition von diversen Zuschlägen erhält man den Angebotspreis.

---

1 Vgl. hierzu beispielhaft die auf den INCOTERMS aufbauende Exportkalkulation in: Hummel/Männel 1, a.a.O., S. 296 ff.

Die **Rückwärtskalkulation** (retrograde Kalkulation) geht den umgekehrten Weg: Vom möglichen Marktpreis ausgehend werden die Zuschläge subtrahiert, so dass sich die maximalen Einzelkosten ergeben.[1] Diese Information wird z. B. dann benötigt, wenn der Kunde den Verkaufspreis vorgibt oder ein bestimmter Preis nicht überschritten werden soll.[2]

Zusammenfassung: Die summarische Zuschlagskalkulation kann in Kleinbetrieben oder außerhalb der Industrie angewandt werden.[3] Die differenzierende Zuschlagskalkulation bezieht sich auf die Einteilung des Betriebs in Kostenstellen (oder gar Kostenplätze) und ist damit wesentlich genauer.

Der große Vorteil einer Zuschlagskalkulation liegt in ihrer einfachen Handhabung.

Das grundsätzliche Manko jeder Zuschlagskalkulation bleibt aber auch hier bestehen: Die unterstellte Proportionalität zwischen Gemeinkosten und zugrundeliegenden Bezugsgrößen ist nur bedingt verursachungsgerecht. Insbesondere bei zunehmender Automatisierung (und damit einem Ansteigen der Gemeinkosten) verstärkt sich diese Grundproblematik.

Dies ist ein wesentlicher Grund für den Bedarf an neuen Verfahren[4] oder Mischformen. Ein aktueller Ansatz dazu ist die Verrechnungssatzkalkulation, die die differenzierende Zuschlagskalkulation zunehmend ablöst.

4.2.5 Verrechnungssatzkalkulation

Für die Verrechnungssatzkalkulation ist charakteristisch, dass die Kosten einzelner Kostenstellen (oder Kostenplätze) proportional zu ihrem Leistungsvolumen verrechnet werden. Da sich die Kosten

---

1 Vgl. beispielhaft in: Jossé, G., Rechnungswesen für Hotellerie und Gastronomie, a.a.O., S. 343 f.

2 Die Ausführungen zur Vorwärts- bzw. Rückwärtskalkulation gelten nicht spezifisch für die Zuschlagskalkulation, sind dort allerdings am leichtesten durchführbar.

3 Der Handel bestimmt die Selbstkosten aus der Addition von Einstandspreisen und Handlungskosten. Im Sinne eines summarischen Zuschlags können Handlungskosten und Verkaufszuschläge zusammengefaßt werden.

4 Moderne Verfahren der Kalkulation werden in Kap. 7 vorgestellt.

einer Kostenstelle nunmehr auf die erbrachte Leistung beziehen, wird mit leistungsbezogenen Verrechnungssätzen kalkuliert.

Bezugsgrößen sind dabei vor allem *Mengen-* oder *Zeitgrößen*, also z. B. Stück, kg, Tonnen bzw. Arbeits- oder Maschinenstunden.

Als **Mischform** denkbar ist, dass die Fertigungskosten per Verrechnungssatzkalkulation, die Kosten der übrigen Bereiche mittels Zuschlagskalkulation ermittelt werden.[1]

Beispiel: Für einen Auftrag werden die Fertigungskosten aufgrund der zeitlichen Inanspruchnahme und der Verrechnungssätze[2] ermittelt:

	KS	Std.	Verrechnungssatz in €/Std.	Fertigungskosten in €
Dreherei	321	9,0	68,00	612,00
Härterei	322	2,5	62,00	155,00
Fräserei	323	8,0	63,00	504,00
Schleiferei	324	6,5	59,00	383,50
Bohrerei	325	3,0	51,00	153,00
Poliererei	326	2,5	46,00	115,00
Montage	327	8,0	38,00	304,00
Kontrolle	328	3,0	36,00	108,00
Packerei	329	1,5	28,00	42,00
Σ		44		2376,50

Als Unterform einer Verrechnungssatzkalkulation ist die **Maschinenstundensatzkalkulation** anzusehen, die vor allem auf die Bedürfnisse von anlagenintensiven Betrieben zugeschnitten ist. Dabei wird der Fertigungsbereich detaillierter untersucht, und zwar unterscheidet man je Kostenstelle in *leistungsabhängige* (variable) und *leistungsunabhängige* (fixe) Kosten, anstatt nur mit vollen Gemeinkosten zu rechnen.

---

1 Vgl. das Beispiel auf der Folgeseite.
2 Im Beispiel sind die Verrechnungssätze pro Stunde angegeben; je nach Produktionsart sind auch Verrechnungssätze pro Minute üblich.

Für beide Kostenblöcke werden unterschiedliche Zuschlagsbasen gewählt:

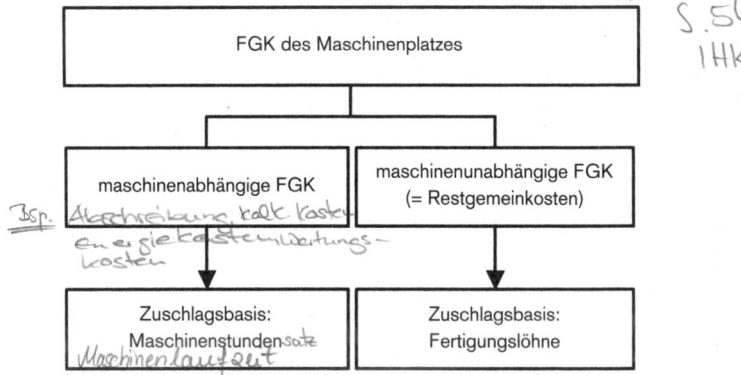

Beispiel: Laut BAB fielen in den letzten Perioden im Fertigungsbereich durchschnittlich 800 000 € Gemeinkosten an; davon sind 480 000 € fix, 320 000 € variabel.[1]

Bei einer Normal-Maschinenstundenzahl von 1600 Std. beträgt der Maschinenstundensatz 320 000 : 1600 = 200 €/Std.

Die Fertigungslöhne im gleichen Zeitraum betrugen 600 000 € (im Durchschnitt), womit sich für die fixen Gemeinkosten ein Zuschlagssatz von 480 000 : 600 000 = 80 % ergibt.

Die restlichen Daten werden aus dem Beispiel von Seite 106 übernommen.

• Material = 80 % (Basis: MEK)	
• Fertigung: fixe GK = 80 % (Basis: Fertigungslöhne) variable GK: per Maschinenstundensatz = 200 €/Std.	
• Verwaltung = 12 % (Basis: HK)	
• Vertrieb = 15 % (Basis: HK)	

Die Einzelkosten für einen bestimmten Auftrag betrugen:

• Material-EK:	20 000 €	• SEK der Fertigung:	4000 €
• Fertigungslöhne:	50 000 €	• SEK des Vertriebs:	5000 €

1 Der Einfachheit halber besteht die Fertigung hier nur aus *einer* Kostenstelle.

Zur Produktion des Auftrags fielen 80 Maschinenstunden an:

- variable FGK: 80 Maschinenstd.· 200 € = 16 000 €

Die Selbstkosten werden wie folgt ermittelt:

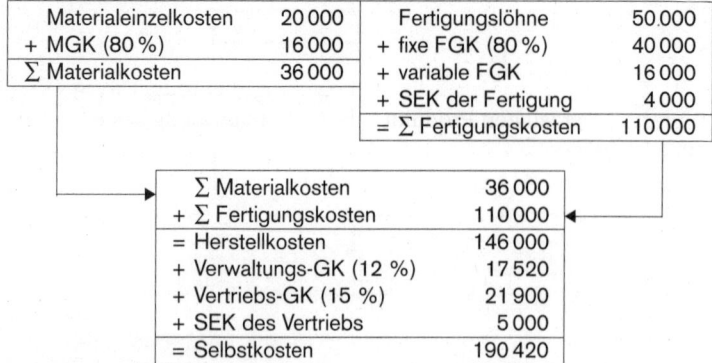

Materialeinzelkosten	20 000
+ MGK (80 %)	16 000
Σ Materialkosten	36 000

Fertigungslöhne	50.000
+ fixe FGK (80 %)	40 000
+ variable FGK	16 000
+ SEK der Fertigung	4 000
= Σ Fertigungskosten	110 000

Σ Materialkosten	36 000
+ Σ Fertigungskosten	110 000
= Herstellkosten	146 000
+ Verwaltungs-GK (12 %)	17 520
+ Vertriebs-GK (15 %)	21 900
+ SEK des Vertriebs	5 000
= Selbstkosten	190 420

4.2.6 Kuppelkalkulation

Die bisherigen Kalkulationsverfahren galten für Betriebe mit
- Massenfertigung,
- Sortenfertigung,
- Serienfertigung oder
- Einzelfertigung.

Produktionswirtschaftlich bestand dabei kein oder nur ein geringer Zusammenhang. Es gibt allerdings Produktionsprozesse, bei denen eine *enge Leistungsverbundenheit* besteht, wenn nämlich aus natürlichen oder technischen Gründen *zwangsläufig* mehrere Produkte anfallen. In diesen Fällen liegt eine **Kuppelproduktion** vor (= verbundene Produktion).

Klassisches Beispiel dafür ist das Raffinieren von Erdöl, bei dem zwangsläufig verschiedene Fraktionen entstehen: u. a. Benzin, Diesel, Methangas, Propan, Butan, Petroläther und Petrolkoks.[1]

---

1 Weitere Beispiele sind Sägewerke (Bretter, Schwarten und Sägemehl), Kokereien (Koks, Gas, Teer und Benzol), Hochöfen (Roheisen, Gichtgas, Abwärme und Schlacke) oder die chemische Industrie.

Da die einzelnen Produkte nach der ersten Produktionsstufe unterschiedliche Stufen der Weiterverarbeitung durchlaufen, müssen sie auch unterschiedlich mit Kosten belastet werden.[1]

In der Praxis sind zwei Methoden der Kuppelkalkulation verbreitet:[2]

- Die **Restwertmethode**, wenn *eines* der Produkte als Hauptprodukt, die übrigen Fraktionen als Nebenprodukte anzusehen sind.
- Die **Verteilungsmethode** (= Schlüsselungsmethode), wenn zwischen den erzeugten Produkten keine Rangordnung besteht (oder beabsichtigt ist).

Die Restwertmethode wird angewandt, wenn gilt:

- 1 Hauptprodukt und
- 1 oder n Nebenprodukte.

Vorgehensweise: Die Erlöse aus den Nebenprodukten (evtl. gemindert um Weiterverarbeitungskosten[3]) werden von den Gesamtkosten abgezogen,[4] anschließend wird der Restbetrag durch die Summe der Hauptprodukte dividiert, womit sich die Kosten für eine Einheit des Hauptproduktes ergeben. Die Formel der Restwertmethode lautet daher:

$$k_H = \frac{K_K - \Sigma\, x_{Ni} \cdot (p_{Ni} - k_{wNi})}{x_H}$$

wobei:

x = Ausbringungsmenge
H = Hauptprodukt
N_i = Nebenprodukt i
p = Stückpreis

---

1 Dabei wird allerdings nicht dem Verursachungsprinzip, sondern dem *Tragfähigkeitsprinzip* gefolgt: Je größer der Gewinnbeitrag eines Kostenträgers, desto höher ist seine Belastbarkeit durch Kosten.
2 Eine Mischform beider Methoden bietet sich in dem Fall an, dass *mehrere* Hauptprodukte (= Verteilungsmethode) und mehrere Nebenprodukte (= Restwertmethode) anfallen.
3 Evtl. müssen noch Vernichtungskosten für Nebenprodukte berücksichtigt werden.
4 Deshalb wird die Methode auch als Subtraktionsmethode bezeichnet.

K_K = Gesamtkosten des Kuppelprozesses
k_{wNi} = Weiterverarbeitungskosten einer Einheit eines Nebenproduktes

Beispiel: Ein Betrieb produziert in einem Monat drei verbundene Kuppelerzeugnisse:

- A: 12 000 kg zum Stückerlös von 40 € je kg
- B: 1100 kg zum Stückerlös von 10 € je kg
- C: 300 kg zum Stückerlös von 6 € je kg

Die Gesamtkosten des Kuppelprozesses betragen im Monat 300 000 €, die Weiterverarbeitung einer Einheit B kostet 3 €.

Die Herstellkosten einer Einheit des Hauptproduktes betragen demnach:

$$k_H = \frac{K_K - \sum [x_{NB} \cdot (p_{NB} - k_{wNB}) + x_{NC} \cdot p_{NC}]}{x_H}$$

$$k_H = \frac{300\,000 - [1100 \cdot (10 - 3) + 300 \cdot 6]}{12000}$$

$$k_H = \frac{300\,000 - [7700 + 1800]}{12000} = \frac{290\,500}{12000} = 24{,}21 \text{ €}$$

Auf diese Herstellkosten werden anschließend anteilige Verwaltungs- und Vertriebsgemeinkosten aufgeschlagen.

Die (gängigere) **Verteilungsmethode** wird angewandt, wenn zwischen Haupt- und Nebenprodukten nicht unterschieden werden kann oder soll. Die Kosten werden dabei nach dem *Tragfähigkeitsprinzip* im Verhältnis der erzielbaren Marktpreise auf die einzelnen Produkte aufgeschlüsselt.[1]

Das Vorgehen ähnelt von daher der Äquivalenzziffernmethode, wobei dort die Kosten nach der *Verursachung* aufgeschlüsselt wurden.

---

1 Neben den Marktpreisen kommen auch andere Bezugsgrößen zur Aufschlüsselung in Frage, insbesondere technische Größen (z. B. Wärmeeinheiten), die allerdings weder kosten- noch nutzenorientiert sind.

Beispiel: Aus einer Kuppelproduktion ergeben sich drei Erzeugnisse:

Produkt	Marktpreis	hergestellte Menge	Gesamtkosten
A	80 €/kg	7000 kg	⎫
B	90 €/kg	6000 kg	⎬ 632 000 €
C	60 €/kg	8000 kg	⎭

Die Stückkosten werden z. B. anhand einer Tabelle ermittelt:[1]

Produkt	Menge	Markt-preis	Rechnungs-einheit	Faktor	Gesamt-kosten	Stück-kosten
A	7000	80	560 000	0,4	224 000	32
B	6000	90	540 000	0,4	216 000	36
C	8000	60	480 000	0,4	192 000	24
Σ			1 580 000		632 000	

Ermittlung des Faktors: $632\,000 : 1\,580\,000 = 0{,}4$

Die in der Kuppelproduktion ermittelten Herstellkosten werden in erster Linie für die (bilanzielle) Bestandsbewertung von unfertigen und Fertigerzeugnissen benötigt. Für kalkulatorische Zwecke werden in der Praxis andere Verfahren gewählt, z. B. gemeinsam abzurechnende Kuppelproduktbündel, deren gesamter Deckungsbeitrag zu maximieren ist.[2]

---

1 Rechnungen je Zeile: Menge · Marktpreis = Rechnungseinheit; Rechnungseinheit · Faktor = Gesamtkosten; Gesamtkosten : Menge = Stückkosten. Stattdessen kann auch mit den Äquivalenzziffern 1 (für Produkt A), 1,125 (für B) und 0,75 (für C) gerechnet werden.

2 Vgl. die Teilkostenrechnungssysteme in Kap. 5.

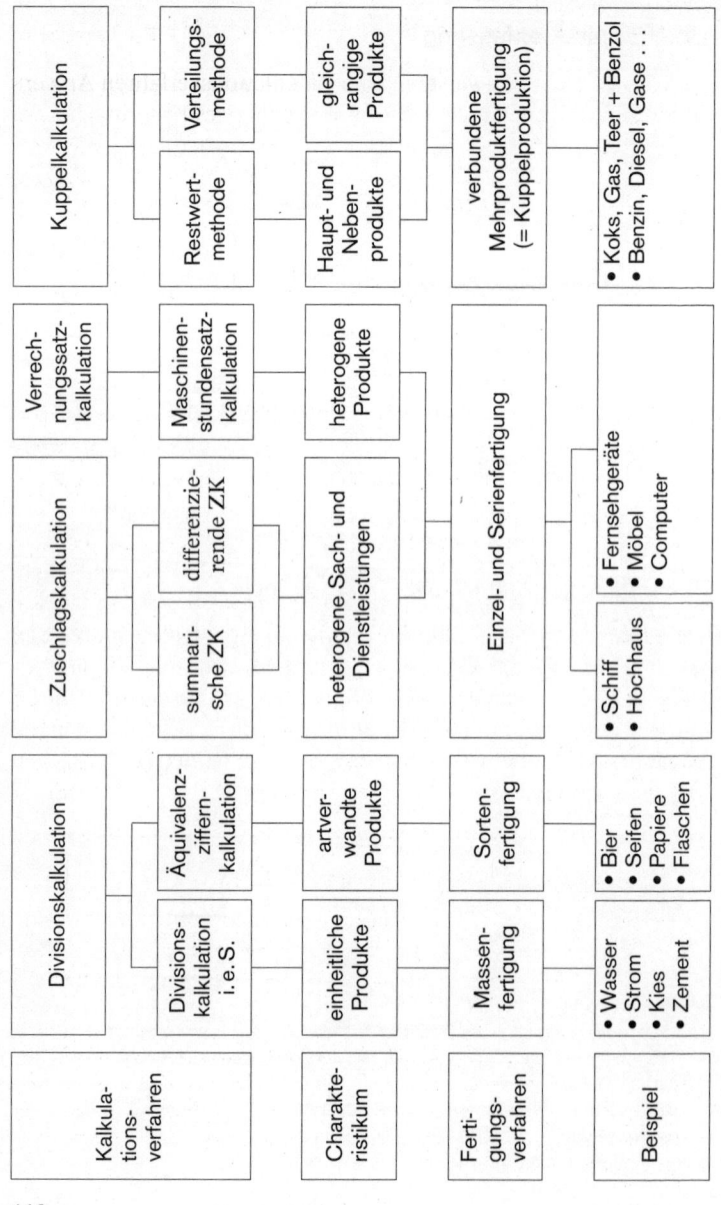

Kalkulationsverfahren	Divisionskalkulation		Zuschlagskalkulation		Verrechnungssatzkalkulation	Kuppelkalkulation	
	Divisionskalkulation i. e. S.	Äquivalenzziffernkalkulation	summarische ZK	differenzierende ZK	Maschinenstundensatzkalkulation	Restwertmethode	Verteilungsmethode
Charakteristikum	einheitliche Produkte	artverwandte Produkte	heterogene Sach- und Dienstleistungen		heterogene Produkte	Haupt- und Nebenprodukte	gleichrangige Produkte
Fertigungsverfahren	Massenfertigung	Sortenfertigung	Einzel- und Serienfertigung			verbundene Mehrproduktfertigung (= Kuppelproduktion)	
Beispiel	• Wasser • Strom • Kies • Zement	• Bier • Seifen • Papiere • Flaschen	• Schiff • Hochhaus	• Fernsehgeräte • Möbel • Computer		• Koks, Gas, Teer + Benzol • Benzin, Diesel, Gase ...	

4.2.7 Zusammenfassung

In der Praxis finden verschiedene Kalkulationsverfahren Anwendung,[1] zum Teil auch in Mischform. Ein wichtiges Kriterium bei der Wahl für eine der beschriebenen Methoden ist das Fertigungsverfahren. Die vorstehende Übersicht zeigt die idealtypische Zuordnung von Kalkulations- zu Fertigungsverfahren.

4.3 Kostenträger-Zeitrechnung

Die Kostenträger-Zeitrechnung betrachtet die für einen Kostenträger in einem Abrechnungs*zeitraum* angefallenen Kosten. Insofern besteht grundsätzlich kein Unterschied zur Kostenträger-Stückrechnung, bei der zunächst ebenfalls die Kosten einer Periode ermittelt und dann auf die einzelne Einheit der Leistungsmenge gerechnet werden.

Spezifische Probleme treten erst durch den Umstand auf, dass *Lagerbestandsveränderungen* berücksichtigt werden müssen: Nicht alle angefallenen Kosten einer Periode wurden durch die im gleichen Zeitraum abgesetzten Kostenträger bewirkt (damit liegt eine Bestandserhöhung vor), umgekehrt wurden evtl. Produkte abgesetzt, die in anderen Perioden Kosten bewirkt hatten (Bestandsminderung).[2]

Grundsätzlich gibt es mehrere Möglichkeiten, die Kostenträger-Zeitrechnung durchzuführen:

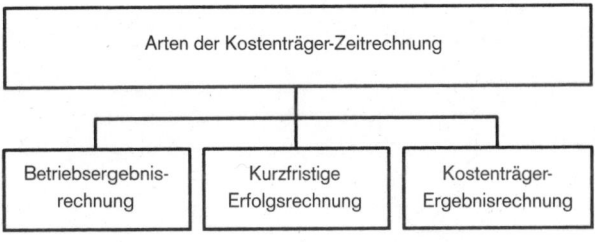

---

1 Zur Ergänzung sei auf die Methoden in Kap. 5 hingewiesen.
2 Vgl. Fußnote 1 auf S. 118.

▶ **Die Betriebsergebnisrechnung**, z. B. im GKR im Rahmen des Jahresabschlusses durchgeführt, hat zwei wesentliche Nachteile, weswegen sie an dieser Stelle nicht besonders dargestellt werden soll:

• Die ihr zugrundeliegende Periode ist das Jahr. Außerdem wird das Betriebsergebnis erst im Nachhinein festgestellt und kommt damit für dispositive Zwecke zu spät.

• Sie weist alle Gesamtkosten differenziert nach Produktionsfaktoren aus, nicht aber nach Kosten, die von den einzelnen Kostenträgern verursacht werden.

Aus den genannten Gründen ist die Betriebsergebnisrechnung für Kontroll- und Entscheidungszwecke untauglich.

▶ **Die Kurzfristige Erfolgsrechnung (KER)** ist besser geeignet, Informationen für die Unternehmensführung zu liefern:

• Sie wird unterjährig, z. B. monatlich, erstellt.

• Sie rechnet die Kosten den einzelnen Produkten oder Produktgruppen zu.

• Sie kann bei Bedarf eine weiter differenzierte Erfolgsaufschlüsselung geben, z. B. nach Auftragsgrößen, Kundengruppen oder Absatzmärkten.

Die KER ist damit eine Rechnung, die nicht nur kostenträgerbezogen Kosten ausweist, sondern diese auch den erzielten Erlösen gegenüberstellt.

Allerdings besteht auch hier das Problem, dass die unterschiedliche Periodenzurechnung zwischen Fertigung und Absatz der Produkte nicht ohne weiteres berücksichtigt wird – es müssen ggf. Bestandsveränderungen eingerechnet werden.[1]

Wird die KER tabellarisch mit Hilfe eines **Kostenträgerblattes** durchgeführt – oft als BAB II bezeichnet –, kann sie (vereinfacht) aussehen, wie umseitig dargestellt.[2]

---

1 Nach dem Gesamtkostenverfahren werden sämtliche Kosten erfasst, auch für Produkte, die nicht in der gleichen Periode abgesetzt werden. Daher müssen – wie im Beispiel der S. 119 – Bestandsveränderungen als Ausgleichsposten eingeführt werden. Beim Umsatzkostenverfahren fällt dies weg, da die Herstellkosten (des Umsatzes) sich bereits auf die abgesetzten Kostenträger und damit auf die gleiche Mengendimension beziehen.

2 Das Zahlenbeispiel von S. 77 wurde um Bestandsveränderungen, Verkaufserlöse

Bereich	Kosten	€	%
	Σ Herstellkosten der Erzeugung	439 900	
Bestandsver- änderungen	+ Minderbestand an unfert. Erzeugn. – Mehrbestand an Fertigerzeugnissen	5 600 15 500	
	Σ Herstellkosten des Umsatzes	430 000	100,00
Verwaltung Vertrieb	+ Verwaltungs-GK + Vertriebs-GK + SEK des Vertriebs	24 940 33 970 6 090	5,80 7,90
	Σ Selbstkosten des Umsatzes	495 000	

Umsatz	Nettoverkaufserlös – Selbstkosten des Umsatzes	530 000 495 000	100,00 93,40
	Σ Umsatzergebnis (= Nettoergebnis) + Überdeckung (bzw. – Unterdeckung)[1]	35 000 5 000	6,60
	Σ Betriebsergebnis	40 000	

Neben den Istkosten kann die KER auch die Normalkosten aus-weisen; aus deren Vergleich ergeben sich Hinweise für Kostenüber- bzw. Kostenunterdeckung.[2]

Heutzutage kann die KER mit Hilfe der üblichen Software bei Be-darf generiert werden, weshalb sie als eigenständiges Teilgebiet der Kostenrechnung an Bedeutung verloren hat.[3] Außerdem spaltet sie die Kostenträger zu wenig auf, so dass eine exakte Kostenzurech-nung nach dem Verursachungsprinzip kaum möglich ist.

Aus den genannten Kritikpunkten heraus würde daher eine ande-re Form der Periodenabrechnung benötigt, die die Kostenträger (und damit die Erlöse) genauso differenziert aufgliedert, wie dies z. B. mit Kostenstellen geschieht.

---

und Überdeckung ergänzt und leicht abgewandelt (SEK des Vertriebs). Es basiert jetzt auf Normalkosten.

1 Die Kostenüber- bzw. -unterdeckung ergibt sich aus der Gegenüberstellung von Ist- und Normalkosten aus dem BAB. Die Ist-Selbstkosten betrugen z. B. nur 490 000 € im Gegensatz zu den Normal-Selbstkosten mit 495 000 €. Daraus ergibt sich die Überdeckung von 5000 €.

2 Vgl. S. 93.

3 Vgl. Gabler Wirtschaftslexikon, a.a.O., S. 1918.

▶ **Die Kostenträger-Ergebnisrechnung** bildet dazu regelrechte Kostenträgerhierarchien. Da nicht nur die Kosten, sondern auch die Leistungen detailliert aufgeschlüsselt werden, stellt sie eine Erweiterung der klassischen Kostenträger-Zeitrechnung um eine Erlösrechnung dar.

Die Kostenträger-Ergebnisrechnung stellt die vollen Kosten auf der Inputseite des Produktionsprozesses den erzielten Nettoerlösen (d. h. um Rabatte, Boni, Skonti u. Ä. geminderte Bruttoerlöse) auf der Outputseite gegenüber. Sie wird deshalb auch als *Vollkosten-Nettoergebnisrechnung* bezeichnet.

Für eine Kostenträger-Ergebnisrechnung müsste das vorherige Beispiel sämtliche Kosten und Erlöse detailliert nach einzelnen Kostenträgern aufschlüsseln – pro Produkt wäre damit eine eigene Spalte nötig.[1]

In den bisherigen Ausführungen der Kapitel 2 bis 4 wurde zum einen der logische Aufbau eines Vollkostensystems – bestehend aus Kostenarten-, Kostenstellen- und Kostenträgerrechnung – dargestellt, wobei diese grundsätzlich mit Ist-, Normal- oder Plankosten rechnen können.[2]

Zum anderen wurden Grundlagen erörtert, auf die die verschiedenen Teilkostensysteme aufbauen. Letztere sind Thema des folgenden Kapitels.

---

1 Vgl. beispielhaft Hummel/Männel 1, a.a.O., 321 ff.
2 Durch den Abrechnungsweg – von den Kostenarten über die Kostenstellen hin zu den Kostenträgern – ist die Vollkosten- und Nettoerfolgsrechnung eine progressive Abrechnung. Hingegen ist die Teilkosten- (und Bruttoerfolgs-)rechnung retrograd, da die erzielten bzw. erzielbaren Verkaufspreise Ausgangspunkt der Betrachtung sind.

5. Kostenträgerrechnung auf Basis von Teilkosten

5.1 Kritik an der Vollkostenrechnung

Die Vollkostenrechnung als traditionelles System hatte ihre historische Bedeutung als Instrument der Preiskalkulation, weshalb sie in der Praxis nach wie vor anzutreffen ist. Dass sie zu Recht nach und nach durch andere Kostenrechnungssysteme abgelöst wird, liegt vor allem an folgenden Kritikpunkten:[1]

- Ihr Hauptmangel liegt in der letztlich doch **willkürlichen Schlüsselung der Gemeinkosten**: „Es gibt nämlich keinen Gemeinkostenschlüssel, für den man einwandfrei ... begründen könnte, dass er der allein richtige ist."
  Wie sollen z. B. die Kosten für einen LKW aufgeschlüsselt werden, der unterschiedliche Produkte transportiert?

- Um die Stückkosten zu erhalten, werden die fixen Kosten z. T. durch die Ausbringungsmenge dividiert; dies suggeriert eine **Fixkostenproportionalität**, m. a. W., es entsteht der Eindruck, dass sich mit einer veränderten Ausbringungsmenge die Fixkosten ebenfalls proportional verändern – was nicht stimmt.

- Die **mangelnde Eignung** der Vollkostenrechnung **für Kontrollzwecke** und als Basis unternehmerischer Entscheidungen: Aufgrund der willkürlichen Gemeinkostenschlüsselung entstehen verzerrte Nettoerfolgsgrößen.

- Daraus und aus dem Problem der scheinbaren Fixkostenproportionalität folgt weiter, dass **Nettostückgewinne grundsätzlich nicht extrapolierbar** sind: Es kann nicht festgestellt werden, wie sich der Gesamterfolg ändert, wenn ein Produkt mehr oder weniger produziert wird.

- Der Vollkostenrechnung **fehlt** grundsätzlich **eine Aufteilung in fixe und variable Kosten**, so dass nicht berechnet werden kann, ab

---

1 Und nachfolgend vgl.: Hummel, S./Männel, W., Kostenrechnung 2 – Moderne Verfahren und Systeme, 3. Auflage, Wiesbaden 1983, Nachdruck 2000, S. 24 ff. (Zitat auf S. 24).

wann sich die Herstellung und der Verkauf eines Produktes rentieren – es fehlt die Möglichkeit, die kritische Ausbringungsmenge (= Gewinn- oder Nutzschwelle) zu ermitteln.[1]

Aus den genannten Gründen folgt weiter, dass die Vollkostenrechnung auch ihrer Standardaufgabe, nämlich der Preiskalkulation, nur unzureichend nachkommt. Des Weiteren bleiben in der Vollkostenrechnung wesentliche Faktoren unberücksichtigt, wie z. B. betriebliche Engpässe bzw. Freikapazitäten, strategische oder marktpolitische Überlegungen.[2]

So wird z. B. ein Produkt, das eine schlecht beschäftigte Kostenstelle durchläuft, übermäßig mit Gemeinkosten belastet. Eine mögliche Konsequenz daraus könnte sein, dieses Produkt vom Markt zu nehmen, anstatt die Ausbringungsmenge zu erhöhen. Die Folge wäre, dass die betreffende Kostenstelle die restlichen Produkte noch stärker belastet – womit ein Teufelskreis in Gang gesetzt würde: Sukzessive würde sich eine Unternehmung damit aus dem Markt „herauskalkulieren".[3]

5.2 Methoden der Kostenauflösung

Basis jeder Teilkostenrechnung und zentrales Problem der Kostenartenrechnung ist die Aufteilung der Kosten nach ihrem Verhalten bei Änderung der Ausbringungsmenge (Beschäftigung). Gegenstand dieser Kostenauflösung[4] ist also eine Differenzierung in fixe und variable (= proportionale) Kosten bzw. Kostenanteile, für die lineare Kostenfunktionen angenommen werden. Über- und unterproportionale variable Kosten werden vereinfachend als *Mischkosten* angesehen, die sich auf fixe als auch proportionale Elemente zurückführen lassen.

---

1 Vgl. Kap. 5.4.3.
2 Vgl. zur Vertiefung: Hummel/Männel 2, a.a.O., S. 28 ff. sowie Kap. 5.4
3 Vgl. ebenda, S. 33.
4 Oder Kostenspaltung, Kostentrennung bzw. Kostenzerlegung; vgl. hierzu und nachfolgend Schweitzer/Küpper, a.a.O., S. 374 f., sowie Joos-Sachse, T., Controlling, Kostenrechnung und Kostenmanagement, Wiesbaden 2001, S. 138 ff. Allgemein kann eine Kostenauflösung nach verschiedenen Bezugsobjekten erfolgen, i. e. S. bezieht sie sich auf die Beschäftigung; vgl. Gabler Wirtschaftslexikon, a.a.O., S. 1832 f.

Für Einzelkosten besteht das Problem der Kostenauflösung nicht: Sie stellen definitionsgemäß proportionale[1] Kosten dar. Von daher sind im Rahmen der Kostenauflösung speziell die Gemeinkosten zu untersuchen. Dies geschieht üblicherweise für jede Kostenart einer Kostenstelle; ggf. auch für die gesamten Kosten einer Kostenart oder gar für die Gesamtkosten einer Unternehmung.

Zur Kostenauflösung kommen verschiedene Methoden zur Anwendung; nachfolgend werden vorgestellt:

- Buchtechnische Kostenauflösung,
- Mathematische Kostenauflösung und
- Analytische Verfahren.

Die beiden erstgenannten Verfahren beruhen auf Beobachtung und werten Vergangenheitsdaten statistisch aus, wobei die mathematische Kostenauflösung auf Basis von Grenzkosten erfolgt. Analytische Verfahren beruhen auf Erfahrungswerten und untersuchen einzelne Kosten hinsichtlich ihrer fixen und variablen Bestandteile.

5.2.1 Buchtechnische Kostenauflösung

Hier wird das Verhalten jeder Kostenart durch Beobachtung festgestellt; die angefallenen Istkosten können dabei eindeutig als fix oder als proportional klassifiziert werden. Soweit darüber hinaus Mischkosten anfielen, sind sie einer der beiden Kategorien zuzuordnen: z. B. sind stark unterproportionale Kosten den Fixkosten und schwach unterproportionale Kosten den variablen Kosten zuordenbar.[2] Ist eine solch eindeutige Zuordnung nicht möglich, so kann eine Kostenauflösung der Mischkosten durch Schätzung oder mittels statistischer Methoden erfolgen.[3]

Grundsätzlich können sich die Kosten – je nach Bezugsobjekt – unterschiedlich verhalten: so sind z. B. Stromkosten in der Fertigung überwiegend proportional, in der Verwaltung hingegen überwiegend fix. Deshalb sollte die buchtechnische Kostenauflösung mindestens auf der Ebene der Kostenstellen erfolgen.

---

1 Sofern nachfolgend der Begriff ‚variable Kosten' verwendet wird, sind damit i. d. R. proportionale Kosten gemeint.

2 Und nachfolgend vgl. Schweitzer/Küpper, a.a.O., S. 374

3 Vgl. hierzu Kap. 5.2.2

Beispiel: In der Fertigungshauptkostenstelle „Abfüllanlage 3" fallen folgende Kosten an:

- Einzelkosten, proportional: Fertigungslöhne
- Gemeinkosten, variabel: Wasser zur Flaschenreinigung
- Gemeinkosten, fix: kalkulatorische Abschreibung und Zinsen auf die Maschine
- Mischkosten, teils fix, teils proportional: Stromkosten, Instandhaltungskosten[1]

5.2.2 Mathematische Kostenauflösung

Eine mathematische Kostenauflösung auf Basis der Grenzkosten betrachtet die Veränderung von Mischkosten bei unterschiedlichen Ausbringungsmengen. Als Untervarianten kommen zur Anwendung:

- Zwei-Punkte-Verfahren,
- Mehr-Punkte-Verfahren und
- die Methode der kleinsten Quadrate (Regressionsanalyse).

Das Zwei-Punkte-Verfahren leitet die Kostenfunktion aus der Differenz zweier unterschiedlicher Beschäftigungsgrade ab und unterstellt dabei eine lineare Kostenfunktion. Es kann grafisch oder rechnerisch erfolgen. Die grafische Variante verbindet die Schnittpunkte von zwei Beschäftigungen und deren Gesamtkosten:

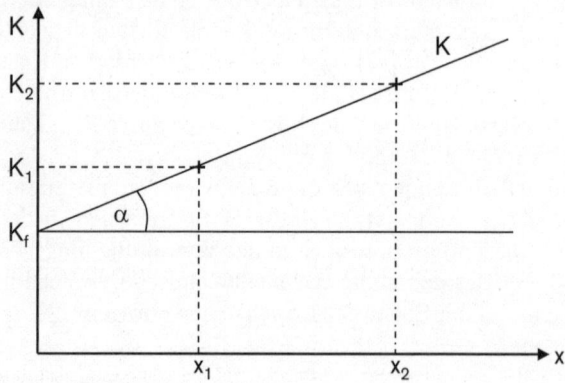

---

1 Ggf. können die Strom- und Instandhaltungskosten vereinfachend ganz als fix bzw. ganz als proportional angesehen werden.

Zunächst werden die Gesamtkosten K_1 bei Beschäftigung x_1 sowie K_2 bei x_2 im Koordinatenkreuz eingetragen. Dann werden die Schnittpunkte verbunden und verlängert; die Gesamtkostenkurve schneidet die y-Achse in Höhe der Fixkosten. Die proportionalen Kosten je Beschäftigungseinheit ergeben sich als Steigung der Gesamtkostenkurve ($\tan \alpha$).

Die rechnerische Variante benutzt dazu die folgende Formel:

$$k_v = \frac{K_1 - K_2}{x_1 - x_2} = \frac{\Delta K}{\Delta x}; \text{ sowie } k_f = k_1 - k_v \cdot x_1$$

Beispiel: In der Vergangenheit fielen in einer Kostenstelle bei einer Ausbringungsmenge von 5000 St. Gesamtkosten von 4000 € an, bei 7000 St. in Höhe von 5200 €.

Die proportionalen Kosten betrugen daher:
k_v = (5200 – 4000) : (7000 – 5000) = 1200 : 2000 = 0,60 €/St.
Die Fixkosten betrugen: k_f = 4000 – 0,60 · 5000 = 1000 €
Die gesuchte Funktion lautet: K = 1000 + 0,6 x
Die Grenzkosten betragen: k' = 0,60 €

Kritik: Zunächst ist zu kritisieren, dass hier die Kostenauflösung auf Vergangenheitsmengen und -preisen basiert, die für die Zukunft keine Gültigkeit mehr besitzen müssen – deshalb sollte mit Plankosten gerechnet werden.[1] Außerdem erfolgt die Auswahl der beiden Beschäftigungsgrade eher willkürlich, so dass die Ergebnisse für andere Ausbringungsmengen nicht gültig sein müssen. Zumindest das letztgenannte Manko versucht das Mehr-Punkte-Verfahren auszuschalten.

Für Mehr-Punkte-Verfahren wird eine größere Anzahl von Kombinationen aus Beschäftigung und Gesamtkosten zugrunde gelegt, z. B. mehrere Monatswerte einer Vorperiode. Da die Kosten aufgrund von Schwankungen nicht stetig linear verlaufen, sondern Remanenzen und Sprünge aufweisen, wird als Ergebnis näherungs-

---

1 Dabei spielt die Fristigkeit der Betrachtung eine wesentliche Rolle: Bei kurzfristiger Kostenauflösung sind z. B. nur die Fertigungslöhne als voll proportional anzusehen, während Hilfslöhne und Gehälter fix sind. Bei langfristigem Horizont lassen sich hingegen durchaus auch Teile der Hilfslöhne oder Gehälter als proportional ansetzen; vgl. Schweitzer/Küpper, a.a.O., S. 375

weise eine Trendgerade ermittelt.[1] Auch hier sind die Lösungen zeichnerisch und rechnerisch möglich.

Bei der grafischen Variante werden die einzelnen Werte (Kosten je Beschäftigung) als Streupunktdiagramm dargestellt; anschließend wird eine Gerade eingezeichnet, die die Verteilung der Werte möglichst genau widerspiegelt; auch hier gibt der Schnittpunkt der Geraden mit der y-Achse die Höhe der Fixkosten an, die Steigung der Geraden (tan α) zeigt die Höhe der proportionalen Kosten je Ausbringungsmengeneinheit:

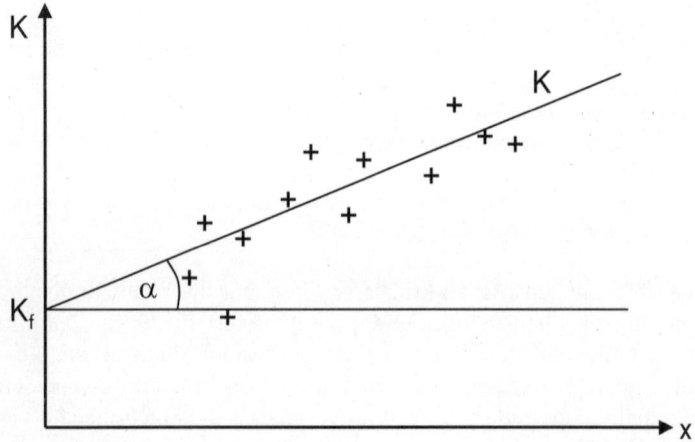

Die rechnerische Variante wird mit Hilfe der Regressionsanalyse[2] durchgeführt oder – vereinfachend –, indem Durchschnittswerte aus Istkosten früherer Perioden gebildet werden:

Beispiel: Für eine Maschine (Kostenplatz) fielen in der Vergangenheit folgende Instandhaltungskosten an:

---

1 Vgl. Buggert, W., Kosten- und Leistungsrechnung, 11. Aufl., Darmstadt 1994, S. 154.
2 Vgl. weiter unten im selben Kapitel.

Monat	Ausbringungsmenge in Stück	Instandhaltungskosten
I	10 000	800 €
II	8 000	700 €
III	14 000	1050 €
IV	11 800	840 €
V	13 200	910 €
VI	15 000	1100 €
Summe	72 000	5400 €

Im Beispiel schneidet die Ausgleichsgerade die y-Achse bei unge-fähr 250 €[1], d. h. der Höhe der monatlichen Fixkosten für die un-tersuchten Monate. Multipliziert mit 6 (Monaten), ergibt dies einen Gesamtwert von 1 500 €. Subtrahiert man diesen Wert von den Ge-samtkosten (= 5 400 €), so verbleiben 3 900 € als proportionale Kos-ten. Dividiert durch die gesamte Ausbringungsmenge (= 72 000 St.), ergeben sich proportionale Stückkosten von 0,054 167 €. Mit die-sem Wert lässt sich zukünftig arbeiten.

Beispiel: Für einen Folgemonat wird eine Ausbringungsmenge von 9000 St. geplant; dadurch fallen die folgenden (Misch-)Kosten an:

$$K_f + k_v \cdot 9000 = 250 \text{ €} + 0{,}054167 \text{ €/St.} \cdot 9000 \text{ St.} = 737{,}50 \text{ €}$$

Diese Vorgehensweise ist nur so lange möglich, wie sich die Be-schäftigung innerhalb des untersuchten Intervalls bewegt und die Faktorpreise unverändert bleiben. Ansonsten müssen die Misch-kosten erneut aufgelöst werden.

Die Methode der kleinsten Quadrate liefert als Ergebnis eine ex-akte Regressionsgerade, die mathematisch auf der Funktion 1. Gra-des **y = a + bx** basiert, mit:

y = Gesamtkosten K
a = Fixkosten K_f
b = proportionaler Satz k_v
x = Beschäftigung (z. B. in Std. oder St.)

Dies ergibt die folgende Formel:

$$K = K_f + k_v \cdot x$$

---

1 Tragen Sie die Daten in ein Koordinatenkreuz ein und überprüfen Sie das Ergebnis!

Dieses Verfahren geht in fünf Schritten vor, die nachstehend auf Basis der Daten des vorangegangenen Beispiels dargestellt werden:[1]

Beispiel: 1. Schritt: Berechnung der Monatsdurchschnitte der Beschäftigung (x) und der Instandhaltungskosten (y):

x: 72 000 St. durch 6 Monate = 12 000 St./Monat

y: 5 400 € Instandhaltungskosten durch 6 Monate = 900 €/Monat

Diese Durchschnittswerte bilden gleichzeitig einen Punkt im Koordinatenkreuz, durch den die Regressionsgerade verläuft.

2. Schritt: Berechnung der Abweichungen von monatlichen Kosten sowie der Beschäftigung zu den Durchschnittswerten:

	(1)	(2)	(3)	(4)
Monat	x	y	Differenz zum Durchschnittswert x = 12 000 St.	Differenz zum Durchschnittswert y = 900 €
I	10 000	800 €	− 2000	− 100
II	8 000	700 €	− 4000	− 200
III	14 000	1050 €	+ 2000	+ 150
IV	11 800	840 €	− 200	− 60
V	13 200	910 €	+ 1200	+ 10
VI	15 000	1100 €	+ 3000	+ 200

3. Schritt: Die Werte der Beschäftigungsabweichungen zum Durchschnitt (3) werden quadriert (= x^2) und die Werte der Kosten- und Beschäftigungsabweichungen (3) und (4) miteinander multipliziert (= x · y):

Monat	Quadrierung der Werte zu (3); = x^2	Produkt aus (3) · (4); = x · y
I	4 000 000	200 000
II	16 000 000	800 000
III	4 000 000	300 000
IV	40 000	12 000
V	1 440 000	12 000
VI	9 000 000	600 000
Σ	34 480 000	1 924 000

---

1 Vgl. nachfolgend Buggert, a.a.O., S. 156 f.

4. Schritt: Der proportionale Satz (k_v) wird mit der Formel ermittelt:

$$k_v = \frac{\sum (x \cdot y)}{\sum x^2} = \frac{1\,924\,000}{34\,480\,000} = 0{,}0558 \ \text{€};$$

5. Schritt: Berechnung der Fixkosten, wobei für Beschäftigung (x) und Kosten (y) jeweils die Durchschnittswerte in die (umgeformte) Formel eingesetzt werden:

$K = K_f + k_v \cdot x;$

$K_f = K - k_v \cdot x;$

$K_f = 900 - (0{,}0558 \cdot 12\,000) = 900 - 669{,}60 = 230{,}40 \ \text{€};$

Zukünftig gilt:

Instandhaltungskosten = 230,40 € + 0,0558 € · x (Ausbringungsmenge)

Damit liegt ein genauerer Wert vor, der innerhalb der vorgegebenen Bandbreite an Ausbringungsmengen den Anteil der Fixkosten sowie die proportionalen Stückkosten näherungsweise bestmöglich widerspiegelt.

5.2.3 Analytische Verfahren der Kostenauflösung

Analytische Verfahren der Kostenauflösung untersuchen einzelne Kosten, ob sie fixen oder variablen Charakter haben. Dazu wird als Erstes die Höhe der Fixkosten bestimmt, und zwar als der Betrag, der zur Erhaltung der Betriebsbereitschaft anfällt, also bei einer Ausbringungsmenge von null. Der Differenzbetrag zu tatsächlich entstandenen (oder geplanten) Kosten wird als variabel angesehen.

Im Detail gibt es eine Reihe unterschiedlicher Varianten, die sich bspw. auf Berechnungen, Messungen, Erfahrungswerte, Vergleichswerte oder Schätzungen stützen können. Zur Vereinfachung wird in der Praxis häufig so vorgegangen, dass möglichst viele Kosten als ausschließlich fix oder ausschließlich variabel eingestuft werden[1] (wobei kleinere Ungenauigkeiten in Kauf genommen werden); gängigerweise werden diese Gemeinkostenarten als 100 % fix angesehen:

- Gehälter inkl. Gehaltsnebenkosten
- kalkulatorische Abschreibungen
- kalkulatorische Zinsen auf das Anlagevermögen

---

1 Und nachfolgend vgl. Joos-Sachse, a.a.O., S. 142 f.

- Versicherungsbeiträge
- Kostensteuern

Als 100 % variabel gelten i. d. R. diese Gemeinkostenarten:
- Lohnnebenkosten auf Fertigungslöhne
- Hilfs- und Betriebsstoffkosten
- kalkulatorische Zinsen auf Vorräte und Forderungen
- Gewährleistungskosten
- Forderungswagnis

Damit wird eine deutliche Reduzierung des Arbeitsaufwandes erreicht; nur die verbleibenden Kostenarten müssen daraufhin untersucht werden, inwieweit sie fixe und variable Kostenbestandteile beinhalten. Zu diesen Mischkosten zählen bspw. Gemeinkostenlöhne (z. B. im Lager oder im innerbetrieblichen Transport), Energiekosten und Instandhaltungskosten.

Wenn mit diesen Verfahren auch gewisse Abstriche an die Genauigkeit verbunden sind, dürften sie – aus Sicht der Praxis – insgesamt den anderen Methoden der Kostenauflösung überlegen sein, da sie ohne aufwendige Berechnungen zu akzeptablen Ergebnissen führen.

5.3 Systeme der Teilkostenrechnung

Aus den genannten Mängeln der Vollkostenrechnung[1] heraus haben sich in den letzten Jahrzehnten verschiedene Systeme der Teilkostenrechnung[2] entwickelt. Ihnen gemein ist das Ziel, die auf Basis der Vollkostenrechnung möglichen Fehldispositionen zu vermeiden und gleichzeitig verbesserte Informationen für Kostenkontrolle und absatzpolitische sowie allgemeine Planungsentscheidungen zu gewinnen.

Die einzelnen Systeme der Teilkostenrechnung sind recht unterschiedlich ausgestaltet. Die in der Praxis häufigsten Systeme werden der Reihe nach vorgestellt:

---

1 Vgl. S. 121 f.
2 Da die Erlösseite wesentlicher Bestandteil ist, heißt es ausführlich „Teilkosten- und Bruttoerfolgsrechnung". Nachfolgend wird meist die verkürzte Bezeichnung gewählt.

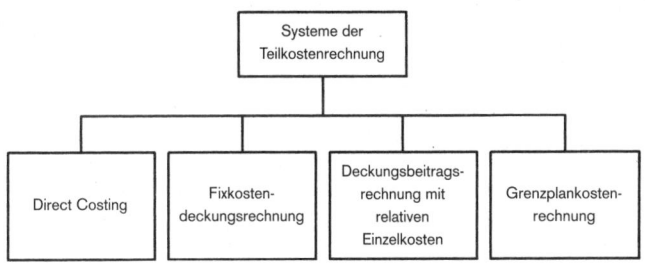

5.3.1 Direct Costing

Das Direct Costing[1] wurde in der 50er Jahren in den USA entwickelt und bald auch in Deutschland eingesetzt. Wesentliches Merkmal dieser Teilkostenrechnung ist die Trennung in fixe und variable Kosten, wobei letzteren eine Proportionalität unterstellt wird.[2]

Das Direct Costing will damit die geschilderten Probleme der traditionellen Vollkostenrechnung vermeiden. Gleichzeitig zielt es auf bessere Kosteninformation für Planungszwecke. Dazu stellt es die Beziehungen zwischen Umsatz, Kosten und Gewinn dar. Die Basisformel lautet:

$$\text{Erlös} - \text{Teilkosten} = \text{Restkosten} + \text{Gewinn}$$

Beim Direct Costing werden einem Produkt nur die variablen Kosten zugerechnet. Zieht man diese vom Stückerlös ab, so ergibt sich eine Bruttoerfolgsgröße, der sog. **Deckungsbeitrag**.[3] Dieser soll die anteiligen Fixkosten decken und evtl. darüber hinaus einen Gewinnanteil enthalten.

---

1 Genauer gesagt, wird hier das einfache Direct Costing behandelt. Weiterentwicklungen werden in den Folgekapiteln beschrieben.

2 Der Begriff „Direct Costing" kann nicht wörtlich übersetzt werden, da „direct costs" *keine* direkten Kosten sind, sondern vielmehr variable Kosten. Andere Begriffe sind „Variable Costing", „Marginal Costing" oder Grenzkostenrechnung (nicht Grenz*plan*kostenrechnung!). „Proportionalkostenrechnung" wäre eine treffende deutsche Bezeichnung; vgl. Hummel/Männel 2, a.a.O., S. 39.

3 Auch „Deckungsspanne" oder „contribution margin" genannt.

In einer **Einproduktunternehmung** wird zunächst der Deckungsbeitrag je Stück ermittelt und mit der Ausbringungsmenge multipliziert. Vom gesamten Deckungsbeitrag werden dann die Fixkosten en bloc subtrahiert:

$$\text{Gewinn} = \text{Menge} \cdot (\text{Stückerlös} - \text{variable Stückkosten}) - \text{gesamte Fixkosten}$$

bzw. $\qquad\qquad\qquad G = x \cdot (p - k_v) - K_f$

Da $(p - k_v)$ der Deckungsbeitrag je Stück ist, ergibt sich:

$$G = x \cdot db - K_f$$

bzw. $\qquad\qquad\qquad G = DB - K_f$

Die nachstehende Grafik verdeutlicht den Zusammenhang zwischen Umsatz, Kosten und Gewinn:

Jede abgesetzte Produkteinheit erwirtschaftet einen Deckungsbeitrag. Werden die Deckungsbeiträge kumuliert, reichen sie zunächst nicht aus, um die Fixkosten zu decken. Erst ab der kritischen Menge (x_{km}) beginnt die Gewinnzone – die kumulierten Deckungsbeiträge reichen zur Fixkostendeckung aus und erzielen darüber hinaus einen Gewinn:[1]

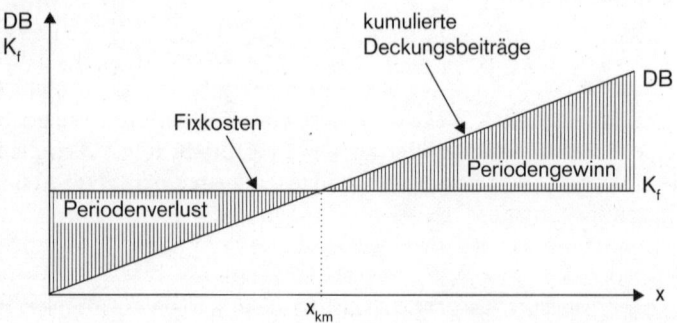

---

1 Bei der kritischen Menge liegt die Gewinnschwelle (= Break-Even-Point). Dort ist die Summe der Deckungsbeiträge gleich den Fixkosten, es wird also weder Gewinn noch Verlust erzielt; vgl. Kap. 5.4.3.

Beispiel: Der Stückerlös eines gefertigten Produkts beträgt 10 €, seine variablen Kosten betragen 6,50 €.
Bei 10 000 € Fixkosten wurden in der Periode 5000 Stück abgesetzt.
Der Deckungsbeitrag wird errechnet:

	je Stück	insgesamt
(Netto-)Erlöse – variable Kosten	10,00 6,50	50 000 32 500
= Bruttogewinn (Deckungsbeitrag) – Fixkostenblock	3,50 –	17 500 10 000
= Nettogewinn	–	7 500

In der **Mehrproduktunternehmung** wird analog verfahren: Der Deckungsbeitrag je Produkt wird ermittelt; anschließend wird der Fixkostenblock nicht aufgesplittet, sondern insgesamt von der Summe aller Deckungsbeiträge subtrahiert.

	Produkt A	Produkt B	Produkt C	insgesamt
(Netto-)Erlöse – variable Kosten	80 000 75 000	130 000 108 000	230 000 182 000	440 000 365 000
= Bruttogewinn (DB) – Fixkostenblock	5 000	22 000	48 000	75 000 64 000
= Nettogewinn				11 000

Das Direct Costing ist also eine recht einfache Berechnungsmethode, die der Vollkostenrechnung[1] z. B. in Bezug auf das Ermitteln der kurzfristigen Preisuntergrenze oder für Make-or-Buy-Entscheidungen überlegen ist. Entscheidungen über die Zusammensetzung des Produktprogramms können auf Basis der isoliert voneinander ermittelten Deckungsbeiträge getroffen werden.[2]

Durchführung: Das Direct Costing benötigt genauso eine Kostenarten- und Kostenstellenrechnung, die im Wesentlichen mit den

---

1 Zur Vollkostenrechnung ergibt sich ein weiterer Unterschied bei der Ermittlung von Lagerbeständen: In deren Herstellkosten fehlen die fixen Kostenanteile, da diese grundsätzlich insgesamt der Absatzperiode zugerechnet werden.
2 Vgl. Kap. 5.4

bekannten Darstellungen übereinstimmen. Allerdings wird bereits ab der Kostenartenrechnung in fixe und variable Kosten differenziert.

Als **Kritikpunkte** sind u. a. anzumerken:[1]

(1) Es wird unterstellt, dass die *variablen Kosten proportional* sind; z. T. aber verhalten sich die Kosten über- oder unterproportional (z. B. durch Mengenrabatte bei Werkstoffen).

(2) Die unterstellte *Proportionalität der Verkaufserlöse* vernachlässigt die reale Preisdifferenzierung als absatzpolitisches Instrument.

(3) Die Kosten werden in ihrer *Abhängigkeit zur Ausbringungsmenge* differenziert; daneben beeinflussen aber auch weitere Größen die Kosten.

(4) Die *Trennung in fixe und variable Kosten* erfolgt nicht immer sachgerecht; z. B. werden (eigentlich fixe) Zeitlöhne als variabel behandelt.

(5) *Variable Kosten* werden so behandelt, als ob sie *einem Kostenträger direkt zurechenbar* wären; dies ist bei variablen Gemeinkosten (z. B. Transportkosten für mehrere Aufträge) nicht immer der Fall.

(6) Der *Fixkostenblock pauschaliert* zu sehr: Z. B. stehen Abschreibungskosten für eine spezielle Maschine in viel engerem Zusammenhang zum (darauf ausschließlich produzierten) Produkt als z. B. die Kosten der Werksfeuerwehr.

Vor allem aus dem letztgenannten Grund hat sich die Fixkostendeckungsrechnung entwickelt.

5.3.2 Fixkostendeckungsrechnung

Hauptunterschied zum Direct Costing ist, dass die Fixkosten nicht als Block angesehen, sondern differenziert werden. Nach der Nähe zum Produkt wird unterschieden:[2]

---

1 Vgl. Hummel/Männel 2, a.a.O., S. 42 ff.
2 Diese Einteilung basiert auf Mellerowicz; vgl. Mellerowicz, K., Kosten und Kostenrechnung, Band 2,2, 5. Auflage, Berlin 1980, S. 176 ff. Andere Autoren differenzieren teilweise weniger stark (und schlagen die Kostenstellenfixkosten den Bereichsfixkosten oder Letztere gar den Unternehmensfixkosten zu).

- **Erzeugnisfixkosten** als Kosten, die nur für ein bestimmtes Produkt anfallen, z. B. Lizenzgebühren, Spezialwerkzeug oder Abschreibungen einer Einproduktmaschine.
- **Erzeugnisgruppenfixkosten** fallen für eine Gruppe von Produkten an (z. B. Kosten einer bestimmten Maschine) – fiele die Produktreihe weg, so fielen auch die erzeugnisgruppenfixen Kosten weg.
- **Kostenstellenfixkosten** sind keinem/r Produkt oder Produktreihe direkt zurechenbar, sondern fallen für ganz unterschiedliche Produkte an, wie z. B. das Meistergehalt in der Produktion oder Reinigungskosten.
- **Bereichsfixkosten** fallen insgesamt für einen Bereich an, z. B. die Gebäudekosten für die Produktionshalle.
- **Unternehmensfixkosten** schließlich sind die unverteilbaren Restkosten der gesamten Unternehmung. Sie fallen für mehrere oder alle Betriebsbereiche an, wie z. B. Kosten der Werksfeuerwehr oder der Unternehmensleitung.

Auf Basis dieser Unterscheidung wird das Ergebnis wie folgt ermittelt:

> Nettoerlöse
> – variable Fertigungs- und Vertriebskosten
> = Deckungsbeitrag I
> – Erzeugnisfixkosten
> = Deckungsbeitrag II
> – Erzeugnisgruppenfixkosten
> = Deckungsbeitrag III
> – Kostenstellenfixkosten
> = Deckungsbeitrag IV
> – Bereichsfixkosten
> = Deckungsbeitrag V
> – Unternehmensfixkosten
> = Nettoergebnis

Dazu ein Zahlenbeispiel für die Betriebsabrechnung mittels der Fixkostendeckungsrechnung:

	A	B	C	D	E	Gesamt
Nettoerlöse	84600	63700	184400	77200	53500	463400
– var. Vertr.kosten	1200	2500	5600	1200	2600	13100
– var. Fertig.kosten	51800	36200	146700	49800	37100	321600
= DB I	31600	25000	32100	26200	13800	128700
– Erzeugn.fixkosten	–	2300	3400	1800	–	7500
= DB II (Zwischensumme)	31600 ┗→ 54300 ◄┘ 22700		28700 28700	24400 ┗→ 38200 ◄┘ 13800		121200 121200
– Erz.grupp.fixkost.	21100		15600	3400		40100
= DB III	33200		13100	34800		81100
– KS-Fixkosten[1]	11600		1100	11300		24000
= DB IV (Zwischensumme)	21600 ┗→ 33600 ◄┘ 12000			23500 23500		57100 57100
– Bereichsfixkosten	23500			14600		38100
= DB V (Zwischensumme)	10100 ┗→ 19000 ◄┘			8900		19000 19000
– Untern.fixkosten	16300					16300
= Nettogewinn	2700					2700

Zur Ergänzung können angegeben werden:

• Die jeweiligen Deckungsbeiträge in % des Umsatzes (= der Nettoerlöse). Diese Angabe erleichert die Kostenkontrolle bezogen auf Produkte, Produktgruppen, Kostenstellen, Bereiche oder die ganze Unternehmung.

• Die Fixkosten jeder Stufe in % des jeweiligen Deckungsbeitrages: z. B. betragen die Erzeugnisgruppenfixkosten für die Produkte A und B zusammen 21100 € von 54300 €, mithin also 38,9 %. Diese Daten können für zukünftige Kalkulationszwecke (progressiv oder retrograd) zugrunde gelegt werden.

Durchführung: Auch die Fixkostendeckungsrechnung besteht als geschlossene Betriebsabrechnung aus Kostenarten-, Kostenstellen- und Kostenträgerrechnung. Die Kostenarten werden einerseits

---

1 Nur aufgrund der gerafften Darstellung ist im Beispiel keine Abstufung zwischen Erzeugnisgruppen und Kostenstellen ersichtlich.

nach ihrem Charakter bei Beschäftigungsänderung, andererseits nach ihrer Zurechenbarkeit auf Kostenstellen gegliedert.

Damit wird bereits die nächste Stufe, die Kostenstellenrechnung, vorbereitet. In ihr sind die einzelnen Stellen möglichst produktbezogen untergliedert.

Bereits bei der Kostenerfassung wird angegeben, ob es sich jeweils um Einzel- oder (fixe bzw. variable) Gemeinkosten handelt. Außerdem wird angegeben, ob die Gemeinkosten für ein Produkt, eine Produktgruppe, eine Kostenstelle, einen kompletten Bereich oder die gesamte Unternehmung anfallen. Diese Zuordnung wird in den BAB übernommen.

Anschließend erfolgt die Kostenträgerrechnung, die als *Periodenrechnung* (siehe Beispiel auf der Vorseite) oder als *Stückrechnung* möglich ist. Im letzteren Fall werden die einzelnen Fixkosten wiederum als Prozentsätze der jeweiligen Deckungsbeiträge angegeben.[1]

Kritik: Mit Hilfe der Fixkostendeckungsrechnung gelingt ein besserer Einblick in die Erfolgsstruktur einer Unternehmung. Insbesondere ermöglichen die abgestuften Deckungsbeiträge Erkenntnisse bezüglich des Ausbaus oder der Eliminierung einzelner Produkte (oder Produktgruppen).

Im Einzelnen nennt *Mellerowicz* **folgende Vorteile:**[2]

- Die Fixkostendeckungsrechnung erlaubt die Bildung von **Angebotspreisen** auf Vollkostenbasis sowie die Ermittlung von **Preisuntergrenzen**.

- Sie verteilt die Kosten weitgehend **verursachungsgerecht** auf Kostenstellen und Kostenträger. Dadurch ist die Basis für eine wirksame **Kostenkontrolle**, Wirtschaftlichkeits- und Vergleichsrechnungen gegeben.

- Sie ist für **Planungszwecke** besonders geeignet, z. B. für die Kostenplanung. **Gewinnschwellen** lassen sich erzeugnisweise oder für ganze Erzeugnisgruppen ermitteln.

---

1 Vgl. dazu die Beispiele in Mellerowicz, K., Kosten und Kostenrechnung, Bd. 2,2, a.a.O., S. 185 f.
2 Vgl. ebenda, S. 187 ff.

- Die Fixkostendeckungsrechnung ermöglicht eine **korrekte Ge-winnermittlung** und **Erfolgsanalyse**, und zwar auf das einzelne Stück oder die Periode bezogen.
- Im Gegensatz zum Direct Costing ist die Fixkostendeckungsrech-nung auch für **(langfristige) Entscheidungen** geeignet, die mit einer Veränderung der Fixkosten verbunden sind, wie z. B. Investitio-nen, andere Produktionsverfahren, Kapazitätserweiterungen, Fremdbezug oder Eigenfertigung usw.

Abweichungen – und insofern Mehrarbeit als Nachteil – ergeben sich zum steuerrechtlichen Ansatz der Herstellkosten.

5.3.3 Deckungsbeitragsrechnung mit relativen Einzelkosten

Dieses Teilkostensystem wurde von *Riebel* in Deutschland ent-wickelt.[1] Wesentliche Merkmale sind:[2]
- Die Unterscheidung in **Einzel- und Gemeinkosten** wird nach der Zurechenbarkeit (= Identitätsprinzip) relativiert und präzisiert. Die Relativierung erfolgt anhand festzulegender Bezugsgrößen.
- Es wird in **beschäftigungsfixe und beschäftigungsvariable Kosten** unterschieden. Neben der Beschäftigung werden weitere Kos-teneinflussgrößen (z. B. Leistung und Bereitschaft) sowie Akti-onsparameter (z. B. zeitliche Bindungen, Kündigungs- und Zah-lungstermine) berücksichtigt.
- Anders als die bisher betrachteten Teilkostensysteme, besteht die Deckungsbeitragsrechnung mit relativen Einzelkosten nicht aus getrennter Kostenstellen-, Kostenarten- und Kostenträgerrech-nung, sondern kombiniert diese zu einer speziellen **Grundrech-nung**.

Relative Einzelkosten: Für die Ermittlung von Deckungsbeiträgen eines bestimmten Bezugsobjektes lassen sich dessen Kosten und Er-löse nur dann eindeutig gegenüberstellen, wenn sie auf einer ge-meinsamen dispositiven Basis beruhen. (Originäre) Einzelkosten

---

1 Vgl. ausführlich: Riebel, P., Einzelkosten- und Deckungsbeitragsrechnung, 4. Aufla-ge, Wiesbaden 1982. Der Buchtitel zeigt gleichzeitig, wie Riebel dieses Verfahren mittlerweile nennt.
2 Vgl. Gabler Wirtschaftslexikon, a.a.O., S. 887 f.; Horváth, a.a.O., S. 477 f.

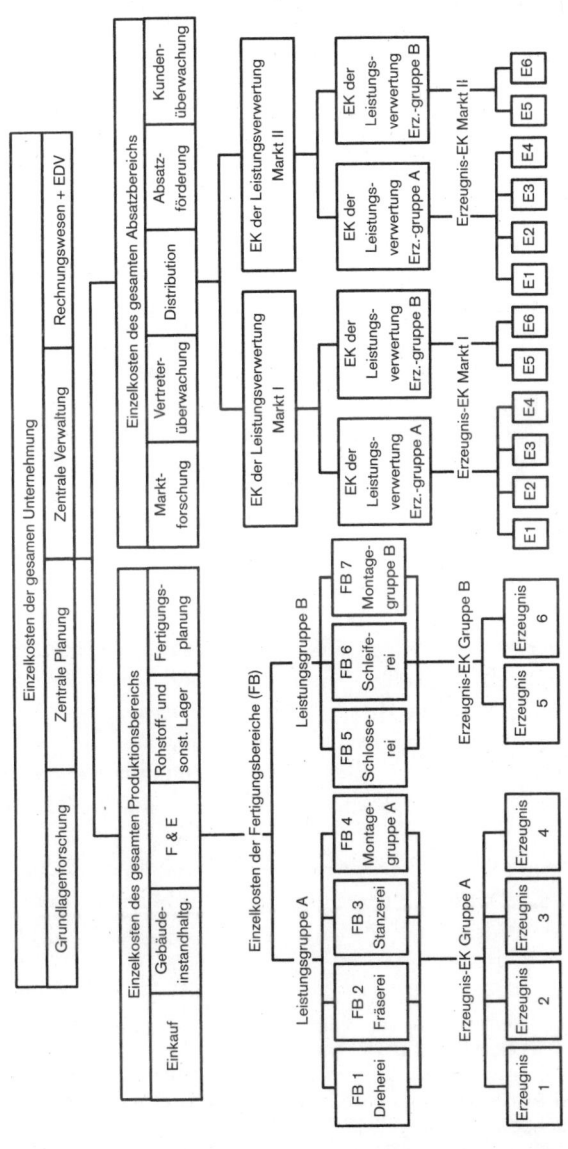

139

betreffen *genau ein* Bezugsobjekt, Gemeinkosten hingegen dieses Bezugsobjekt *und andere gemeinsam*, da sie durch übergeordnete Entscheidungen ausgelöst werden.

Auf der nächsten (Entscheidungen auslösenden) Stufe stellen manche Gemeinkosten Einzelkosten dieses übergeordneten Bezugsobjektes dar. So stellen z. B. Wartungskosten einer Maschine dann Einzelkosten dar, wenn die Maschine selbst als Kostenstelle Bezugsgröße ist, ansonsten handelt es sich (zunächst) um Gemeinkosten, wenn Bezugsgröße die Werkstatt ist. Auf der Werkstattebene handelt es sich dann wiederum um (relative) Einzelkosten.

Auf diese Weise lässt sich eine ganze **Bezugsobjekthierarchie** erstellen, innerhalb deren die echten Gemeinkosten erst dann ausgewiesen werden, wenn sie als Einzelkosten einer Bezugsobjektebene erfassbar sind.[1]

In letzter Konsequenz ist die Gesamtunternehmung damit die oberste Ebene der Bezugsobjekthierarchie. Die vorher nicht zurechenbaren Gemeinkosten stellen erst dort Einzelkosten dar.

Ein Beispiel[2] für eine solche Bezugsobjekthierarchie ist auf der vorhergehenden Seite abgebildet (FB = Fertigungsbereich; E = Erzeugnis).

Statt der dargestellten **produktionswirtschaftlich-institutionell** orientierten Bezugsgrößenhierarchie kann auch eine **absatzwirtschaftlich-leistungsbezogene** Hierarchie gewählt werden.

Diese würde z. B. unterscheiden in Gesamtumsatz der Unternehmung, Kundengruppen, einzelne Kunden innerhalb einer Kundengruppe, einzelne Aufträge eines Kunden und einzelne Leistungseinheiten.[3]

Eine dritte Möglichkeit für Bezugsgrößen sind **Zeitabschnitte**, wonach z. B. in Jahre, Monate, Tage und einzelne Schichten differenziert würde:[4]

---

1 Vgl. (Isermann, H., Deckungsbeitragsrechnung, in:) Busse von Colbe/Pellens, a.a.O., S. 176; vgl. die Ausführungen auf S. 70.

2 Zurechnungsschema entnommen aus: Heinen, E./Dietel, B., Kostenrechnung, in: Heinen, E. (Hrsg.), Industriebetriebslehre, 9. Auflage, Wiesbaden 1991, S. 1271.

3 Vgl. Hummel/Männel 2, a.a.O., S. 61.

4 Vgl. Heinen, a.a.O., S. 1272.

Beispielsweise können Schicht-Gemeinkosten auf der nächsthöheren Ebene Tages-Einzelkosten darstellen, Tages-Gemeinkosten auf der nächsten Ebene Wochen-Einzelkosten usw. Eine auf zeitbezogenen Zurechnungshierarchien fußende Deckungsbeitragsrechnung kann insbesondere für *langfristige Dispositionen* wesentliche Information liefern.

Die **Grundrechnung** ist „eine statistische Sammlung aller Kosten, die innerhalb einer Abrechnungsperiode angefallen sind"[1] – also eine spezielle Form eines BAB:

Zurechnungsobjekte ⟶ Kostenkategorien	Kostenarten (Beispiele)	Kostenstellen							K-Träger		
		H	F1	F2	M	Vw	Vt	G	E1	E2	E3
I. Leistungskosten											
Ia. absatzabhängige Kosten											
a1. wertabhängig	Verkaufsprov.								x	x	x
	Umsatzlizenz								x	x	x
	Zölle								x	x	x
a2. mengenabh.	Verpackung						x				
Ib. erzeugnisabhängige Kosten											
b1. mengenunabh.	Energie		x	x					x	x	x
b2. mengenabh.	Rohstoffe	x							x	x	x
	Hilfsstoffe	x							x	x	x
	Lizenzen								x	x	x
	Überstd.-löhne		x	x		x	x		x	x	x
II. Bereitschaftskosten											
IIa. Monats-EK	Fertig.löhne	x	x	x					x	x	x
	Betriebsstoffe	x	x	x	x	x	x				
	Büromaterial	x	x	x	x	x	x				
IIb. Quartals-EK	Miete							x			
	Versicherung							x			
IIc. Jahres-EK	Pacht							x			
	Grundsteuer							x			
	Gew.kap.st.							x			
Σ Gesamtkosten		x	x	x	x	x	x	x	x	x	x

H = Hilfsstelle, F = Fertigungsstelle, M = Materialstelle, Vw = Verwaltungsstelle, Vt = Vertriebsstelle, G = Gesamtunternehmung, E = Erzeugnis.

---

1 Hummel/Männel 2, a.a.O., S. 66. Beispielschema in Anlehnung an: ebenda, S. 67.

Auf Basis der Grundrechnung können als nächstes **Deckungsbeiträge** nach verschiedenen Kriterien ermittelt werden, d. h. nach dem jeweiligen Informationsbedarf bzw. der zu treffenden Entscheidung. In vollem Umfang wird dies erst mit Hilfe relationaler Datenbanken ermöglicht.

Der Deckungsbeitrag eines bestimmten Bezugsobjekts (z. B. Produkt, Produktgruppe, Bereich) zeigt dabei dessen Überschuss der Absatzleistungen über den variablen Kosten der Absatzmengen und jenen Einzelkosten an, die dem Bezugsobjekt zurechenbar sind.[1] Die generelle Formel lautet damit:

DB = Nettoerlöse − (variable Kosten + Einzelkosten des Bezugsobjekts)

Auf einer bestimmten (Bezugsobjekt-)Stufe ergibt sich der Deckungsbeitrag aus dem Deckungsbeitrag der vorausgehenden Stufe abzüglich der auf der jetzigen Stufe zurechenbaren Einzelkosten:

$$DB_{Bezugsstufe\ n} = DB_{Bezugsstufe\ n-1} - Einzelkosten_{Bezugsstufe\ n}$$

Die Deckungsbeiträge können nach verschiedenen Gesichtspunkten ermittelt werden. In jedem Fall ergibt sich abschließend das Periodenergebnis.

Beispiel:[2]

Bereiche →	I			II	
Erzeugnisgruppen →	A		B	C	
Erzeugnisse →	Erz. 1	Erz. 2	Erz. 3	Erz. 4	Erz. 5
Nettoerlöse der Produkte	17 200	8300	15 500	9600	18 900
− kurzfristig variable Produkt-EK	10 700	2100	7400	4300	13 200
= DB der Produkte	6500	6200	8100	5300	5700
− kurzfristig variable Gruppen-EK	→700◄		400	→500◄	
= DB der Produktgruppen	12 000		7700	10 500	
− kurzfristig variable Bereichs-EK	→1 200◄			1800	
= DB des Bereichs	18 500			8700	
− Bereitschaftskosten der Unternehmung	→19 300◄				
= Periodenergebnis	7900				

---

1 Vgl. (Isermann, H. in:) Busse von Colbe/Pellens, a.a.O., S. 176. Im Übrigen wurde damit der aus dem Direct Costing bekannte Begriff des Deckungsbeitrags (= Erlöse − variable Kosten) erweitert.

2 Beispiel in Anlehnung an: Schweitzer/Küpper, a.a.O., S. 511.

Im Beispiel wurden die Deckungsbeiträge z. B. über den kurzfristig variablen Leistungskosten ermittelt. Sie drücken damit aus, inwieweit durch die verschiedenen Produkte, Produktgruppen und Bereiche die Bereitschaftskosten und der Gewinn erwirtschaftet werden.

Auch der auf relativen Einzelkosten beruhende Deckungsbeitrag kann als **Periodenwert** oder als **Stück-DB** ermittelt werden. Nachfolgend ein Beispiel für die Ermittlung des Stückdeckungsbeitrags einer bestimmten Leistungsart:[1]

Einzelerlöse und Einzelkosten	Leistungsart in €
Nettoerlös je Leistungseinheit	135,00
– umsatzwertabhängige Kosten: a) Provisionen b) Lizenzen	 4,05 7,50
– sonstige absatzabhängige Kosten: a) Versandverpackung b) Ausgangsfrachten	 6,00 8,30
= Verkaufsüberschuss je Leistungseinheit	109,15
– erzeugnisabhängige Kosten: a) Rohstoffe b) Hilfsstoffe c) variable Energiekosten d) Produktverpackung	 28,95 1,75 6,27 3,05
= Deckungsbeitrag je Leistungseinheit	69,13

Zusammenfassung: Die Deckungsbeitragsrechnung mit relativen Einzelkosten zeichnet sich durch folgende Merkmale aus:
• Gesamtkosten und Leistungen werden nach betrieblichen Entscheidungen Bezugsobjekten zugerechnet (Identitätsprinzip).
• Für jedes Bezugsobjekt werden die Einzelkosten und damit stufenweise sämtliche Kosten erfasst.
• Die gesamten Kosten werden in einer Grundrechnung zweckabhängig detailliert gegliedert.

---

1 Entnommen aus: Hummel/Männel 2, a.a.O., S. 78.

- Gemeinkosten werden weder geschlüsselt noch findet eine Kostenüberwälzung (wie in der Vollkostenrechnung) statt. Dadurch werden wesentliche Fehlerquellen ausgeschlossen.
- Für verschiedene Entscheidungssituationen können (ex-ante) die relevanten Deckungsbeiträge ermittelt werden, z. B. für Aufträge bei zeitlich befristeter Unterbeschäftigung, bei Engpasskalkulationen und bei der Sortimentsplanung. Insbesondere werden auch fundierte Aussagen bezüglich langfristiger Investitionen ermöglicht.
- Ex-post ermöglichen die Deckungsbeitragsrechnung und geeignete Kennzahlen eine wirksame Kosten- und Durchführungskontrolle.
- Einzelnen Abteilungen oder Bereichen können Deckungsbudgets für jene Kosten vorgegeben werden, die nicht einem einzelnen Produkt oder Auftrag direkt zuzurechnen sind.

Demgegenüber stehen insbesondere zwei Nachteile:
- Die für bilanzielle Zwecke nötige Bewertung der Herstellungskosten muss gesondert (und damit zusätzlich) durchgeführt werden.
- Aufgrund ihrer Komplexität (und ihres Bedarfs an adäquater Softwareausstattung) wird die Deckungsbeitragsrechnung mit relativen Einzelkosten (bislang) nur in größeren Unternehmen angewandt.

5.4 Teilkostenrechnung zur Lösung spezieller Entscheidungsprobleme

Die Teilkostenrechnung (bzw. deren Informationen) eignet sich speziell für unterschiedliche, kurzfristig ausgerichtete Entscheidungen. Nachfolgend werden die wesentlichen Entscheidungsprobleme modellhaft dargestellt, wie sie in der betrieblichen Praxis grundsätzlich gelöst werden:[1]
- Förderungswürdigkeit von Erzeugnissen
- Optimales Produktionsprogramm

---

1 Nachfolgend vgl. Joos-Sachse, a.a.O., S. 148 ff.

- Break-Even-Analysen[1]
- Eigenfertigung oder Fremdbezug?
- Ermittlung von Preisuntergrenzen
- Durchführen von Verfahrensvergleichen

5.4.1 Problem: Förderungswürdigkeit von Erzeugnissen

Eine Fragestellung, die auf Basis von Teilkosten geklärt werden kann, ist die Situation, dass eine Unternehmung mit einem bestimmten Produktprogramm aufgrund einer gestiegenen Nachfrage überlegen muss, welches der hergestellten Erzeugnisse besonders zur Ergebnisverbesserung beiträgt und daher verstärkt produziert werden soll.[2]

Situation 1: Untersuchung, welches Erzeugnis besonders förderungswürdig ist, und zwar unter der Voraussetzung, dass nicht ausgeschöpfte Kapazitäten bestehen.

Beispiel: Ein Unternehmen stellt Toaster in drei Varianten her. Für die drei Modelle liegen aus den Vormonaten folgende Daten vor (hergestellte Menge und abgesetzte Menge stimmen überein):

	Single	Family	Luxus	gesamt
Menge in St.	5000	8000	4000	17000
Umsatz in €	90000	192000	128000	410000
– variable Kosten	25000	64000	40000	129000
– Fixkosten	50000	102000	105000	257000
= Betriebsergebnis	+ 15000	+ 26000	– 17000	+ 24000
Stückgewinn	+ 3,00	+ 3,25	– 4,25	

Es wäre zu vermuten, dass das Erzeugnis mit dem höchsten Stückgewinn (hier: Modell ‚Family' mit 3,25 €/St.) besonders förderungswürdig sei. Dieser Ansatz wäre jedoch falsch, weil der Stückgewinn

---

1 Break-Even-Analysen als Oberbegriff bilden eine wesentliche Basis der anderen genannten Entscheidungsprobleme.
2 Umgekehrt kann analog auch untersucht werden, welches das förderungswürdigste Erzeugnis bei rückläufiger Konjunktur ist; vgl. hierzu Reichmann, T., Controlling mit Kennzahlen und Managementberichten, 6. Auflage, München 2001, S. 154 ff.

auf Vollkostenbasis ermittelt und für kurzfristige Entscheidungen irrelevant ist: Die Fixkosten sind (bei unausgenutzter Kapazität) bereits anderweitig gedeckt und dürfen in die jetzige Betrachtung nicht einfließen.

Vielmehr interessiert die Frage, welches der Erzeugnisse am besten zur Ergebnisverbesserung beiträgt. Dazu wird der **Deckungsbeitrag** benötigt, also die Differenz zwischen Verkaufserlös pro Stück und variablen Stückkosten:

	Single	Family	Luxus
Menge in St.	5 000	8 000	4 000
Umsatz in €	90 000	192 000	128 000
– variable Kosten	25 000	64 000	40 000
= Deckungsbeitrag	+ 65 000	+ 128 000	+ 88 000
db (DB je Stück)	+ 13,00	+ 16,00	+ 22,00

bzw.:

	Single	Family	Luxus
Stückerlös	18,00	24,00	32,00
– variable Kosten/St.	5,00	8,00	10,00
db (DB je Stück)	+ 13,00	+ 16,00	+ 22,00

Das förderungswürdigste Produkt ist das Modell ‚Luxus' – ausgerechnet jenes Erzeugnis, das bei der Vollkostenbetrachtung einen Stückverlust erzielt. Es weist den höchsten db aus (= 22,00 €); bei einem erhöhten Absatz von zusätzlichen 1000 Toastern dieses Modells würde sich das Betriebsergebnis um 1000 · 22,00 € = 22 000 € verbessern.

Situation 2: Eine Variation der Problemstellung könnte lauten, dass – ebenfalls ohne Kapazitätsengpässe – nicht eine bestimmte zusätzliche Menge, sondern ein zusätzlicher Umsatz in € (bei konstanten Stückerlösen) realisierbar wäre.

Beispiel: Der Toaster-Hersteller könnte aufgrund gestiegener Nachfrage einen zusätzlichen Umsatz von 36 000 € erzielen, und zwar durch jeweils ein verstärkt produziertes und abgesetztes Modell. Es ergeben sich folgende Alternativen:

Modell	Zusatzumsatz : Stückerlös = Stückzahl
Single	36 000 € : 18,00 €/St. = 2000 St.
Family	36 000 € : 24,00 €/St. = 1500 St.
Luxus	36 000 € : 32,00 €/St. = 1 125 St.

Mit den ermittelten Stückzahlen würde jeweils folgender Deckungsbeitrag erzielt werden:

Modell	Stückzahl · Stück-DB = Gesamt-DB
Single	2000 St. · 13,00 €/St. = 26 000 €
Family	1500 St. · 16,00 €/St. = 24 000 €
Luxus	1 125 St. · 22,00 €/St. = 24 750 €

Unter diesen Bedingungen ist das Modell ‚Single' zu bevorzugen, da es bei einem Zusatzumsatz von 36 000 € insgesamt den höchsten Deckungsbeitrag (von 26 000 €) erwirtschaftet. Dies ist deshalb der Fall, weil sein *relativer Deckungsbeitrag* (= DB in % vom Umsatz = DB-Intensität) am höchsten ist, wie die nachstehende Berechnung zeigt:

Modell	Stück-DB : Stückerlös = DB-Intensität
Single	13,00 € : 18,00 € = 72,22 %
Family	16,00 € : 24,00 € = 66,67 %
Luxus	22,00 € : 32,00 € = 68,75 %

Von jedem € Umsatz des Modells ‚Single' stehen 72,22 Cent zur Deckung von Fixkosten und zur Gewinnsteigerung zur Verfügung. Durch den zusätzlichen Umsatz von 36 000 € würde das Betriebsergebnis daher um (72,22 % von 36 000 € ≈) 26 000 € ansteigen.

Situation 3: Als weitere Problemvariante soll untersucht werden, welches der Erzeugnisse am förderungswürdigsten ist, und zwar unter der Prämisse, dass relevante Kapazitäten des Toaster-Herstellers voll ausgelastet sind.

Beispiel: Die engpassbildenden Maschinen werden von den einzelnen Erzeugnissen wie folgt in Anspruch genommen:

Modell	Inanspruchnahme je Stück in Minuten
Single	6 Minuten je Stück
Family	8 Minuten je Stück
Luxus	10 Minuten je Stück

Zwar bestünde nach allen drei Produkten eine weitere Nachfrage, aufgrund der begrenzten Kapazität kann diese aber nicht insgesamt befriedigt werden. Von daher beschließt die Unternehmung, die Produktion des gewinnträchtigsten Toasters um 30 % zu steigern und die des am wenigsten erfolgreichen Produktes im erforderlichen Maße zu drosseln.

Zur Lösung dieses Problems sind wiederum relative Deckungsbeiträge zu bilden; diese beziehen sich diesmal jedoch nicht auf den Umsatz, sondern auf eine Engpasseinheit (= eine Maschinenminute).[1] Das förderungswürdigste Erzeugnis ist dabei jenes, das den höchsten Deckungsbeitrag je Engpasseinheit erzielt.

Modell	Stück-DB : Minutenbedarf = DB je Minute
Single	13 € : 6 Minuten = 2,17 €/Minute
Family	16 € : 8 Minuten = 2,00 €/Minute
Luxus	22 € : 10 Minuten = 2,20 €/Minute

In dieser Entscheidungssituation ist Modell ‚Luxus' am förderungswürdigsten, weil es den Engpass im Verhältnis zum erzielbaren Deckungsbeitrag am wenigsten in Anspruch nimmt. Von daher wird die Produktionssteigerung von 30 % diesem Toastermodell zugute kommen, während die Produktion von Modell ‚Family' (mit dem niedrigsten DB je Minute) gesenkt wird.

Von Modell ‚Luxus' werden zukünftig statt 4000 St. nunmehr 5200 St. hergestellt. Diese Produktionssteigerung um 1200 St. beansprucht einen Minutenbedarf der Engpasseinheit von (1200 St. · 10 Min. =) 12 000 Min. Für Modell ‚Family' ergibt sich folglich eine Produktionssenkung um (12 000 Min. : 8 Min. =) 1500 St. Nach der Programmumschichtung ergibt sich damit folgendes Bild:

---

1 Vgl. (Isermann, H.: Deckungsbeitragsrechnung, in:) Busse von Colbe/Pellens, Lexikon des Rechnungswesens, a.a.O., S. 178

Modell	Stück	Minuten	DB
Single	5 000	30 000	65 000
Family	6 500	52 000	104 000
Luxus	5 200	52 000	114 000
Summe	16 700	134 000	283 400
− Fixkosten			257 000
= Betriebsergebnis			+ 26 400

Durch die Produktionsumschichtung kommt es zu einer Steigerung des Betriebsergebnisses um 2 400 € (im Vergleich zum Ausgangsfall; entspricht 10 %). Dies wurde erreicht, da bei konstanten Fixkosten der gesamte Deckungsbeitrag von vorher 281 000 € auf 283 400 € gesteigert werden konnte.

5.4.2 Problem: Optimales Produktionsprogramm

Eine wesentliche Fragestellung ist die nach dem optimalen Produktionsprogramm, bei dem insgesamt das Betriebsergebnis maximiert wird. Durch die Produktionsumschichtung im vorausgegangenen Beispiel wurde zwar bereits eine Verbesserung des Betriebsergebnisses und des Gesamt-DB herbeigeführt, allerdings war diese noch suboptimal.

Für die Bestimmung des (kurzfristig) gewinnoptimalen Produktprogramms sind die Deckungsbeiträge der einzelnen Produkte zentrales Entscheidungskriterium.[1] Darüber hinaus spielen eine Rolle:
• Mindestabsatzmengen,
• Höchstabsatzmengen sowie
• Anzahl und Ausmaß betrieblicher Engpässe.

Unter Berücksichtigung dieser möglichen Restriktionen werden nachfolgend Varianten zur Ermittlung des optimalen Produktionsprogramms dargestellt.

Situation 1: Programmoptimierung ohne spezifische betriebliche Engpässe. Erfolgt die Nutzung der vorhandenen Kapazitäten durch die einzelnen Erzeugnisse unabhängig voneinander oder im gleichen Maße, so liegt kein spezifischer betrieblicher Engpass vor. Ein-

---

1 Vgl. Reichmann, a.a.O., S. 230 ff.

zige Restriktionen zur Bestimmung des optimalen Produktionsprogramms sind dann die Gesamtkapazität sowie Mindest- und
Höchstabsatzmengen:
Die *Gesamtkapazität* wird durch die maximal mögliche Ausbringungsmenge je Periode determiniert. *Mindestmengen* werden
durch den Markt vorgegeben, so z. B. aufgrund von Lieferverpflich-
tungen oder Kundenerwartungen; ggf. kann die Mindestabsatzmenge zu einem negativen DB dieses Produktes führen. *Höchstabsatzmengen* sind ebenfalls marktbezogen: sie zeigen jene Menge, die
höchstens abgesetzt werden kann, ohne dass der zugrunde liegende
Verkaufspreis gesenkt werden muss; darüber hinaus kann ein höherer Absatz nur zu relativ niedrigeren Verkaufspreisen erfolgen, so
dass ggf. sogar ein negativer Stück-DB erwirtschaftet wird.

Die Programmoptimierung beim Fehlen spezifischer betrieblicher
Engpässe verfährt nach folgenden Kriterien:
• Ist der absolute Stück-DB negativ, wird die Produktion auf die
Mindestmenge beschränkt; fehlt eine solche, so wird die Produktion eingestellt.
• Ist der absolute Stück-DB positiv, so wird die Produktion bis zur
evtl. Höchstabsatzmenge bzw. bis zur Gesamtkapazitätsgrenze gesteigert. Nutzen mehrere Erzeugnisse dieselben Kapazitäten, so
werden diese in Reihenfolge der Stück-DB und unter Beachtung
von Mindestmengen belegt.

Beispiel: Ein Discman-Hersteller produziert drei unterschiedliche Modelle: Das neu eingeführte Modell ‚Easy‘ erwirtschaftet derzeit noch einen
negativen db. Einem Lebensmitteldiscounter wurde für den kommenden
Monat eine Lieferung von 12 000 St. zugesagt. Die Gesamtkapazität liegt
bei 78 000 St. je Monat, die Fixkosten je Monat betragen 1,9 Mio. €:

Modell	Preis	k_v	db	Mindest-absatzmenge	Höchst absatzmenge
Easy	19,00	22,00	− 3,00	12 000	70 000
Sonic	72,00	32,00	+ 40,00	−	36 000
Future	58,00	28,00	+ 30,00	−	45 000

Von Discman ‚Easy‘ wird nur die Mindestabsatzmenge von 12 000
St. hergestellt, da er einen negativen Stück-DB erwirtschaftet. Da-

mit verbleibt eine Restkapazität von 66 000 St. Von den beiden übrigen Erzeugnissen weist Modell ‚Sonic' den höchsten db auf; dieses wird daher bevorzugt produziert. Da seine Höchstabsatzmenge 36 000 St. beträgt (und kleiner ist als die verfügbare Restkapazität), werden davon 36 000 St. hergestellt. Die nunmehr verbleibende Restkapazität von 30 000 St. wird für das Modell ‚Future' verwendet.

Insgesamt ergibt sich damit das folgende Produktionsprogramm:

Modell	x	db	DB	Art der Restriktion
Easy	12 000	− 3,00	− 36 000	Mindestmenge
Sonic	36 000	+ 40,00	+ 1 440 000	Höchstmenge
Future	30 000	+ 30,00	+ 900 000	Gesamtkapazität
Summe	78 000		+ 2 304 000	

Das Betriebsergebnis beträgt daher
$(DB − K_f = 2\,304\,000 − 1\,900\,000 =)\ 404\,000\ €$.

Situation 2: Programmoptimierung bei einem spezifischen Engpass.[1] Hier liegt das Problem darin, dass die betrieblichen Kapazitäten für das absatzoptimale Produktionsprogramm nicht ausreichen oder eine unterschiedlich starke Inanspruchnahme der Kapazitäten durch die einzelnen Produkte gegeben ist. Dabei kann grundsätzlich jeder Produktionsfaktor zum Engpassfaktor werden, also bspw. Materialien (z. B. Beschaffungsprobleme), Maschinen (zu niedrige Maschinenstundenzahl auf einer Fertigungsstufe), Personal oder Fläche bzw. Raum (Zwischenlager).

In diesen Fällen ist der absolute Stück-DB kein geeignetes Entscheidungskriterium, da er die unterschiedliche Inanspruchnahme betrieblicher Kapazitäten durch die einzelnen Produkte nicht berücksichtigt. Stattdessen muss der relative DB herangezogen werden,[2] der sich hier auf eine Engpasseinheit bezieht:[3]

---

1 Die nachstehenden Ausführungen beziehen sich auf *einen* spezifischen Engpass; existieren davon mehrere, müssen Verfahren des Operations Research angewendet werden.
2 Vgl. Seite 147.
3 Vgl. Seite 148.

$$\text{Relativer Stück-DB} = \frac{\text{Stück-DB}}{\text{Inanspruchnahme der Engpasseinheit}^1}$$

Liegen neben spezifischen betrieblichen Engpässen als weitere Restriktionen Mindest- und Höchstabsatzmengen vor, so wird zur Ermittlung der Programmoptimierung wie folgt vorgegangen:

(1) Es wird die Engpassbelastung für die Produktion der Mindestmengen bestimmt.

(2) Dann wird die frei verfügbare Engpasskapazität ermittelt.

(3) Schließlich wird die restliche Engpasskapazität in der Rangfolge der relativen Deckungsbeiträge unter Beachtung evtl. Höchstmengen verteilt.

Beispiel: Ein Hersteller von Gesellschaftsspielen hat drei verschiedene Brettspiele im Programm, die unterschiedliche Mengen der gleichen Holzstäbchen enthalten. Es gelten die folgenden Daten:

Modell	db	Holzstäbchen je Spiel	Mindest-absatzmenge	Höchst-absatzmenge
Der Clan	6,00	90	800	6000
Hinz & Kunz	7,00	150	500	4000
Fantasia	5,00	100	300	2000

Aufgrund akuter Beschaffungsschwierigkeiten ist die Menge der verfügbaren Holzstäbchen auf 950 000 St. je Monat beschränkt.

1. Schritt: Die Engpassbelastung für die Produktion der Mindestmengen wird ermittelt:

800 Spiele ‚Der Clan'	· 90 Stäbchen	= 72 000 Stäbchen
500 Spiele ‚Hinz & Kunz'	· 150 Stäbchen	= 75 000 Stäbchen
300 Spiele ‚Fantasia'	· 100 Stäbchen	= 30 000 Stäbchen
Summe		= 177 000 Stäbchen

2. Schritt: Die frei verfügbare Engpasskapazität wird ermittelt:

Frei verfügbare Menge: 950 000 − 177 000 = 773 000 Stäbchen

---

1 Z. B. Maschinenminute, Mannstunde, m², kg u. Ä.

3. Schritt: Die restliche Engpasskapazität wird in Rangfolge der relativen DB und unter Berücksichtigung der Höchstabsatzmengen ermittelt:

Modell	relativer db je Stäbchen	Rangfolge
Der Clan	$\dfrac{6{,}00\ \text{€/Spiel}}{90\ \text{Stäbchen/Spiel}} = 0{,}0667\ \text{€/Stäbchen}$	1
Hinz & Kunz	$\dfrac{7{,}00\ \text{€/Spiel}}{150\ \text{Stäbchen/Spiel}} = 0{,}0467\ \text{€/Stäbchen}$	3
Fantasia	$\dfrac{5{,}00\ \text{€/Spiel}}{100\ \text{Stäbchen/Spiel}} = 0{,}05\ \text{€/Stäbchen}$	2

Auf dieser Basis werden die frei verfügbaren Engpasseinheiten wie folgt zugeordnet:

Modell	zusätzliche Produktion (Spiele/Monat)	Bedarf an Holzstäbchen für Zusatzproduktion	Freie Restmenge (Stäbchen je Monat)
Der Clan	5200	468 000	305 000
Fantasia	1700	170 000	135 000
Hinz & Kunz	900	135 000	0

Die zusätzliche Menge des Spieles ‚der Clan' ergibt sich aus Höchstmenge (6000 St.) – Mindestmenge (800 St.). Für die Zusatzmenge von 5200 St. werden 468 000 Stäbchen benötigt. Von der nach Produktion aller Mindestmengen verbleibenden Stäbchenzahl (733 000) subtrahiert, verbleiben für die beiden anderen Spiele damit 305 000 Stäbchen. Davon könnten 3050 Spiele ‚Fantasia' gefertigt werden; allerdings besteht dort eine Höchstmenge von 2000 St., von der bereits 300 St. als Mindestmenge berücksichtigt sind. Es verbleibt also ein Produktionsbedarf von 1700 Spielen (= 170 000 Stäbchen) und eine Restmenge von 135 000 Stäbchen. Damit können weitere 900 Einheiten ‚Hinz & Kunz' hergestellt werden.

Bei den beiden Spielen mit dem höchsten DB je Engpasseinheit (= Holzstäbchen) wurde jeweils die Höchstabsatzmenge erreicht; die restliche Engpassmenge wurde für ‚Hinz & Kunz' mit dem nied-

rigsten relativen DB verwendet. Insgesamt lautet damit das gewinnoptimale Programm:

Modell	Produktion aus Mindestmenge	DB-orientierte Zusatzproduktion	Gesamt-produktion
Der Clan	800	5200	6000
Hinz & Kunz	500	900	1400
Fantasia	300	1700	2000

Der gesamte DB beträgt: 6000 · 6,00 + 1400 · 7,00 + 2000 · 5,00 =
36 000 + 9800 + 10 000 = 55 800 €.

Sofern gleichzeitig mehrere Engpässe auftreten, können pro Engpass unterschiedliche Prioritätsfolgen existieren. In solchen Fällen
muss das gewinnoptimale Programm mit Hilfe linearer Gleichungs-
systeme ermittelt werden. Auf eine Darstellung sei hier verzichtet.

5.4.3 Problem: Break-Even-Analysen

Teilkostenrechnungen zeigen Beziehungen zwischen Umsatz,
Kosten und Gewinn auf.[1] Dabei interessiert besonders die Frage, ab
welcher Leistungsmenge (= kritische Menge) die dadurch entstandenen Kosten gedeckt werden bzw. darüber hinaus ein Gewinn erzielt wird (= Gewinnschwelle oder Break-Even-Point). Diese Information liefert die Break-Even-Analyse.

In der **Einproduktunternehmung** werden dazu die (geplanten) Gesamtkosten und die Erlöse gegenübergestellt. Die Formel zur Ermittlung des Break-Even-Points (BEP) lautet dabei:

$$x_{BEP} = \frac{K_f}{db} = \frac{K_f}{(p - k_v)}$$

Beispiel: Für eine (Plan-)Periode betragen die Fixkosten 30 000 € und
die variablen Stückkosten 40 €. Der Stückerlös beträgt 70 €.

Die kritische Menge wird errechnet:

$$x_{BEP} = 30\,000 : (70{-}40) = 30\,000 : 30 = 1000 \text{ [Stück]}$$

Bei 1000 Stück sind die Kosten gedeckt, darüber wird ein Gewinn erzielt.

---

1 Vgl. S. 131 f.

Grafisch liegt der Break-Even-Point am Schnittpunkt von Erlös- und Kostenkurve bzw. von Fixkosten- und Deckungsbeitragskurve:

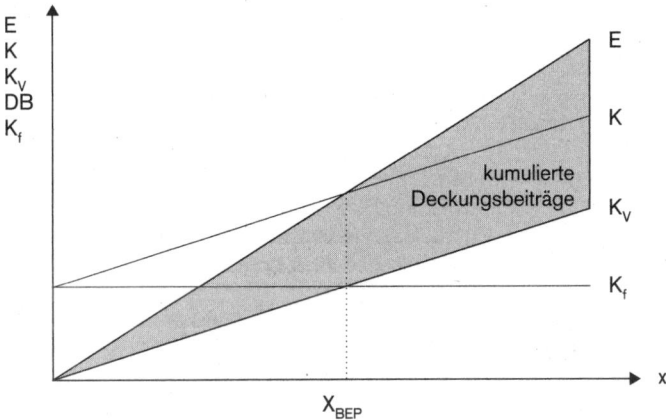

Bei Bedarf kann die Break-Even-Analyse um z. B. einen gewünschten Mindestgewinn ergänzt werden. Dieser soll beispielsweise 6000 € betragen und wird in der Formel zu den Fixkosten addiert.

Die Gewinnschwelle liegt demnach bei 1200 Stück:

$$x_{BEP} = (30\,000 + 6000) : (70-40) = 36\,000 : 30 = 1200 \text{ [Stück]}$$

Die Grafik zeigt deutlich, dass sich durch den gewünschten Mindestgewinn die Gewinnschwelle erhöht:

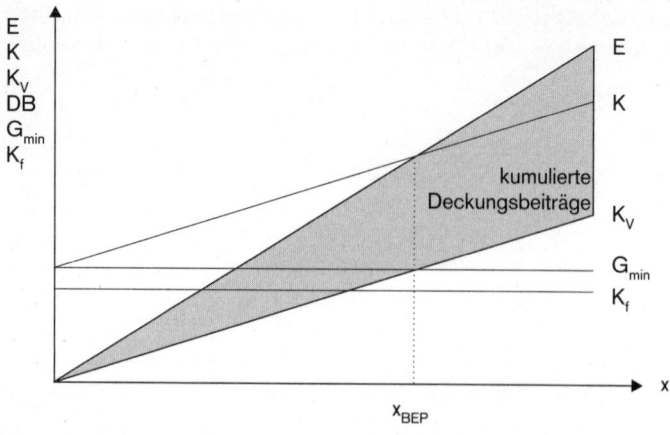

Als weitere Bezugsobjekte können die Produktions- bzw. Gesamtkapazität (zeigt die Kapazitätsauslastung in %) und eine geplante bzw. übliche Absatzmenge (gibt den Sicherheitsabstand[1] an) in die Break-Even-Betrachtung einfließen:[2]

$$\text{Kapazitätsauslastung in \%} = \frac{\text{Break-Even-Point}}{\text{Produktionskapazität}} = \frac{x_{BEP}}{x_{max.}}$$

$$\text{Sicherheitsabstand in \%} = \frac{\text{Normalmenge} - \text{BEP}}{\text{Normalmenge}} = \frac{x_n - x_{BEP}}{x_n}$$

Beispiel: In Ergänzung des Ausgangsfalles (ohne Mindestgewinn) liegt die Gesamtkapazität bei 2000 St. je Periode, die übliche Absatzmenge bei 1250 St. Die Kapazitätsauslastung beträgt daher:

1000 St. : 2000 St. = 50 %

Der Sicherheitsabstand beträgt:

(1250 St. − 1000 St.) : 1250 St. = 20 %

Sofern darüber hinaus ein Mindestgewinn von 6000 € erwirtschaftet werden soll (BEP = 1200 St.), ergeben sich stattdessen folgende Werte:

Kapazitätsauslastung = 1200 St. : 2000 St. = 60 %;

Sicherheitsabstand = (1250 St. − 1200 St.) : 1250 St. = 4 %;

Im letzten Fall ist der Sicherheitsabstand äußerst gering, da die Ist-Ab-

---

1 Auch ,Sicherheitsstrecke' genannt.
2 Vgl. nachfolgend Joos-Sachse, a.a.O., S. 156 f.

satzmenge mit 4 % nur knapp über dem BEP liegt. Sinkt die Absatzmenge um diese Größe, so wird gerade noch der gewünschte Mindestgewinn erzielt, ein weiteres Absinken schmälert den Gewinn und kann ggf. zu einem Verlust führen.

Eine Variante einer Break-Even-Berechnung ergibt sich aus folgendem Sachverhalt: Kurzfristig gesehen führt ein Teil der Fixkosten nicht zu Zahlungsabflüssen und muss daher nicht gedeckt werden. Die **Auszahlungsdeckung** (= Cash Point) gibt jene Absatzmenge an, die benötigt wird, um die auszahlungswirksamen Fixkosten zu decken. Dazu werden von den gesamten Fixkosten die nicht zahlungswirksamen Fixkosten (speziell die kalkulatorischen Abschreibungen) subtrahiert, die verbleibenden zahlungswirksamen Fixkosten werden durch den Stück-DB dividiert:

$$\text{Cash-Point} = x_{CP} = \frac{K_f - K_{f\ \text{zahlungsunwirksam}}}{db}$$

Beispiel: In den 30 000 € Fixkosten des Ausgangsfalles sind 9 000 € Abschreibungen (als kurzfristig nicht zahlungswirksame Kosten) enthalten. Der Cash-Point liegt daher bei:

$$(30\,000 - 9000) : 30 = 700 \text{ [Stück]}$$

In der grafischen Darstellung wird der Cash-Point ermittelt, indem die Fixkostengerade um den Betrag der nicht zahlungswirksamen Fixkosten parallel nach unten verschoben wird.

Grundsätzlich sind weitere Variationen und Einsatzzwecke von Break-Even-Analysen möglich. So können bspw. Dienstleister die **Break-Even-Frequenz** ermitteln, also z. B. eine bestimmte Besucherzahl, die notwendig ist, um die Break-Even-Menge (BEP) zu erreichen.[1]

Beispiel: Ein Kino hat bei 8 Vorstellungen pro Tag eine Monatskapazität von 75 000 Besuchern. Es fallen 160 000 € Fixkosten an. Eine Kinokarte kostet 7,00 €, die variablen Stückkosten betragen 0,50 Cent. Der BEP liegt bei 160 000 : (7,00 – 0,50) = 24 615,38 [Besucher] Die Break-Even-Frequenz liegt daher bei:

$$24\,616 : 75\,000 = 32,82\,\%$$

---

1 Vgl. Jossé, Rechnungswesen für Hotellerie und Gastronomie, a.a.O., S. 350. Die Break-Even-Frequenz entspricht der o. a. Kapazitätsauslastung.

Außerdem kann die Break-Even-Analyse zur **Simulation verschiedener Unternehmenssituationen** eingesetzt werden, bspw. wie sich Änderungen der Einflussgrößen Absatzmenge, Verkaufspreis, variable Stückkosten und Fixkosten auf Deckungsbeitrag und Betriebsergebnis auswirken, bzw., wie diese Einflussgrößen verändert werden müssen, damit DB und Betriebsergebnis unverändert bleiben.[1]

Beispiel: In Abwandlung des Ausgangsfalles soll untersucht werden, welche Auswirkungen sich durch eine Senkung der Verkaufspreise um 4 % und der variablen Kosten eines Rohstoffs um 6 % ergeben. Dieser Rohstoff verursachte bislang 60 % der variablen Kosten. Die Fixkosten von 30 000 € seien unverändert. Neue Break-Even-Menge?

Rohstoffanteil: 40 € · 60 % = 24 € (Rest variable Kosten = 16 €);
Faktorpreissenkung: 24 € · 6 % = 1,44 € (neue Kosten = 22,56 €);
neue variablen Kosten: 16 € + 22,56 € = 38,56 €;
neuer Stückerlös: 70 € – 4 % (= 2,80 €) = 67,20 €;
BEP_{neu} = 30 000 : (67,20–38,56) = 30 000 : 28,64 = 1048 [Stück]

Die neue kritische Absatzmenge ist von 1000 St. auf 1048 St. angestiegen. Ursache dafür ist, dass der Stückerlös relativ stärker gesenkt wurde als die Faktorpreise des einen Rohstoffs. Wäre der Verkaufspreis hingegen ebenfalls um genau 1,44 € (also um den gleichen Betrag wie die Faktorpreise), d.h. um 2,057 %, gesenkt worden, so wären der Stück-DB und die kritische Ausbringungsmenge unverändert geblieben.

In der **Mehrproduktfertigung** muss für jede Erzeugnisart eine eigene Variable genommen werden. In der Zweiproduktfertigung beispielsweise ergibt sich dabei eine dreidimensionale Darstellung.[2]

Stattdessen kann auch der Break-Even-Point auf die vorher gezeigte Art und Weise ermittelt werden, wobei dann zu den jeweils zurechenbaren Fixkosten noch die nicht direkt zurechenbaren Fixkosten anteilig addiert werden. Letztere können beispielsweise im Verhältnis der Stückdeckungsbeiträge der einzelnen Produkte verteilt werden.

---

1 Vgl. Horváth, a.a.O., S. 495; Reichmann, a.a.O., S. 159
2 Vgl. die Darstellung in: Schweitzer/Küpper, a.a.O., S. 464 ff.

5.4.4 Problem: Eigenfertigung oder Fremdbezug?

Ein besonderes Problem, das mit Hilfe einer Break-Even-Analyse gelöst werden kann, ist die Frage, ob bestimmte Leistungen (z. B. als Fremdbauteile) von externen Lieferanten bezogen oder selbst hergestellt werden sollen (make-or-buy-Entscheidung). Dieses Problem der Eigenfertigung oder des Fremdbezugs betrifft nicht nur Vorprodukte (und damit den Material- und den Fertigungsbereich), sondern auch den indirekten Bereich, wie z. B. bei der Herstellung von Plakaten durch die hauseigene Druckerei oder durch Externe, bei der Entwicklung einer Werbekampagne durch die betriebsinterne Werbeabteilung oder eine externe Werbeagentur usw.

Ein dazu notwendiger Wirtschaftlichkeitsvergleich[1] wird auf Basis der entscheidungsrelevanten Kosten durchgeführt. Sofern für die Eigenfertigung ungenutzte Kapazitäten zur Verfügung stehen (also keine zusätzlichen Fixkosten anfallen), sind allein die *Grenzkosten* maßgeblich: Eine Eigenfertigung ist dann vorteilhaft, wenn die Grenzkosten kleiner sind als der Einstandspreis bei Fremdbezug. Zum Vergleich werden für die Eigenfertigung die variablen Material- und Fertigungseinzelkosten sowie die proportionalen Material- und Fertigungsgemeinkosten und für den Fremdbezug die Materialeinstandspreise (inkl. Bezugskosten) ermittelt.[2]

Fallen hingegen mit der Eigenfertigung zusätzliche Fixkosten an, so ist die Eigenfertigung nur dann günstiger, wenn deren Summe aus Fixkosten und proportionalen Kosten niedriger ist als die Summe der proportionalen Einstandspreise bei Fremdbezug; bei einer Stückbetrachtung gilt daher:

Eigenfertigung ist günstiger, wenn $k_{f\,Eigen} + k_{v\,Eigen} < k_{v\,Fremd}$

Beispiel: Ein Unternehmen steht vor der Entscheidung, ein Fremdbauteil selbst herzustellen oder vom Lieferanten zu beziehen. Bei Fremdbezug

---

1 Neben einer Kostenbetrachtung spielen weitere Faktoren eine Rolle, z. B. Termine, Liefertreue, Know-how-Transfer, Qualität usw. Bspw. könnte aus Geheimhaltungsgründen einer sensiblen Technologie durchaus auf einen kostengünstigeren Fremdbezug verzichtet werden.

2 Und nachfolgend vgl. Buggert, a.a.O., S. 200 ff.

beträgt der Einstandspreis 0,6923 €/St., bei der Eigenfertigung fallen Fixkosten in Höhe von 9 000 € je Monat und 0,3173 € variable Stückkosten an. Make or buy?

Der Break-Even-Point liegt bei jener Menge, bei der die Fixkosten bei Eigenfertigung durch die (um 0,375 €/St.) niedrigeren variablen Stückkosten kompensiert werden:

$$x_{BEP} = K_{f\ Eigen} : (k_{v\ Fremd} - k_{v\ Eigen})$$

Im Beispiel also:

$$x_{BEP} = 9\,000 : (0,6923 - 0,3173) = 9\,000 : 0,375 = 24\,000\ [Stück]$$

Bei 24 000 St. verursachen beide Alternativen Kosten in gleicher Höhe,[1] bei einem höheren Bedarf ist die Eigenfertigung vorteilhafter, bei einem niedrigeren der Fremdbezug.

Die grundsätzliche Entscheidungsproblematik verdeutlicht beispielhaft die nachstehende Grafik:

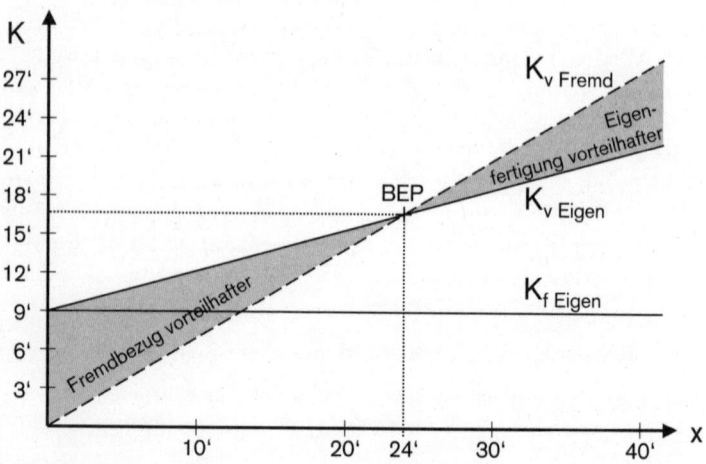

Liegt ein spezifischer betrieblicher Engpass vor, so muss die Entscheidung auf Basis relativer Deckungsbeiträge und unter Berück-

---

1 Eigenfertigung = 9 000 € + 0,3173 €/St. · 24 000 = 16 615,20 €; Fremdbezug = 0,6923 €/St. · 24 000 = 16 615,20 €.

sichtigung anfallender Opportunitätskosten getroffen werden.[1] Bei mehreren Engpässen muss zur Lösung eine lineare Optimierung angewendet werden.

5.4.5 Problem: Ermittlung von Preisuntergrenzen

Die langfristige Preisuntergrenze eines Produktes wird durch seine vollen Selbstkosten je Stück bestimmt – also einschließlich anteiliger Fixkosten. Dies muss zumindest im Durchschnitt aller Erzeugnisse gegeben sein.[2]

Kurzfristig kann auf die Deckung der Fixkosten verzichtet werden, weshalb sie für kurzfristige Entscheidungen (z. B. Annahme eines Zusatzauftrages) irrelevant sind. Vielmehr ist hierbei wesentlich, ob die betrieblichen Kapazitäten ausgelastet sind (Vollbeschäftigung) oder nicht (Unterbeschäftigung).[3]

Situation 1: Kurzfristige Preisuntergrenze bei Unterbeschäftigung.

Bei Unterbeschäftigung entspricht die kurzfristige Preisuntergrenze den variablen Stückkosten. Jeder Zusatzauftrag, dessen Stückerlös über den variablen Stückkosten liegt, verbessert das Betriebsergebnis.

Beispiel: Ein Hersteller von Fußbällen stellt im Monat 5000 Fußbälle her, die für je 30 € verkauft werden. Dafür fallen 9 € variable Stückkosten (= 45 000 €) und 96 000 € Fixkosten an.

Eine Eventagentur möchte vom selben Modell 800 St. zum Preis von 20 € je Fußball beziehen; für einen Spezialaufdruck würden dabei weitere variable Kosten von 0,50 €/Stück anfallen. Die vorhandenen Kapazitäten reichen für den Auftrag aus.

Auf Basis von Vollkosten müsste der Auftrag abgelehnt werden, da die durchschnittlichen Selbstkosten je Stück

$$(5000 \cdot 9{,}00 \text{ €} + 800 \cdot 9{,}50 \text{ €} + 96\,000 \text{ €}) : 5800 \text{ St.} = 25{,}62 \text{ €/St.}$$

betragen würden und somit über dem angebotenen Preis lägen.

---

1 Vgl. hierzu Kap. 5.4.5.
2 Ggf. wird ein Stückverlust bei einem bestimmten Erzeugnis bewusst in Kauf genommen, sofern er durch Stückgewinne anderer Erzeugnisse kompensiert wird.
3 Vgl. nachfolgend Joos-Sachse, a.a.O., S. 160 ff.

Die variablen Kosten je Fußball betragen allerdings nur 9,50 €. Mit einem Preis von 20 € würde damit ein Stück-DB von 10,50 € erzielt, der zur Deckung der fixen Kosten bzw. zur Ergebnisverbesserung beitragen würde.

Situation 2: Kurzfristige Preisuntergrenze bei Vollbeschäftigung.

Soll ein Zusatzauftrag angenommen oder ein neues Produkt ins Programm aufgenommen werden, so ist dies im Falle einer Vollbeschäftigung nur möglich, wenn gleichzeitig die Produktionsmengen anderer Erzeugnisse entsprechend reduziert werden. Durch die Entscheidung für ein neues Produkt bzw. einen Zusatzauftrag verzichtet die Unternehmung auf einen Teil der mit der bisherigen Produktion erwirtschafteten Deckungsbeiträge, wodurch *Opportunitätskosten* vorliegen. Diese müssen zur Ermittlung der kurzfristigen Preisuntergrenze berücksichtigt werden, die sich daher aus den variablen Stückkosten plus den Opportunitätskosten der Kapazitätsbeanspruchung ergibt.[1]

Beispiel: Ein Hersteller von Toastern bietet drei Modelle an. Die Kapazitäten sind voll ausgelastet.[2] Ein Kunde fragt an, zu welchem Preis ein neuer Toaster ‚Joy' angeboten werden kann, dessen variable Stückkosten mit 7,50 € errechnet wurden.

Es besteht ein Engpass in einem Fertigungsbereich, so dass durch die Produktion von ‚Joy' die eines anderen Toasters gesenkt werden müsste. Der Minutenbedarf im Engpassbereich für ‚Joy' beträgt 7 Minuten. Die weiteren Informationen liegen vor:

	Single	Family	Luxus
db	13,00	16,00	22,00
Minutenbedarf	6	8	10

Damit lässt sich ermitteln, welches der bisherigen Produkte den Kapazitätsengpass am schlechtesten nutzt, d. h., wo der geringste Deckungsbeitrag je Minute erzielt wird:

	Single	Family	Luxus
db/Minute	13 : 6 = 2,167	16 : 8 = 2,00	22 : 10 = 2,20

---

1 Vgl. Reichmann, a.a.O., S. 233.
2 Variation des Beispiels von S. 145 ff.

Modell ‚Family' erwirtschaftet mit 2 €/Min. den niedrigsten Deckungsbeitrag je Minute Kapazitätsbeanspruchung des Engpassfaktors. Bei Aufnahme des Modells ‚Joy' ins Programm müsste deshalb die Produktionsmenge von ‚Family' vermindert werden.

Da ‚Joy' den Engpassbereich 7 Minuten beansprucht, betragen die Opportunitätskosten:

Kosten$_{Opp.}$ = Minutenbedarf$_{Produkt\ neu}$ · Stück-DB/Minute$_{Produkt\ alt}$,

im Beispiel also 7 Min. · 2 €/Min. = 14 €

Die Preisuntergrenze für ‚Joy' beträgt damit:

k_v + $k_{Opp.}$ = 7,50 € + 14,00 € = 21,50 €;

Falls durch den Ersatz von ‚Family' durch ‚Joy' evtl. Mindestabsatzmengen von ‚Family' unterschritten würden, ist ab diesem Punkt das Produkt mit dem nächstniedrigen db/Min. zu ersetzen.

5.4.6 Problem: Durchführen von Verfahrensvergleichen

Ein Vergleich unterschiedlicher Produktionsverfahren wird in diversen Situationen durchgeführt, z. B.:

(1) wenn ein Erzeugnis mittels unterschiedlicher Fertigungsanlagen hergestellt werden kann und bei diesen Freikapazitäten bestehen oder

(2) bei der Entscheidung über die Anschaffung neuer Anlagen.[1]

Im Fall (1) bilden die Fertigungsanlagen keinen spezifischen Engpass, so dass nur die variablen Kosten zur Beurteilung herangezogen werden: Das in Frage kommende Produkt ist auf jenen Anlagen zu produzieren, auf denen die niedrigsten variablen Stückkosten anfallen.

Im Falle einer Investitionsentscheidung (2) müssen hingegen auch die Fixkosten einbezogen werden. Dazu ist jene Ausbringungsmenge zu ermitteln, bei der beide Investitionsobjekte zu gleichen Gesamtkosten führen, d. h., wo eine Anlage mit niedrigeren Fixkosten und höheren variablen Stückkosten genauso lohnenswert ist wie die andere Anlage mit relativ höheren Fixkosten, aber niedrigeren variablen Stückkosten.

---

1 Und nachfolgend vgl. Joos-Sachse, a.a.O., S. 162 f.

Beispiel: Eine Unternehmung steht vor der Entscheidung, eine vorhandene Fertigungsanlage zu ersetzen. Die beiden zur Wahl stehenden Modelle mit einer Kapazität von jeweils 60 000 St./Periode verursachen die folgenden Kosten:

	Fixkosten je Periode	variable Stückkosten
Anlage A	350 000 €	23,00 €
Anlage B	460 000 €	19,00 €

Welcher der beiden Anlagen der Vorzug zu geben ist, hängt von den geplanten Produktionsmengen ab. Anlage A verursacht um 4 € höhere variable Stückkosten, so dass deren Stück-DB um 4 € niedriger ausfällt; andererseits verursacht Anlage B höhere Fixkosten. Die fixkostenintensivere Anlage B ist vorzuziehen, wenn bei großen Ausbringungsmengen die höheren Fixkosten durch die höheren Stück-DB überkompensiert werden. Von daher interessiert die Menge, bei der mit beiden Anlagen derselbe Ergebnisbeitrag erzielt wird.

Diese Menge liegt bei:

$$x = (K_{fB} - K_{fA}) : (k_{vA} - k_{vB}) =$$
$$= (460\,000 - 350\,000) : (23 - 19) = 110\,000 : 4 = 27\,500 \text{ [Stück]}$$

Liegt die produzierte Menge über 27 500 St., so ist Anlage B vorzuziehen, darunter fällt die Entscheidung für Anlage A.

Mit einer solchen Vorgehensweise können auch mehr Alternativinvestitionen beurteilt werden; steht bspw. eine dritte Anlage C zur Auswahl (K_f = 500 000 €, k_v = 18 €), so ergibt sich aus dem Vergleich B : C eine kritische Menge von (500 000 − 460 000) : (19 − 18) = 40 000 : 1 = 40 000 [Stück]. Ab 27 500 St. bis 40 000 St. ist Anlage B vorzuziehen, liegt die Ausbringungsmenge darüber, so ist Anlage C vorteilhafter.

Die Ergebnisse für verschiedene Ausbringungsmengen im Überblick:

		20000	27500	30000	40000	50000	60000
A	k_f	17,50	12,73	23,00	8,75	7,00	5,83
	k_v	23,00	23,00	23,00	23,00	23,00	23,00
	k	40,50	35,73	34,67	31,75	30,00	28,83
B	k_f	23,00	16,73	15,33	11,50	9,20	7,67
	k_v	19,00	19,00	19,00	19,00	19,00	19,00
	k	42,00	35,73	34,33	30,50	28,20	26,67
C	k_f	25,00	18,18	16,67	12,50	10,00	8,33
	k_v	18,00	18,00	18,00	18,00	18,00	18,00
	k	43,00	36,18	34,67	30,50	28,00	26,33

Deutlich werden die Bereiche von Produktionsmengen, ab bzw. bis zu denen eine der drei Anlagen jeweils am vorteilhaftesten ist. Grafisch ist dies immer dort der Fall, wo die bisher günstigste Anlage (mit den bislang niedrigsten gesamten Stückkosten) von der Stückkostenkurve einer anderen Alternative geschnitten wird (die dann insgesamt die niedrigsten Stückkosten verursacht):

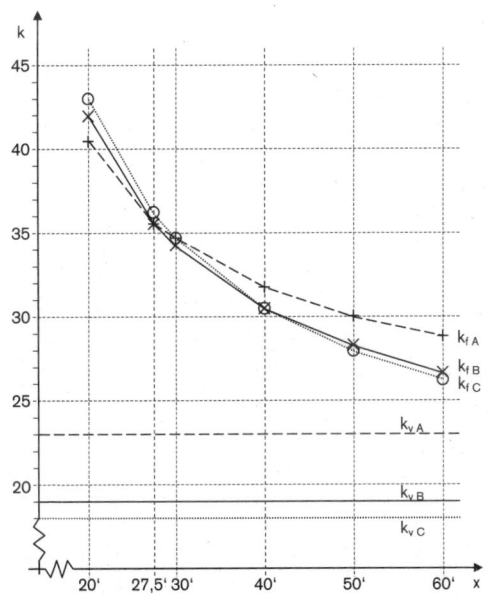

Die niedrigsten Stückkosten verursacht zunächst Anlage A (gestrichelte Linie), ab 27 500 St. ist Anlage B am günstigsten (durchgezogene Linie), ab 40 000 St. Anlage C (punktierte Linie).

6. Plankostenrechnung

Die Plankostenrechnung[1] ist eine spezielle, *zukunftsgerichtete* Form der Kostenrechnung. Sie plant die Gesamtkosten einer Unternehmung für eine bestimmte Planungsperiode, und zwar differenziert nach Kostenarten, Kostenstellen und Kostenträgern.[2]

Plankosten sind definiert als das Produkt aus geplanter Faktormenge und geplanten Faktorpreisen.[3]

Ziele der Plankostenrechnung sind zum einen die Beschaffung von **Kostendaten für dispositive Zwecke**, zum anderen eine **wirksame Kostenkontrolle**: Ist- und Normalkostenrechnung sind für diese Aufgaben nur ansatzweise geeignet, da sie ausschließlich auf Vergangenheitswerten beruhen. Für Planungszwecke sind hingegen zukunftsorientierte Daten nötig, die auf *erwarteten* Faktormengen und Faktorpreisen basieren.

Im Rahmen der Kostenkontrolle werden Abweichungen zwischen Plankosten und Sollkosten analysiert.[4]

Seit Beginn des 20. Jahrhunderts haben sich verschiedene Verfahren der Plankostenrechnung entwickelt. Die umseitige Grafik zeigt die heute gängigen und nachfolgend vorgestellten Verfahren im Überblick:

---

1 In der anglo-amerikanischen Literatur „standard cost accounting" genannt. Unter Standardkosten versteht man im Deutschen meist die auf einen Kostenträger bezogenen Plankosten; vgl. (Haberstock, L., Plankostenrechnung, in:) Busse von Colbe/Pellens, a.a.O., S. 548.

2 Vgl. (Kilger, W./Vikas, K., Plankostenrechnung, in:) Gabler Wirtschaftslexikon, a.a.O., S. 2415.

3 Vgl. S. 35.

4 Sollkosten = Plan-Preis · Ist-Menge. Da sowohl die Plankosten als auch die Sollkosten auf Plan-Preisen fußen, können auf dieser gemeinsamen Basis Abweichungsanalysen durchgeführt werden.

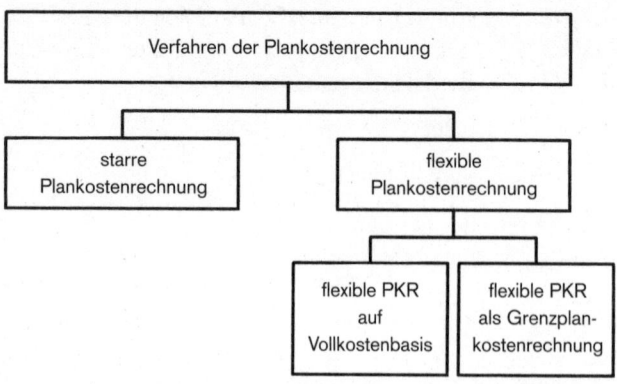

6.1 Starre Plankostenrechnung

Vom formalen Aufbau her unterscheidet sich die starre Plankostenrechnung nur geringfügig von der starren Normalkostenrechnung. Auch hier findet *keine Kostenauflösung* (in beschäftigungsfixe und -variable Kosten) statt.

Die Kosten werden über Kostenstellen abgerechnet, wobei sich die Planung der Kosten in fünf Stufen vollzieht:[1]

(1) Für jede Kostenstelle wird eine **Maß- oder Bezugsgröße** der Kostenverursachung festgelegt, z. B. Maschinen- oder Fertigungsstunden.

(2) Die **Planbeschäftigung** für jede Kostenstelle wird ermittelt und als Planbezugsgrößenmenge quantifiziert.

(3) Die **Verbrauchsmengen** an Produktionsfaktoren zur Realisierung der Planbezugsgrößenmenge werden ermittelt.

(4) Die geplanten Verbrauchsmengen und Arbeitszeiten werden **mit Planpreisen und -sätzen bewertet**, so dass man die Plankosten je Kostenstelle erhält. Durch Division der Plankosten einer Kostenstelle durch deren Planbezugsgröße erhält man die einzelnen **Plankostenverrechnungssätze**.

---

1 Vgl. nachfolgend Kilger, a.a.O., S. 37.

(5) Für alle Produkte werden **Plankalkulationen** durchgeführt, und zwar unter Einbeziehung der geplanten Einzelkosten und der über Kostenstellen abgerechneten Kosten.

Dies soll näher beleuchtet werden:

Der **Plankostenverrechnungssatz**[1] einer Kostenstelle ergibt sich aus der Division von Plankosten durch die Planbezugsgröße (Planbeschäftigung). Formel:

$$\text{Plankostenverrechnungssatz} = \frac{\text{Plankosten einer Kostenstelle}}{\text{Planbeschäftigung}}$$

Um die Kostenabweichung zu erfassen, ermittelt man die **verrechneten Plankosten** als Produkt aus Plankostenverrechnungssatz und Ist-Beschäftigung:

$$\text{Verrechnete Plankosten} = \text{Plankosten} \cdot \text{Ist-Beschäftigung}$$

Anschließend wird die **Abweichung** ermittelt, indem die verrechneten Plankosten einer Kostenstelle von deren Istkosten subtrahiert werden:

$$\text{Abweichung} = \text{Istkosten/KS} - \text{verrechnete Plankosten/KS}$$

Beispiel: Die Planbeschäftigung (= Planbezugsgröße) für eine Kostenstelle beträgt 10 000 Stück, ihre Plankosten 80 000 €. Der Plankostenverrechnungssatz beträgt daher 80 000 : 10 000 = 8 €/Stück.

In einer Periode wurden nur 7000 Stück produziert. Für diese Istbeschäftigung fielen Istkosten in Höhe von 70 000 € an. In der Kalkulation werden verrechnete Plankosten von insgesamt (7000 · 8 =) 56 000 € angesetzt:

---

1 Da *nicht* in fixe und variable Bestandteile differenziert wird, handelt es sich hierbei immer um einen *Vollkostensatz.*

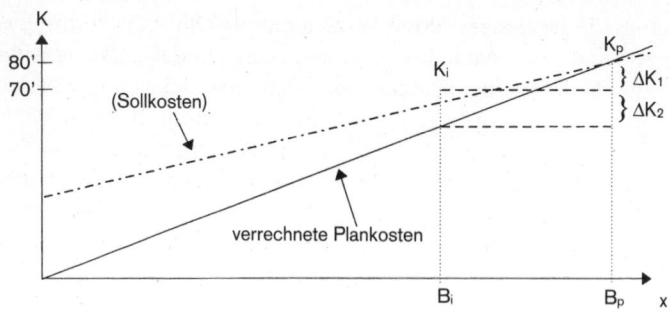

$$i = \text{Ist}, \ p = \text{Plan}, \ B = \text{Beschäftigung}, \ \Delta K = \text{Kostenabweichung}$$

Die obige Grafik zeigt (rechts) die für die geplante Beschäftigung ($B_p = 10\,000$ St.) ermittelten Plankosten ($K_p = 80\,000\,€$). Die tatsächlichen Istkosten ($K_i = 70\,000\,€$) liegen zwar unter den Plankosten, aber trotzdem deutlich über den verrechneten Plankosten (56 000 €). Der zusätzlich angegebene Sollkostenverlauf ist aus der starren Plankostenrechnung nicht bekannt.

Anmerkungen zu den angegebenen Kostenabweichungen ΔK_1 und ΔK_2:

$\Delta K1$ ist dadurch begründet, dass sich die Istkosten auf eine *niedrigere Beschäftigung* beziehen; die Abweichung ist also nicht auf einen niedrigeren Faktorverbrauch zurückzuführen. Differenzierte Entstehungsgründe für die Kostenabweichung liegen allerdings nicht vor – was im Sinne einer Kostenkontrolle aber von Interesse wäre. Insofern ist die Aussagekraft von ΔK_1 äußerst gering.[1]

ΔK_2 ist die Abweichung zwischen Istkosten und verrechneten Plankosten,[2] wobei sich beide auf die *gleiche Beschäftigung* beziehen. Insofern ist diese Abweichungsermittlung vorzuziehen, obwohl auch hier keine endgültige Aussage getroffen werden kann, inwieweit die Differenzen durch Beschäftigungsschwankungen oder Unwirtschaftlichkeiten bedingt sind.[3]

---

1 Die Abweichung ΔK_1 beträgt im Beispiel (80 000 – 70 000 =) 10 000 €.
2 Im Beispiel betrug ΔK_2 (70 000 – 56 000 =) 14 000 €.
3 Vgl. Kilger, a.a.O., S. 39.

Kritik an der starren Plankostenrechnung: Die Abrechnung der Kosten ist recht einfach, insbesondere, weil keine Kostenauflösung erfolgt und Beschäftigungsschwankungen unberücksichtigt bleiben. Allerdings ist damit keine wirksame Kostenkontrolle möglich. Außerdem besteht das Problem, dass je Kostenstelle nur *ein* Beschäftigungsgrad zugrunde gelegt wird, nicht aber mehrere mögliche Beschäftigungsgrade.

Aus den Nachteilen der starren Plankostenrechnung heraus hat sich die flexible Plankostenrechnung entwickelt.

6.2 Flexible Plankostenrechnung

In der flexiblen Plankostenrechnung werden je Kostenstelle neben den Plankosten für eine bestimmte Planbeschäftigung auch die **Sollkosten für alle anderen Beschäftigungsgrade** ermittelt. Dadurch können die Kostenvorgaben flexibel an die jeweilige Istbeschäftigung angepasst werden. In beiden Formen der flexiblen Plankostenrechnung – der auf Vollkosten basierenden sowie der Grenzplankostenrechnung – wird grundsätzlich in fixe und variable Kosten unterschieden (= Kostenauflösung). Dies ist notwendig, um den Sollkostenverlauf zu ermitteln.[1]

6.2.1 Flexible Plankostenrechnung auf Vollkostenbasis

Die flexible Plankostenrechnung auf Vollkostenbasis[2] splittet die Plankosten in fixe und variable Kostenbestandteile auf, damit differenzierte Aussagen über Kostenabweichungen möglich sind.

---

1 Vgl. (Haberstock, L., Plankostenrechnung, in:) Busse von Colbe/Pellens, a.a.O., S. 548.

2 Fließt nur *ein* Kostenbestimmungsfaktor in die Berechnung ein, so handelt es sich um eine *einfach-flexible* Plankostenrechnung, fließen mehrere ein, so liegt eine *mehrfach-* oder *voll-flexible* Plankostenrechnung vor. Im ersten Fall werden nur Beschäftigungs- und Verbrauchsabweichungen erfasst, im zweiten Fall auch z. B. Auftrags- oder Verfahrensänderungen. Nachfolgend wird nur die einfach-flexible Plankostenrechnung vorgestellt.

Dazu werden die Formeln von S. 169 wie folgt ergänzt:[1]

Statt eines zusammengefassten **Plankostenverrechnungssatzes** wird dieser für fixe und variable[2] Kosten *getrennt* ermittelt:

$$\text{variabler Plankostenverrechnungssatz} = \frac{\text{variable Plankosten}}{\text{Planbeschäftigung}}$$

und

$$\text{fixer Plankostenverrechnungssatz} = \frac{\text{fixe Plankosten}}{\text{Planbeschäftigung}}$$

Der gesamte Plankostenverrechnungssatz ergibt sich aus der Addition der beiden vorgenannten Verrechnungssätze (VS):

Plankosten-VS = variabler Plankosten-VS + fixer Plankosten-VS

Die **verrechneten Plankosten** ergeben sich aus dem Produkt aus Plankostenverrechnungssatz und Istbeschäftigung:

Verrechnete Plankosten = Plankosten-VS · Ist-Beschäftigung

Die **Gesamtabweichung** wird – wie in der starren Plankostenrechnung – durch Subtraktion der verrechneten Plankosten von den Istkosten ermittelt:

Abweichung = Istkosten – verrechnete Plankosten

Diese Abweichung ist aber zu pauschal, d.h., sie gibt keine detaillierten Auskünfte darüber, wodurch die Abweichung entstanden ist. Für genauere Informationen werden die **Sollkosten** benötigt:[3]

Sollkosten = Fixe Plankosten + variabler Plankosten-VS · Istbeschäftigung

---

1 Auch hier handelt es sich stets um die Kosten(arten) einer Kostenstelle. In den nachfolgenden Formeln müßte es daher genauer heißen: „Summe aller fixen bzw. variablen Kostenarten einer Kostenstelle, dividiert durch die Planbeschäftigung dieser Kostenstelle."

2 Den variablen Kosten wird Proportionalität unterstellt.

3 Die variablen Sollkosten ergeben sich, indem die variablen Plankosten mit dem Beschäftigungsgrad ($B_i : B_p$) [in %] multipliziert werden. Damit gilt die Formel:
Sollkosten = fixe Plankosten + variable Plankosten · ($B_i : B_p$).
Damit wird im Übrigen deutlich, dass die Sollkosten der Planbeschäftigung immer mit den Plankosten übereinstimmen; vgl. Kilger, a.a.O., S. 40f.

Im Vergleich mit den Sollkosten lassen sich die Kostenabweichungen genauer analysieren. Die **Verbrauchsabweichung** ist auf eine bessere bzw. schlechtere Nutzung der Produktionsfaktoren zurückzuführen:

Verbrauchsabweichung = Istkosten – Sollkosten

Die **Beschäftigungsabweichung** ist durch den unterschiedlichen Beschäftigungsgrad bedingt:

Beschäftigungsabweichung = Sollkosten – verrechnete Plankosten

Beispiel (Variation des Beispiels von S. 169):
- Planbeschäftigung: 10 000 Stück
- Istbeschäftigung: 7000 Stück
- Plankosten: 80 000 €
- Istkosten: 70 000 €

- Die Plankosten teilen sich auf in:
- fixe Plankosten: 30 000 €
- variable Plankosten: 50 000 €

Damit ergeben sich folgende Werte:

a) variabler Plankosten-VS = 50 000 € : 10 000 St. = 5 €/St.
b) fixer Plankosten-VS = 30 000 € : 10 000 St. = 3 €/St.
c) gesamter Plankosten-VS = a) + b) = 5 €/St. + 3 €/St. = 8 €/St.
d) verrechnete Plankosten = c) · B_i = 8 €/St. · 7000 St. = 56 000 €
e) Sollkosten = fixe Plankosten + variable Plankosten-VS · B_i =
= 30 000 € + 5 €/St. · 7000 St. = 30 000 € + 35 000 € = 65 000 €
f) Verbrauchsabweichung = Istkosten – Sollkosten =
= 70 000 € – 65 000 € = 5000 € [Mehrkosten]
g) Beschäftigungsabweichung = Sollkosten – verrechnete Plankosten =
= 65 000 € – 56 000 € = 9000 € [Mehrkosten]

Eine Betrachtung der Ergebnisse und der Grafik von S. 170 zeigt, dass die vorher pauschale Kostenabweichung ΔK_2 von 14 000 € nunmehr aufgeschlüsselt wurde: 5000 € Abweichung sind *verbrauchsbedingt*, die restlichen 9000 € *beschäftigungsbedingt*.[1]

Diese Aussage ist in der starren Plankostenrechnung nicht möglich.

---

1 In einer mehrfach-flexiblen Plankostenrechnung könnten weitere Faktoren bestimmt werden, die die Abweichungen beeinflussen.

Kritik: Die flexible Plankostenrechnung auf Vollkostenbasis ist gut für **Kontrollzwecke** geeignet. Als Grundlage dispositiver Entscheidungen hat sie vor allem einen wesentlichen Mangel: Die fixen Kosten werden rechnerisch als proportional angesehen (vgl. den Verlauf der verrechneten Plankosten in der Grafik auf S. 170), wodurch sie nicht verursachungsgerecht einbezogen werden.[1]

Damit besteht die Gefahr von Fehlentscheidungen, insbesondere bei *kurzfristigen* Planungsaufgaben, bei denen die Kapazitäten (und damit auch die Fixkosten) nicht verändert werden können, z. B. bei:

- der Ermittlung von **Preisuntergrenzen für Zusatzaufträge,**
- **Make-or-Buy-Entscheidungen** oder
- der **Festlegung** des gewinnmaximalen **Produktionsprogramms.**[2]

Da für solche Entscheidungen nur die *variablen* Kosten relevant sind, wurde die Grenzplankostenrechnung entwickelt.

6.2.2 Grenzplankostenrechnung

Jede Kritik einer Vollkostenrechnung – auch der flexiblen Plankostenrechnung auf Vollkostenbasis – ist letztlich auf die rechnerische *Proportionalisierung der Fixkosten* zurückzuführen,[3] womit gegen das Prinzip der Kostenverursachung verstoßen wird.

Deshalb wurde die flexible Plankostenrechnung zu einer Grenzplankostenrechnung weiterentwickelt, so dass jeder Auftrag bzw. jedes Produkt nur mit den *direkt zurechenbaren, proportionalen Kosten* belastet wird.

Um dies zu erreichen, erfolgt eine *konsequente Trennung* in fixe und variable Kosten: Diese beginnt in der Kostenstellenrechnung und wird „über die Bildung von Verrechnungssätzen für innerbetriebliche Leistungen und Kalkulationssätzen der Hauptkostenstellen bis zur Kalkulation und der kurzfristigen Erfolgsrechnung beibehalten".[4]

---

1 Vgl. zur Kritik ausführlich in: Kilger, a.a.O., S. 46 ff.
2 Vgl. Haberstock, L., Kostenrechnung II – (Grenz-)Plankostenrechnung, 7. Auflage, Hamburg 1986, S. 29 f. Vgl. hierzu Kap. 5.4.
3 Vgl. Kilger, a.a.O., S. 57.
4 Ebenda.

Die Fixkosten werden (erst) en bloc in der kurzfristigen Erfolgsrechnung (d. h. im monatlichen Betriebsergebnis) ausgebucht.

Der Aufbau der Grenzplankostenrechnung entspricht grundsätzlich dem der flexiblen Plankostenrechnung auf Vollkostenbasis. Unterschiede tauchen erst auf...

• bei der Bildung von **Verrechnungssätzen** im Rahmen der *innerbetrieblichen Leistungsverrechnung* und

• bei der Ermittlung von **Kalkulationssätzen** in der *Kostenträgerrechnung*.

In beiden Fällen werden nur die *proportionalen*[1] Plankosten berücksichtigt.

Ein **proportionaler Plankostenverrechnungssatz** ergibt sich dabei aus der Beziehung der proportionalen Plankosten zur Planbeschäftigung,[2] also:

$$\text{proportionaler Plankostenverrechnungssatz} = \frac{\text{proportionale Plankosten}}{\text{Planbeschäftigung}}$$

In der Grenzplankostenrechnung beziehen sich die verrechneten (oder kalkulierten) Plankosten nur auf die proportionalen Kosten.[3] Deshalb stimmen sie stets mit den proportionalen Sollkosten überein. Dadurch entfällt die für die Vollkostenrechnung typische *Beschäftigungsabweichung*.[4]

Dagegen lässt sich die **Verbrauchsabweichung** (ΔK) als relevante Kostenabweichung ermitteln; sie gibt Auskunft über die wirtschaftliche Nutzung der eingesetzten Produktionsfaktoren.

---

1 Die variablen Kosten werden als proportional angesehen, so dass sich für die Grenzkosten ein linearer Kostenverlauf ergibt. In der Praxis ist diese Voraussetzung i. d. R. mit hinreichender Genauigkeit gegeben; vgl. ebenda, S. 58; vgl. Haberstock II, a.a.O., S. 32.

2 Vgl. S. 169.

3 Anders ausgedrückt: die fixen Grenz(plan)kosten sind gleich null, die variablen Grenz(plan)kosten verlaufen als proportionale Kosten linear.

4 Vgl. Kilger, a.a.O., S. 57.

Die Zusammenhänge zeigt die nachfolgende Grafik:[1]

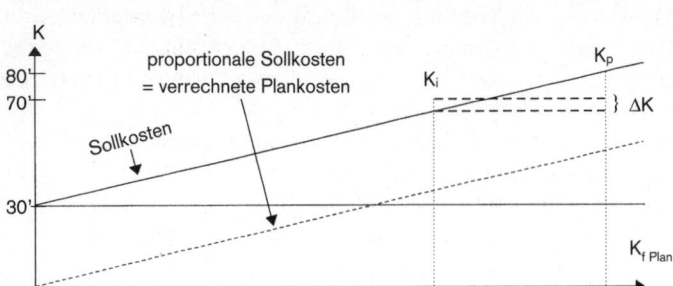

Die **Sollkosten** für die Istbeschäftigung werden aus der Addition von fixen Plankosten und dem Produkt aus proportionalem Plankostenverrechnungssatz und Istbeschäftigung ermittelt. Die Sollkosten betragen im Beispiel:[2]

$$30\,000\,€ + 5\,€/St. \cdot 7000\,St. = 30\,000\,€ + 35\,000\,€ = 65\,000\,€$$

Die Abweichung ΔK zwischen Istkosten und Sollkosten beträgt – wie in der flexiblen Plankostenrechnung auf Vollkostenbasis[3] – wiederum (70 000 € – 65 000 € =) 5000 €.

Die **Hauptbedeutung** der Grenzplankostenrechnung liegt in ihrer Eignung für *kurzfristige Planungs- und Kontrollzwecke des Periodenerfolgs auf Basis von Deckungsbeiträgen.*[4] Zur Ermittlung eines Periodenerfolgs werden alle Stückdeckungsbeiträge (für die einzelnen Produkte) mit ihren Ausbringungsmengen multipliziert. Vom so errechneten Gesamtdeckungsbeitrag werden die fixen Plankosten subtrahiert. Damit gilt die Formel:

$$\text{Gewinn} = \Sigma\,(p_{Plan} - k_{v\,Plan}) \cdot x - \Sigma\,K_{f\,Plan} = DB - K_{f\,Plan}$$

---

1 Die Zahlenbeispiele von den Seiten 169 und 173 werden fortgeführt.
2 Der Betrag von 35 000 € kann den Produkten (7000 Stück) verursachungsgerecht zugerechnet werden.
3 Vgl. S. 173, Buchstabe f).
4 Vgl. zur Vertiefung in: Kilger, a.a.O., S. 827 ff.

Kritik: Als wesentlicher Vorzug der Grenzplankostenrechnung gilt, dass sie die in der Vollkostenrechnung gängige Fixkostenproportionalisierung und die daraus möglichen Fehlentscheidungen vermeidet. Darüber hinaus eignet sie sich hervorragend für kurzfristige Zwecke, wie z. B.:[1]

- das Ermitteln von **kurzfristigen Preisuntergrenzen**,
- die **Steuerung des Verkaufsprogramms** unter Berücksichtigung von betrieblichen Engpässen oder
- die **Planung und Kontrolle** des (kurzfristigen) **Periodenerfolgs**.

Als Nachteil wird z. T. angeführt, dass zur (vor allem) steuerrechtlichen Bewertung der Bestände an Halb- und Fertigfabrikaten sowie von selbsterstellten Anlagen eine Vollkostenrechnung erforderlich sei.[2] Als Ausweichmöglichkeit kann auf die Ergebnisse der Grenzplankostenrechnung zurückgegriffen werden, wenn den ermittelten Grenzkosten anteilige Fixkosten pauschal zugeschlagen werden – ggf. nach Kostenstellen differenziert.[3]

Eine vertiefende Darstellung der Kostenplanung würde den Rahmen des vorliegenden Buches sprengen. Es sei deshalb auf die einschlägige Literatur verwiesen.[4]

6.3 Planung und Kontrolle der Erlöse

6.3.1 Planung der Erlöse

Planerlöse müssen parallel zu den Plankosten ermittelt werden. Die besondere Rolle der Erlösplanung folgt daraus, dass sie eine wesentliche Basis für die anderen betrieblichen Teilpläne (z. B. Investitions- und Finanzplan) darstellt: So würden z. B. zu hoch angesetzte Planerlöse neue Investitionen auslösen und damit Kosten

---

1 Vgl. Kilger, a.a.O., S. 61 ff.
2 Vgl. Haberstock II, a.a.O., S. 33 f.
3 Vgl. ebenda; vgl. Kilger, a.a.O., S. 818 ff.
4 Insbesondere: Kilger, W., Flexible Plankostenrechnung und Deckungsbeitragsrechnung sowie Haberstock, L., Kostenrechnung II – (Grenz-)Plankostenrechnung.

bedingen, die ggf. nicht gedeckt würden; Gewinneinbußen oder Verluste wären die Folge.[1]

Die Erlösplanung beinhaltet die Planung der beiden Erlöskomponenten Absatzmengen und Verkaufspreise, die in einem reziproken Verhältnis zueinander stehen: Ein Erhöhen der Verkaufspreise bewirkt i. d. R. ein Absinken der Absatzmengen, und umgekehrt.

Bei der **Planung der Verkaufspreise** müssen als Preisbestandteile geplant werden: Grundpreise (Listenpreise), Preisaufschläge (Sonderwünsche, Fracht, Verpackung), Erlösschmälerungen (Rabatte, Skonti, Boni), Wechselkurse (bei Fakturierung in Fremdwährung), Konventionalstrafen und dgl.[2]

Auch bei der **Planung der Absatzmengen** müssen unterschiedliche Einflussgrößen berücksichtigt werden, speziell die Entwicklung der allgemeinen Umwelt und der Branchenumwelt sowie der Einsatz des Marketing-Mix.

6.3.2 Kontrolle der Erlöse und Deckungsbeiträge

Neben einer Kontrolle der Kosten muss auch eine Kontrolle der Erlöse erfolgen, um mögliche Abweichungen festzustellen und ggf. Maßnahmen einzuleiten. Aufgabe der Erlöskontrolle ist daher, diese Abweichungen und deren Ursachen zu ermitteln.

Zunächst ergibt sich die gesamte Erlösabweichung aus der Differenz von Ist- zu Planerlösen. Allerdings ist deren Aussage zu pauschal; stattdessen interessiert, inwieweit sie auf Mengen- und/oder Preisabweichungen zurückzuführen ist.

Dazu wird zunächst versuchsweise unterstellt, dass diese beiden Einflussgrößen isoliert voneinander betrachtet werden, d. h., dass sich nur eine Einflussgröße verändert, die andere konstant auf Planniveau bleibt. Damit ergibt sich die Absatzmengenabweichung als die mit dem Planpreis bewertete Differenz aus Ist- und Planmenge. Analog ergibt sich die Absatzpreisabweichung als die mit der Planmenge bewertete Differenz zwischen Ist- und Planpreis – beide stellen *Primärabweichungen* dar.

---

1 Und nachfolgend vgl. Joos-Sachse, a.a.O., S. 190 ff.; Schweitzer/Küpper, a.a.O., S. 381 ff.
2 Vgl. ergänzend Horváth, a.a.O., S. 490.

Beispiel:

Ein Unternehmen plante einen Absatz von 100 000 Dosen Konserven einer Sorte zum Stückerlös von je 0,60 €. Der Planerlös betrug damit 60 000 €. Tatsächlich wurden nur 90 000 Dosen zu je 0,50 € verkauft, so dass sich der Isterlös auf 45 000 € belief. Die gesamte Erlösabweichung beträgt daher – 15 000 €.

Die (unter obiger Prämisse) vorläufige Absatzmengenabweichung beträgt:

(90 000 · 0,60 €) – (100 000 · 0,60 €) = 54 000 € – 60 000 € = – 6 000 €;

Die vorläufige Absatzpreisabweichung beträgt:

(100 000 · 0,50 €) – (100 000 · 0,60 €) = 50 000 € – 60 000 € = – 10 000 €;

Werden beide vorläufigen Abweichungen addiert, ergibt sich ein Betrag von – 16 000 € als Gesamtabweichung. Tatsächlich beträgt diese jedoch nur – 15 000 €. Die Differenz von 1 000 € stellt die *Sekundärabweichung* dar; sie beziffert den Anteil an der Gesamtabweichung, der keiner der beiden Einflussgrößen allein zugerechnet werden kann, bzw. der durch beide Größen gleichzeitig verursacht wurde. Sie kann wie folgt ermittelt werden:

$$\text{Sekundärabweichung} = (e_i - e_p) \cdot (x_i - x_p) = \Delta e \cdot \Delta x$$

im Beispiel also $(0{,}50 - 0{,}60) \cdot (90\,000 - 100000) = -0{,}10 \cdot (-10\,000) = 1000$ €.

Solche Sekundärabweichungen sind ein Grundproblem multiplikativ verknüpfter Größen, wie es Erlöse (als Produkt von Menge · Stückerlös) sind. Die nachstehende Grafik verdeutlicht dieses Problem:[1]

---

[1] Vgl. Horváth, a.a.O., S. 487.

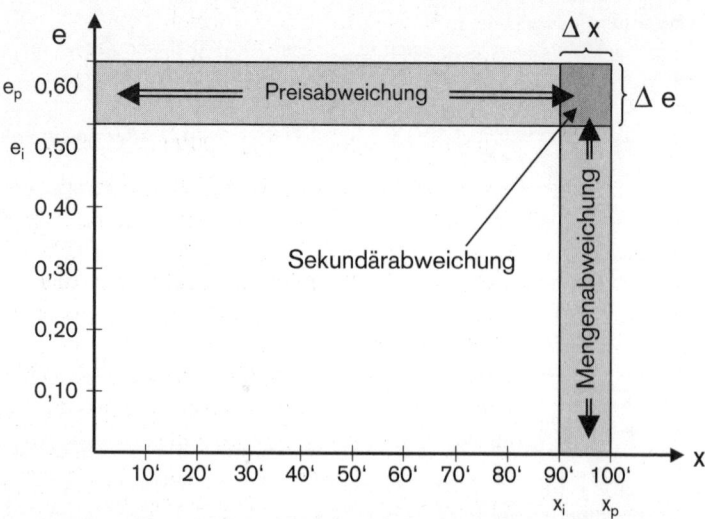

Die Planerlöse werden durch das große Rechteck $x_p \cdot e_p$, die Isterlöse durch das kleinere, weiße Rechteck $x_i \cdot e_i$ dargestellt. Die gesamte Erlösabweichung wird durch die hell- und dunkelgrauen Flächen zwischen diesen Rechtecken angezeigt. Sie beinhaltet die beiden Primärabweichungen des Preises ($\Delta e \cdot x_i$) sowie der Menge ($\Delta x \cdot e_i$). Die dunkelgraue Fläche rechts oben kennzeichnet die Sekundärabweichung ($\Delta e \cdot \Delta x$).

Für die Behandlung der Sekundärabweichung gibt es keine eindeutige und „richtige" Lösung: Sie kann – neben den Primärabweichungen – gesondert ausgewiesen, auf beide Primärabweichungen anteilig aufgeschlüsselt oder einer der beiden Abweichungen allein in voller Höhe zugeschlagen werden. Die letzte Variante ist in der Praxis gängig, wenn sie vollständig der Mengenabweichung zugeordnet wird.

Mit dieser Vorgehensweise lauten die berichtigten Formeln:

Absatzmengenabweichung = (Istmenge – Planmenge) $\cdot$ Planpreis =
$$= \Delta x = (x_i - x_p) \cdot e_p$$

Absatzpreisabweichung = (Istpreis – Planpreis) $\cdot$ Istmenge =
$$= \Delta E = (e_i - e_p) \cdot x_i$$

Im Beispiel ergeben sich somit folgende Abweichungen:

$$\Delta x = (90\,000 - 100\,000) \cdot 0,60 \, € = -10\,000 \cdot 0,60 \, € = 6\,000 \, €$$

und

$$\Delta E = (0,50 \, € - 0,60 \, €) \cdot 90\,000 = -0,10 \, € \cdot 90\,000 = 9\,000 \, €$$

Eine solche Erlöskontrolle kann zu einer **Ergebniskontrolle** ausgebaut werden, indem die Abweichungen daraufhin untersucht werden, wie sie sich auf das Betriebsergebnis auswirken: Eine Absatzpreisabweichung wirkt sich in voller Höhe auf das Ergebnis aus – so verringert z. B. ein ΔE von 20 000 € das Betriebsergebnis um ebenfalls 20 000 €. Anders sieht es mit der Absatzmengenabweichung aus: bei einer höheren (niedrigeren) Ist- als Planmenge entstehen auch planmäßig höhere (niedrigere) variable Kosten, so dass das Betriebsergebnis dadurch nur zu einem gewissen Teil erhöht (vermindert) wird.

Um die Ergebniswirkung der Absatzmengenabweichung zu beurteilen, bietet sich eine Betrachtung mit Hilfe von (geplanten) Deckungsbeiträgen an, die die Erhöhung (Verminderung) der variablen Kosten eliminiert. Eine solche Absatzmengenabweichung auf Basis von Deckungsbeiträgen wird analog zu jener auf Basis von Erlösen ermittelt:[1]

$$\text{DB-Absatzmengenabweichung} = (\text{Istmenge} - \text{Planmenge}) \cdot \text{Plan-DB/St.} = = \Delta x = (x_i - x_p) \cdot db_p$$

Die genannte Vorgehensweise gilt jeweils bei Fokussierung von einem bestimmten Produkt; sollen Abweichungen für mehrere Produkte gleichzeitig analysiert werden, so sind jeweils Summen zu bilden; im Falle der letzten Formel heißt es dann bspw.:[2]

$$\text{Summe DB-Absatzmengenabweichung} = \sum_j (x_{ij} - x_{pj}) \cdot db_{pj}$$

---

1 Die Höhe der Deckungsbeitrags-Absatzpreisabweichung entspricht der Höhe der Erlös-Absatzpreisabweichung und muss daher nicht erneut ermittelt werden: Liegt bspw. der Isterlös pro Stück 2 € unter dem Planerlös, so sinkt gleichzeitig auch der Ist-DB um 2 € im Vergleich zum Plan-DB. In beiden Fällen wird die Differenz von 2 €/St. mit der Istmenge multipliziert, so dass Erlös- und DB-Absatzpreisabweichung gleich hoch sind.

2 Dies gilt für die anderen Abweichungsformeln analog.

7. Neue Instrumente des Kostenmanagements

Das Grundproblem jeder Vollkostenrechnung ist die letztlich **willkürliche** (und damit nicht verursachungsgerechte) **Verteilung der Gemeinkosten**. Die deshalb entwickelten Formen der Teilkostenrechnung bewältigen dieses Problem eher, vor allem wenn von einer *Proportionalisierung der Fixkosten* abgesehen wird. In diesem Sinne ist insbesondere die (zukunftsgerichtete) Grenzplankostenrechnung ein geeignetes Verfahren.

Strukturelle Umbrüche, rascher technischer Fortschritt und kürzere Produktlebenszyklen sind Gründe für veränderte Unternehmensstrukturen, in denen Planung und Steuerung einen größeren Stellenwert haben. Gleichzeitig wächst sowohl in der Produktion (z. B. durch Automatisierung) als auch in sämtlichen anderen – indirekten – Bereichen (z. B. durch EDV-Einsatz) der prozentuale Anteil der Gemeinkosten an den Gesamtkosten („overheads").[1] Kostenrechnungssysteme, die die Gemeinkosten proportionalisieren oder mittels Zuschlagssätzen aufschlagen, bergen daher verstärkt die Gefahr, falsche Informationen zu liefern.

Aus diesen Gründen haben sich zum einen die vorgestellten – und z. T. stark differenzierenden – Formen der Teilkostenrechnung entwickelt, zum anderen weitere Ansätze, die nachfolgend vorgestellt werden:

- **Wertanalyse**
- **Gemeinkosten-Wertanalyse**
- **Zero-Base-Budgeting**
- **Prozesskostenrechnung (Activity Based Costing)**
- **Zielkostenrechnung (Target Costing)**

Dabei handelt es sich i. d. R. *nicht um Alternativen* zu den bereits beschriebenen Kostenrechnungssystemen, sondern um *Ergänzungen*, die durchaus im Verbund mit einem der klassischen Voll- oder Teilkostensysteme angewandt werden.

---

1 Vgl. Vikas, K., Neue Konzepte für das Kostenmanagement, Wiesbaden, 1991, S. 11.

Bevor die einzelnen Instrumente der Reihe nach vorgestellt werden, muss der Begriff „Kostenmanagement" näher untersucht werden:

Während „Kostenrechnung" eine hauptsächlich vergangenheitsorientierte Dokumentation und Auswertung von Kostendaten ist, bedeutet **„Kostenmanagement"** eine *Erhöhung der Kostentransparenz*, auf deren Basis eine *aktive und antizipative Beeinflussung der Kosten* möglich wird.[1] Bezugsobjekte eines derart proaktiven Kostenmanagement sind *Produkte, Potenziale* und *Prozesse*.

Konzeptioneller Rahmen eines Kostenmanagement:[2]

Gestaltungsobjekte / Bezugsobjekte	Kostenverlaufsmanagement	Kostenstrukturmanagement	Kostenniveaumanagement
Produkte (Programme)	x	x	x
Potenziale	x	x	x
Prozesse	x	x	x

Während das **Kostenverlaufsmanagement** am Kosten*verhalten* (z. B. linear oder degressiv) und das **Kostenstrukturmanagement** an der *Zusammensetzung* der Kosten (z. B. fix oder variabel) ansetzt, ist die Intention eines **Kostenniveaumanagement** eine aktive Beeinflussung der Kosten*höhe*, z. B. mit Hilfe einer Gemeinkostenwertanalyse oder von Zero-Base-Budgeting.

Hinsichtlich der Bezugsobjekte zielt ein proaktives Kostenmanagement bei...

• **Produkten** auf die Beeinflussung und Planung der Kosten, z. B. mittels Zielkostenrechnung (Target Costing).

• **Potenzialen** auf die optimale Kapazitätsausnutzung und das Entdecken vermeidbarer Kapazitätsbedarfe.

• **Prozessen** auf die Erfassung der Kosten einzelner Prozesse (z. B.

---

1 Und nachfolgend: vgl. Corsten, H./Stuhlmann, S., Grundlagen eines rechtzeitigen Kostenmanagement, in: Männel, W. (Hrsg.), Frühzeitiges Kostenmanagement, Sonderheft Kostenrechnungspraxis 1/96, Wiesbaden 1996, S. 13f.
2 Vgl. ebenda, S. 14; „x" steht für verschiedene Instrumente.

mittels der Prozesskostenrechnung) sowie auf die Identifikation unnötiger Prozesse (z. B. mit Hilfe der Wertanalyse).

Daraus wird deutlich, dass – je nach verfolgtem Zweck – die verschiedenen Instrumente in unterschiedlicher Kombination eingesetzt werden können.

7.1 Wertanalyse

Die Wertanalyse (englisch „value analysis") wurde Ende der 40er Jahre entwickelt. Sie ist eine systematische und analytische Untersuchung von Funktionsstrukturen mit dem Ziel, deren Elemente hinsichtlich einer Wertsteigerung zu beeinflussen,[1] also einer *Verbesserung der Erlös-Kosten-Relation.*

Zu den genannten Elementen zählen vornehmlich die Aspekte:

- **Kosten**
- **Nutzen**
- **Qualität**
- (Durchlauf-)**Zeit**

Objekte einer Wertanalyse können sowohl *Produkte* als auch *Prozesse* sein. Damit kann die Wertanalyse universell eingesetzt werden (siehe Abbildung auf Seite 186).[2]

In diesem Sinne ist die Wertanalyse immer eine Maßnahme zur *Kostensenkung*, da schließlich eine Maximierung von Nutzen und Qualität bzw. eine Minimierung des Faktors Zeit letztlich Kosten reduziert.

Nach DIN 69910 geht die Wertanalyse in sechs Schritten vor:[3]

(1) **Problemstellungsphase:** Festlegen der Ziele
(2) **Suchphase:** Lösungsalternativen mittels Kreativitätstechniken finden

---

1 Und nachfolgend vgl. Corsten/Stuhlmann, a.a.O., S. 15 ff.
2 Grafik in Anlehnung an: Müller, A., Gemeinkostenmanagement, Wiesbaden 1992, S. 37.
3 Vgl. Gabler Wirtschaftslexikon, a.a.O., S. 3462; vgl. Korte, R.-J., Verfahren der Wertanalyse, Berlin 1977, S. 47 ff. Die grundsätzliche Vorgehensweise entspricht den Phasen eines Planungsprozesses.

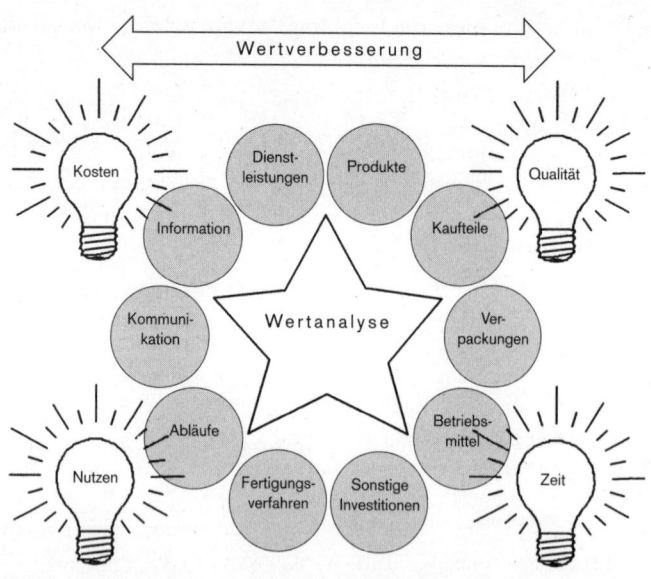

(3) **Beurteilungsphase:** Analyse der Alternativen in Bezug auf ihre technische Realisierbarkeit und wirtschaftliche Auswirkungen

(4) **Entscheidungsphase:** Auswahl der optimalen Lösung

(5) **Realisierungsphase:** Implementierung der gewählten Alternativen

(6) **Kontrollphase:** Überwachung mittels Soll-Ist-Vergleichen; daraus gewonnene Erkenntnisse fließen ggf. in neue Wertanalysen ein.[1]

Die **Funktionsanalyse** erfolgt immer auch hinsichtlich der anfallenden Kosten. Im Verbund mit traditionellen Kostenrechnungssystemen ergeben sich dabei deutliche Probleme, da dort die Kosten einem Produkt oder einem bestimmten Prozess selten genau zuordenbar sind. Geeigneter erscheint daher die Anwendung der Wert-

---

1 Zur Vertiefung sei auf die einschlägige Literatur verwiesen, z. B. auf: VDI-Gemeinschaftsausschuß: Wertanalyse Idee – Methode, Düsseldorf 1981.

analyse im Zusammenhang mit der Ziel- oder der Prozesskostenrechnung:[1]

- Die **Zielkostenrechnung** dekomponiert die Zielkosten in einer ähnlichen Weise, wie dies im Rahmen der Wertanalyse geschieht.
- Die **Prozesskostenrechnung** analysiert einzelne Prozesse. Mittels Wertanalyse können dabei Potentiale zur Effizienzsteigerung genauso identifiziert werden wie z. B. überflüssige Prozesse (die keinen Wertbeitrag leisten).

Als Wert*gestaltung* („value engineering") durchgeführt, dient die Wertanalyse einem *antizipativen Kostenmanagement*, d. h. dem Planen optimaler Kosten. Durch Festlegen von Soll-Größen lassen sich ex-post die gesteckten Wertziele überprüfen.

7.2 Gemeinkostenwertanalyse

Die Gemeinkostenwertanalyse („overhead value analysis") wurde von der Unternehmensberatung McKinsey entwickelt und seit 1975 in Deutschland eingeführt. Sie ist eine spezielle Form der Wertanalyse mit dem Ziel einer Reduzierung der Gemeinkosten, vor allem im Verwaltungsbereich[2] und in sonstigen indirekten Bereichen.

Zwei Ansatzpunkte sind zu unterscheiden:[3]

- Zum einen geht es dabei weniger um eine rationellere Gestaltung[4] von Prozessen, sondern vielmehr um ein Eliminieren überflüssiger Tätigkeiten. Dadurch sollen Prozesse **kostengünstiger** gestaltet werden, ohne sie in ihrer Funktionsfähigkeit zu beeinträchtigen.
- Zum anderen soll der **Nutzen erhöht** werden. Dazu müssen die einzelnen Leistungen hinsichtlich ihrer Kosten-Nutzen-Relation untersucht werden. Dabei ist durchaus denkbar, dass indirekte Leistungen erhöht werden, sofern die Nutzensteigerung größer ist als der Kostenzuwachs.

---

1 Vgl. Kap. 7.4 und 7.5.
2 Vgl. Gabler Wirtschaftslexikon, a.a.O., S. 1216.
3 Vgl. nachfolgend: Müller, A., a.a.O., S. 40.
4 Während Rationalisierung auf *Effizienz*steigerungen abzielt, konzentriert sich das Konzept der Gemeinkostenwertanalyse auf Verbesserungen der *Effektivität*.

Vorgehensweise: Die Leistungen der untersuchten Gemeinkosten-bereiche werden bezüglich ihres Verhältnisses von Kosten und Nutzen analysiert. Anschließend wird mit Hilfe von Kreativitätstechniken ermittelt, wo sich – bei gleich bleibendem Nutzen – Kosten einsparen lassen.

Im Einzelnen erfolgt die Gemeinkostenwertanalyse (GWA) in vier Phasen:[1]

(1) **Vorbereitungsphase:** Aufgabe und Untersuchungsbereich werden geklärt, es erfolgt eine quantitative Ziel- sowie eine Zeitvorgabe für die Durchführung der GWA. Es wird ein Projektteam benannt und geschult und betroffene Personengruppen informiert (z. B. Betriebsrat).

(2) **Analysephase:** Die Verantwortlichen einer Kostenstelle schätzen Kosten und Nutzen der von der Kostenstelle erbrachten Leistungen und erarbeiten Einsparungsvorschläge für Leistungen mit schlechter Kosten-Nutzen-Relation. Für diese werden konkrete Realisierungspläne erarbeitet.

(3) **Entscheidungsfindung:** Präsentation der entwickelten Lösungsalternativen vor dem zentralen Lenkungsausschuss, der anschließend entscheidet.

(4) **Realisierungsphase:** Die ausgewählten Maßnahmen werden umgesetzt, die dafür nötigen Hilfsmittel bereitgestellt und ggf. personelle Konsequenzen veranlasst. Während der Umsetzung erfolgt eine laufende Kontrolle.

Die angesprochenen Zielvorgaben sollten zweistellig sein. In der Praxis ergeben sich häufig Einsparungen in Höhe von 15 % bis 20 % der ursprünglichen Kosten.[2]

Neben den entdeckten Einsparpotentialen (und den daraus resultierenden Folgen)[3] sind zwei zusätzliche Aspekte hervorzuheben: Zum einen entwickeln die beteiligten Mitarbeiter ein Kostenbewusstsein. Zum anderen fördert der teils kreative Charakter der

---

1 Vgl. Müller, A., a.a.O., S. 41 ff.; vgl. Gabler Wirtschaftslexikon, S. 1216 ff.
2 Und nachfolgend: vgl. Müller, A., a.a.O., S. 45.
3 Dazu zählen z. B. die Erhöhung des Cashflow und damit der Eigenfinanzierungskraft oder konkurrenzfähigere Preise aufgrund gesunkener (Selbst-)Kosten.

GWA die Mitarbeiter-interne Kommunikation und generiert problemorientiert weitere (z. B. produkt- oder organisationsbezogene) Ideen.

7.3 Zero-Base-Budgeting

Zero-Base-Budgeting (ZBB) wurde von der US-amerikanischen Unternehmung „Texas Instruments" entwickelt und seit 1970 auch in Deutschland – auch in öffentlichen Verwaltungen – eingeführt.

Es ist eine Planungs-, Analyse- und Entscheidungstechnik mit dem Ziel, Kosten zu senken und dabei alle verfügbaren Ressourcen möglichst wirtschaftlich einzusetzen.[1]

Wesensmerkmal des ZBB ist, dass geplante Aktivitäten mit Hilfe von Kosten-Nutzen-Analysen jeweils von „base zero" aus zu rechtfertigen sind, also wie wenn die Unternehmung erst gegründet würde.[2] Es handelt sich demnach um einen gedanklichen Neuaufbau der gesamten Unternehmung mit der Fokussierung auf die Beiträge einzelner Gemeinkostenbereiche zur betrieblichen Wertschöpfung.[3]

Im Gegensatz zur traditionellen Budgetierung werden damit sämtliche (Verwaltungs-)Tätigkeiten grundsätzlich zur Disposition gestellt. Daher müssen sie neu begründet werden, ohne dass man sich an Budgets oder Istkosten (aus den Vorjahren) orientiert.

Die Vorgehensweise beim ZBB geschieht in folgenden Hauptschritten:[4]

---

1 Und nachfolgend: vgl. Müller, A., a.a.O., S. 45 ff.
2 Damit erschließt sich auch die deutsche Bezeichnung „Null-Basis-Planung".
3 Vgl. Corsten/Stuhlmann, a.a.O., S. 16.
4 Grafik nach: Hitschler, W., Verwaltungsgemeinkostenplanung mit Zero-Base-Budgeting (ZBB), in: krp 1990/5, S. 290, zitiert nach: Müller, A., a.a.O., S. 47.

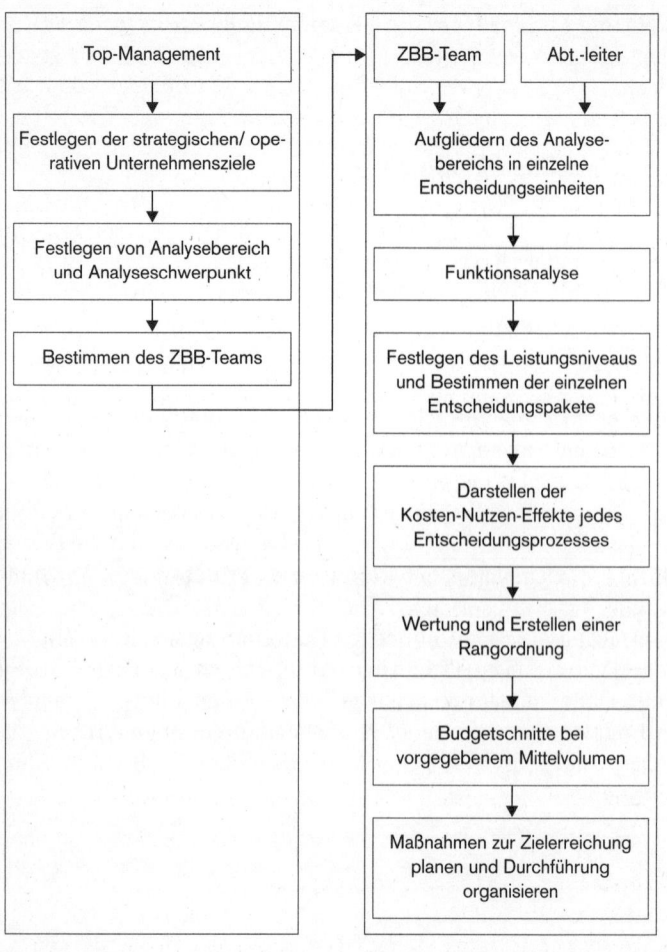

Ausgangspunkt eines ZBB ist die *strategische Unternehmensplanung* mit den daraus abgeleiteten *Zielen*. Auch hier muss zunächst ein ZBB-Team benannt und geschult werden.

Die aus den Zielen abgeleiteten *Aufgabenbereiche* werden in einzelne *Funktionen aufgebrochen* und detailliert analysiert. Dazu werden *Leistungsniveaus* bezüglich Quantität, Qualität und Kosten untersucht und anschließend zu *Entscheidungspaketen* zusammengefasst.

Diese werden dann – unter Zuschaltung der obersten Unternehmensleitung – in eine *Rangordnung* gebracht: Je nach Priorität werden den einzelnen Paketen die verfügbaren Ressourcen zugeteilt.

In einem nächsten Schritt werden *Budget-Schnitte* festgelegt, also ein Einfrieren oder Senken der Budgets bestimmt. Damit sollen unter Sicherung aller essentiellen Leistungen die Gemeinkosten gesenkt werden. Gleichzeitig wird damit erreicht, dass die Ressourcenallokation die Unternehmenszukunft sichert, indem die verfügbaren Ressourcen den wichtigen Leistungen zugeteilt werden.

Auf Grundlage der so ermittelten Zielvorgaben je Gemeinkostenbereich erfolgt anschließend eine *Maßnahmenplanung* zur Umsetzung, die Organisation der Durchführung sowie deren Kontrolle.[1]

Vorteile eines ZBB sind:

- Laufende Bewertung von Tätigkeiten, Prozessen und Programmen
- Eliminieren unwirtschaftlicher Prozesse und Entdecken von Ressourcenfehlverwendungen
- Optimaler Einsatz/Zuordnung knapper Ressourcen
- Umsetzen eines umfassenden Wirtschaftlichkeitsdenkens auch in nicht gewinnorientierten Bereichen
- Rahmenvorgabe für die laufende periodische Planung und Kontrolle
- Generieren von Ansätzen zur Verbesserung von Aufbau- und Ablaufstrukturen

Als Nachteile eines ZBB sind zu sehen:

- Relativ großer Aufwand
- Keine verursachungsgerechte Zuordnung der Gemeinkosten
- Die zeitliche Begrenzung eines ZBB wird der dynamischen Entwicklung der Gemeinkosten nicht gerecht.

Vor allem aus dem letztgenannten Grund werden weitere Methoden benötigt, die ein permanentes Gemeinkosten-Management er-

---

1 Und nachfolgend vgl. Müller, A., a.a.O., S. 46 ff.

möglichen. Die Prozesskostenrechnung ist in diesem Sinne das weitestgehende Verfahren, das sich gerade auf die in den indirekten Bereichen anfallenden Gemeinkosten konzentriert.

7.4 Prozesskostenrechnung

Seit den 80er Jahren hat sich in Theorie und Praxis ein neues Kosteninstrument etabliert, das vor allem unter den Bezeichnungen „Prozesskostenrechnung" oder „Activity-Based Costing" bekannt ist.[1] Es ist aus dem Bedürfnis nach einem effizienten Gemeinkosten-Management entstanden.

Dazu sollen die quer durch eine Unternehmung ablaufenden *Prozesse* und deren Kosten ermittelt werden. Auf dieser Grundlage können Gemeinkosten mengenmäßig geplant, Rationalisierungspotenziale erkannt und Produktkalkulationen aussagefähiger gestaltet werden.[2]

Es muss betont werden, dass die Prozesskostenrechnung kein neues, alternatives Kostenrechnungssystem ist; stattdessen baut sie auf die traditionelle Kostenrechnung auf und ergänzt diese.

Unter einem **Prozess** wird eine wertschöpfende, logische Abfolge messbarer Input-Output-Beziehungen verstanden; diese sind entweder

- **materieller** Natur, d.h., der Prozessoutput ist ein Sachgut (z.B. Rohstoff in der Beschaffung, Unfertiges Erzeugnis in der Produktion usw.), oder
- **immaterieller** Natur, d.h. der Output ist eine Information oder Dienstleistung wie z.B. Planung, Kontrolle usw.

In Abhängigkeit von der Bedeutung bzw. dem Adressaten differenziert man:

- **Kernprozesse** (Output: Produkt für den *externen* Kunden) sowie
- **Unterstützungsprozesse** (Output: Produkt für den *internen* Kunden, d.h. andere Prozessgruppen).

---

1 Beide Begriffe werden z.T. synonym verwendet, z.T. werden darunter leicht unterschiedliche Verfahren verstanden.

2 Vgl. Götzinger, M./Michael, H., Kosten- und Leistungsrechnung, 6. Auflage, Heidelberg 1993, S. 241.

Der Grundgedanke der Prozesskostenrechnung ist, dass die Kosten nicht – mehr oder minder aggregiert – bereichsweise[1] erfasst werden, sondern *entlang der Prozesse* und damit *bereichs- oder zumindest kostenstellenübergreifend*, also in den funktionsüberschreitenden Arbeitsschritten und Teilprozessen aggregierter Gesamtprozesse. Das folgende Beispiel verdeutlicht diesen Ansatz anhand des Prozesses „Material beschaffen":[2]

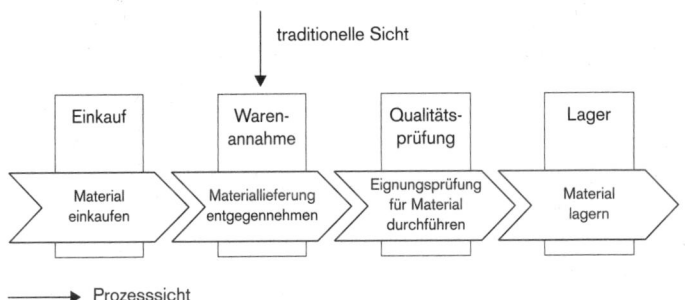

Zunächst müssen die Prozesse definiert und abgegrenzt werden; danach erfolgt eine top-down-Aufsplittung der an einem Prozess beteiligten Kostenstellen nach (auch kleinsten) Tätigkeiten (TP = Teilprozess); siehe Abbildung Seite 194.[3]

Anschließend werden die Tätigkeiten bewertet und die jeweils angefallenen Kosten ermittelt.

Im nächsten Schritt werden die Tätigkeiten wieder zu Teilprozessen, diese wiederum zu Gesamtprozessen zusammengefasst, wodurch bottom-up eine kostenstellenübergreifende Aggregation von Prozesskosten erfolgt.

Ausgangspunkt der Prozesskostenrechnung ist die Differenzierung in Einzel- und Gemeinkosten. Letztere werden am Ort ihres

---

1 Diesem klassischen Ansatz liegt die Struktur einer Aufbauorganisation zugrunde.
2 In Anlehnung an: Müller A., a.a.O., S. 78. In den einzelnen Bereichen werden weitere Tätigkeiten durchgeführt; nur die für den betrachteten Prozess „Material beschaffen" wurden herausgegriffen.
3 Grafik in Anlehnung an: Müller, A., a.a.O., S. 74.

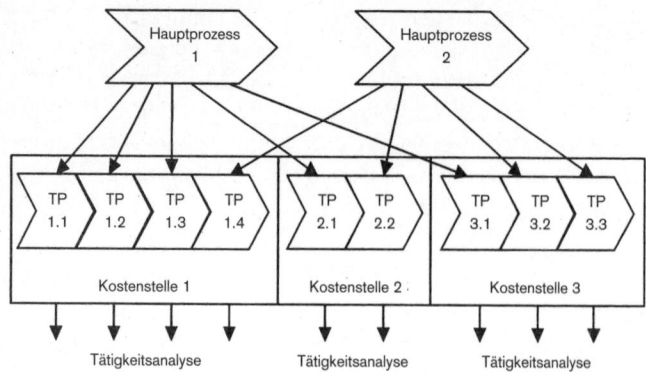

Entstehens erfasst. Dabei muss unterschieden werden, ob die erfassten Kosten *leistungsmengenvariabel* (= leistungsmengeninduziert) oder *leistungsmengenneutral* sind.[1]

Für die leistungsmengeninduzierten Gemeinkosten müssen geeignete Bezugsgrößen gefunden werden: Dazu werden sog. **Kostentreiber** („Cost Driver") definiert, also „Faktoren, die die Inanspruchnahme der entsprechenden Leistungen bestimmen."[2]

Solche Volumenparameter besitzen einen *direkten Bezug zur Prozessleistung*.[3] Als Cost Driver sind z. B. folgende Bezugsgrößen geeignet:[4]

---

1 Die Analogie zu variablen und fixen Kosten liegt nahe. Dort bezieht sich das Kostenverhalten aber auf die Ausbringungsmenge, während leistungsmengeninduzierte bzw. -neutrale Kosten hinsichtlich des jeweiligen Kostentreibers (z. B. Rechnungen oder Rechnungspositionen) anfallen.

2 (Weber, J., Prozesskostenrechnung, in:) Gabler Wirtschaftslexikon, a.a.O., S. 2539.

3 Bzw. zu einer bestimmten Aktivität, wenn statt einer horizontalen Prozesssicht eine vertikale zugrunde gelegt wird. Im Übrigen sollen Cost Driver als Bezugsgrößen gleichzeitig Maßstab für die Kostenverursachung sein.

4 Weitere Beispiele in: Schuh, G./Kaiser, A., Kostenmanagement in Entwicklung und Produktion mit der Ressourcen-orientierten Prozesskostenrechnung, in: krp, Sonderheft 1/1994, S. 78 sowie in Müller, A., a.a.O., S. 90 und S. 96 ff.

Prozess	Cost Driver
Auftrag kalkulieren	Anzahl von Kunden- bzw. Fertigungsaufträgen
Material beschaffen	Zahl der für einen Auftrag benötigten Teile
Material einlagern	Anzahl oder Dauer von Einlagerungen
Rechnung prüfen	Anzahl der Rechnungspositionen
Rechnung mahnen	Anzahl der Rechnungen

Gerade die Heterogenität der Leistungen in den indirekten Bereichen bedingt eine Vielzahl von Einzelprozessen, für die jeweils unterschiedliche Cost Driver zu bestimmen sind. So werden z. B. die
Materialgemeinkosten nicht mehr auf Basis der Materialeinzelkosten verrechnet, sondern – je nach Teilprozess – differenziert nach ermittelten Kostentreibern (siehe Tabelle).[1]

Auf diese Weise erweitert die Prozesskostenrechnung das (vorherige) Bezugsgrößensystem. Wie viele Cost Driver im Detail benötigt
werden, hängt u. a. davon ab, wie heterogen die Produkte und die
Produktmengen sind und wie genau die Produktkosten erfasst werden müssen, bzw. wie genau die Kostentreiber bestimmt werden
können.[2]

Sind die Cost Driver festgelegt, wird auf deren Grundlage ein sog.
Prozesskostensatz (PKS) als Quotient aus Prozesskosten und der
Prozessmenge der jeweiligen Maßgröße gebildet; Formel:[3]

$$\text{Prozesskostensatz} = \frac{\text{Prozesskosten}}{\text{Prozessmenge der Bezugsgröße (Cost Driver)}}$$

Der Prozesskostensatz gibt also die Kosten eines Cost Driver wieder und stellt damit eine *Input-Output-Relation* dar. Auf diese Weise erfolgt allerdings nur dann eine verursachungsgerechte Kos-

---

1 Vgl. Müller, A., a.a.O., S. 91.
2 Vgl. ebenda.
3 Vgl. Müller, A., a.a.O., S. 104. Sofern die Kosten auf Vorjahreswerten basieren, stellt
der Prozesskostensatz einen Durchschnittswert dar. Stattdessen können auch Plan-
werte zugrunde gelegt werden. Zu anderen Berechnungen vgl. beispielsweise Friedl,
B., Prozesskostenrechnung als Instrument eines programmorientierten Kostenma-
nagements, in: Dellmann, K./Franz, K. P. (Hrsg.), Neuere Entwicklungen im Kostenmanagement, Bern/Stuttgart 1994, S. 149ff.

tenzuordnung, wenn tatsächlich eine *Proportionalität* zwischen Leistungseinheiten und Kosten eines Prozesses besteht.

Sofern neben den leistungsmengeninduzierten Kosten (lmi) auch *leistungsmengenneutrale* Kosten (lmn) anfallen, können letztere nach ihrem Verhältnis zu den gesamten Prozesskosten$_{lmi}$ umgelegt werden. Der **Umlagesatz** für die leistungsmengenneutralen Kosten ergibt sich dann wie folgt:

$$\text{Umlagesatz}_{lmn} = \text{PKS}_{lmi} \cdot \frac{\text{leistungsmengenneutrale Prozesskosten}}{\text{leistungsmengeninduzierte Prozesskosten}}$$

Beispiel:[1]

Prozess		Cost Driver	Planpro-zess-mengen	Planpro-zess-kosten	PKS (lmi)	Umlage-satz (lmn)	Ges. PKS
Angebote einholen	lmi	Anzahl der Angebote	1200	300000	250	21,27	271,27
Bestellung aufgeben	lmi	Anzahl der Bestellungen	3500	70000	20	1,70	21,70
Reklamation bearbeiten	lmi	Anzahl der Re-klamationen	100	100000	1000	85,10	1085,10
Abteilung leiten	lmn	–	–	40000	–	–	–

Die Kosten$_{lmn}$ betragen im Beispiel 40 000 €; deren Division durch die gesamten Kosten$_{lmi}$ (= 470 000 €) ergibt einen Verhältnisfaktor von 0,0851. Wird dieser mit dem PKS$_{lmi}$ multipliziert (z. B. 250 €), so ergibt sich der Umlagesatz (z. B. 21,27 €) eines Teilprozesses.

Durch Addition von PKS$_{lmi}$ und Umlagesatz$_{lmn}$ erhält man den gesamten Prozesskostensatz für einen Teilprozess. Im Beispiel ergibt sich als Wert für ‚Angebot einholen' (250 € + 21,27 € =) 271,27 € je Angebot.

In der Praxis können die Kostentreiber (und damit die Prozesskostensätze) oft nicht gleichzeitig einem bestimmten Prozess als auch einem bestimmten Kostenträger zugeordnet werden,[2] m. a. W.,

---

1 Entnommen aus: Müller, A., a.a.O., S. 105.
2 Vgl. Müller, A., a.a.O., S. 111.

es fehlt eine „direkte Beziehung zwischen den verbrauchten Ressourcen und der jeweiligen Leistung."[1]

In diesen Fällen hilft eine **Poolrechnung**, eine spezielle zweistufige Verrechnung der Prozesskosten auf die Kostenträger:[2]

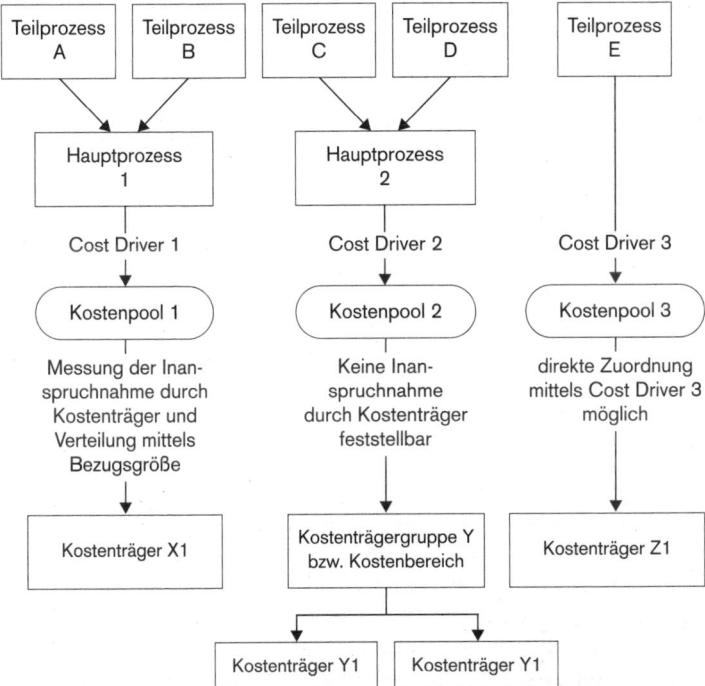

Durch eine solche Poolrechnung werden jene Kosten mittels Schlüsselung auf die jeweiligen Kostenträger verrechnet, bei denen kein eindeutiger Bezug zwischen Prozess und Kostenträger besteht. **Zusammenfassung:** Die Prozesskostenrechnung überwindet die (vertikale) Sicht der klassischen Vollkostenrechnung, in der die Gemeinkosten bereichs- oder kostenstellenweise erfasst werden. Stattdessen legt sie eine (horizontale) **Prozesssicht** zugrunde, d. h., die

---

1 Ebenda, S. 93.
2 Grafik in Anlehnung an: ebenda, S. 111.

Kosten werden entlang der Prozesse ermittelt. Dazu müssen komplexe Prozesse desaggregiert und in Teilprozesse und einzelne Tätigkeiten aufgespalten werden.

Zu deren Kostenerfassung gibt es unterschiedliche Ansätze: Vorgestellt wurde die Differenzierung in **leistungsmengeninduzierte** und **leistungsmengenneutrale** Prozesskosten, wobei für erstere **Cost Driver** als Bezugsgrößen zu ermitteln sind. Diese sind umso eher geeignet, je mehr sie sich proportional zur Leistungsmengenänderung verhalten. Die leistungsmengenneutralen Prozesskosten müssen allerdings nach wie vor per Umlage verrechnet werden.

Sofern keine direkte Zuordnung von Prozessen zu Kostenträgern möglich ist, können deren Kosten in einem **Kostenpool** erfasst und anschließend mittels Schlüsselung auf die Kostenträger verrechnet werden.

In allen Fällen können die ermittelten Prozesskosten anschließend in einer **Prozesskostenkalkulation** den verursachenden Kostenträgern zugeordnet werden.[1]

Der große **Vorteil**[2] der Prozesskostenrechnung ist die erhöhte *Transparenz* der Gemeinkosten in den *indirekten* Bereichen (z. B. Verwaltung); damit lassen sich insbesondere organisatorische Schwächen und unwirtschaftliche Abläufe erkennen.[3]

Da die Prozesskostenrechnung kein eigenständiges Kostenrechnungssystem ist, *erweitert* (und verbessert) sie bestehende Kostenrechnungssysteme: In der Praxis wird sie sowohl im Verbund mit der traditionellen Vollkostenrechnung als auch z. B. mit der stufenweisen Fixkostendeckungsrechnung[4] oder der Grenzplankostenrechnung[5] angewandt. Auch eine Vernetzung mit der nachfolgend vorgestellten Zielkostenrechnung ist möglich.[6]

---

1 Vgl. hierzu Friedl, a.a.O., S. 152 ff.
2 Als Kritik vgl. stellvertretend: Chmielewicz, K./Schweitzer, M. (Hrsg.), Handwörterbuch des Rechnungswesens, 3. Auflage, Stuttgart 1993, Sp. 1646 ff.
3 Vgl. Freidank, C.-C., Unterstützung des Target Costing durch die Prozesskostenrechnung, in: Dellmann/Franz, a.a.O., S. 235.
4 Vgl. Müller, A., a.a.O., S. 140 f.
5 Vgl. Müller, H., Prozesskonforme Grenzplankostenrechnung, 2. Auflage, Wiesbaden 1996, S. 29 ff.
6 Vgl. ausführlich in: Freidank, a.a.O., S. 236 ff.

7.5 Target Costing (Zielkostenrechnung)

Das Target Costing (Zielkostenrechnung)[1] ist durch eine konsequente **Marktorientierung** charakterisiert. Seit Ende der 80er Jahre hat es auch in Deutschland Eingang in die wissenschaftliche Diskussion und in die betriebliche Praxis gefunden.[2]

Etwas plakativ ausgedrückt, geht es beim Target Costing um die Frage, *was ein Produkt kosten darf.*[3] Im Gegensatz zu den Kostenrechnungssystemen im traditionellen Sinn handelt es sich dabei „um einen umfassenden Kostenplanungs-, -steuerungs- und -kontrollprozess, eingebettet in den Gesamtprozess der Produktentstehung."[4] Damit stellt es eine strategische Entscheidungshilfe für Unternehmen dar, die in wettbewerbsintensiven Märkten tätig sind.

Die *retrograde* (vom Markt ausgehende) Vorgehensweise des Target Costing hat vor allem bei geringem Preisspielraum den Vorteil, dass auf Basis der Marktbedingungen **Zielkosten** für die Unternehmung vorgegeben werden, und zwar für alle Phasen des Lebenszyklus eines Produktes. Damit liegen bereits für die Entwicklungsphase Zielvorgaben und – im Rahmen des Controlling – *frühzeitige Kosteninformationen* vor.[5] Deshalb verlangt das Target Costing eine enge Koordination aller Bereiche und deren Kostenstrukturen:

---

1 Das Target Costing hat seinen Ursprung in Japan; es heißt dort „Genka Kikaku".

2 Aufbauend auf die aus Japan und den USA stammenden Veröffentlichungen haben in Deutschland vor allem Horváth und Seidenschwarz zum Thema publiziert. Vgl. hierzu die Literaturangaben in: Horváth, P./Seidenschwarz, W., Die Methodik des Zielkostenmanagements, Controlling-Forschungsbericht Nr. 33, Stuttgart 1992, S. 1.

3 Vgl. Corsten/Stuhlmann, a.a.O., S. 17.

4 Horváth, P./Seidenschwarz, W., Zielkostenmanagement, in: Controlling, Heft 3, 1992, S. 143, zitiert in: Freidank, a.a.O., S. 224.

5 Vgl. Freidank, a.a.O., S. 224.

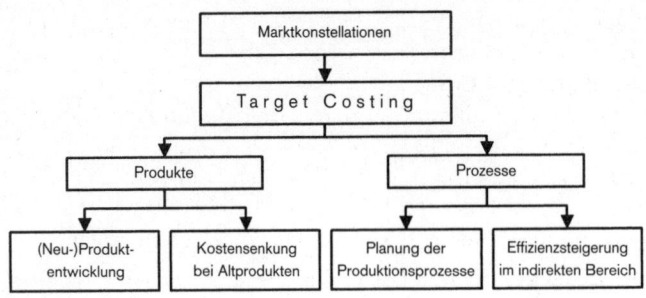

Der erste Schritt eines Target Costing ist die **Planung der Zielkosten** für ein neues Produkt. Dies sollte möglichst marktnah erfolgen. Mehrere Methoden stehen dazu zur Auswahl:[1]

- **Market into Company:**
  Bei dieser Reinform eines Target Costing wird tatsächlich von den am Markt realisierbaren Erlösen ausgegangen; die Zielkosten ergeben sich mit Hilfe der Subtraktionsmethode, also nach der Rechnung:
  Zielkosten = Zielverkaufspreis – Bruttogewinnspanne (s. S. 201).
  Diese Methode eignet sich auch für innovative Neuprodukte. Sie wird anschließend näher vorgestellt und nachfolgend zugrunde gelegt.

- **Out of Company:**
  Hier wird insofern gegen das Prinzip der Marktorientierung verstoßen, da die Zielkosten aus der Unternehmung heraus bestimmt und erst dann hinsichtlich ihrer Markttauglichkeit bewertet werden.

- **Into and out of Company:**
  Dies ist eine Mischform der beiden zuvor genannten Methoden, deren Problem darin liegt, dass komplizierte Zielvereinbarungen zwischen den am Markt realisierbaren Preisen und den in der Unternehmung bestimmten Zielkosten zu bilden sind.

- **Out of Competitor:**
  Die Zielkosten orientieren sich an Konkurrenzprodukten. Da-

---

1 Und nachfolgend vgl. Horváth/Seidenschwarz, a.a.O., S. 8 f.

durch besteht die Gefahr, Kosten der Mitbewerber zu imitieren und eigene Kostenstrukturen zu negieren.

- **Out of Standard Costs:**
  Dies ist eine Hilfsvariante der Zielkostenfindung: Für interne Leistungen wird indirekt versucht, eine Marktorientierung der Kosten zu erreichen, und zwar basierend auf vorhandenen Standardkosten (früherer Projekte) sowie neu bereitgestellten Kostensenkungspotentialen (z. B. durch neue IuK-Technologien).

Die **Zielkostenbestimmung** im Target Costing (nach der Variante des „Market into Company") erfolgt nach folgender Rechnung:

am Markt erzielbarer Preis (= Zielverkaufspreis oder Target Price)
– geplanter Gewinn (= Bruttogewinnspanne oder Target Margin)
= Zielkosten (= Target Costs)

Die Zielkosten stellen die **vom Markt erlaubten Kosten** („allowable costs") dar, die als minimale Plankosten anzusehen sind und nur unter großen Anstrengungen der Beteiligten realisiert werden können. Durch den anschließenden Vergleich der vom Markt erlaubten Kosten mit den **Standardkosten** („drifting costs")[1] wird der **Kostenreduktionsbedarf** ermittelt:

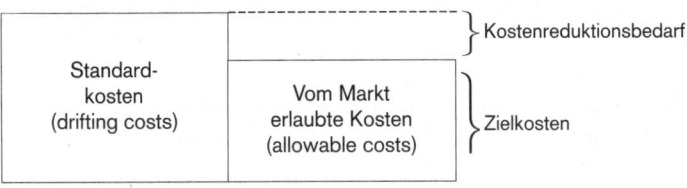

Eine Abwandlung obiger Rechnung ergibt sich, wenn aus Motivations- und Akzeptanzgründen die Zielkosten zwar über den vom Markt erlaubten Kosten liegen, aber trotzdem unter den (bisherigen) Standardkosten:[2]

---

1 Die Zielkosten stellen somit die neuen (zukünftigen) Standardkosten dar.
2 Vgl. Corsten/Stuhlmann, a.a.O., S. 17.

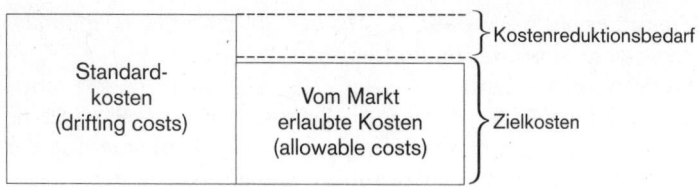

Die vorstehend genannten Kosten sollen kurz abgegrenzt werden:[1]

- **Vom Markt erlaubte Kosten (= allowable costs)** sind die aufgrund von Kundenanforderungen und Wettbewerberbedingungen maximal zulässigen Kosten, die die Produktführerschaft im Marktsegment sicherstellen. Dabei werden die in der Unternehmung vorhandenen Technologie- und Verfahrensstandards nicht berücksichtigt, sehr wohl aber die Lebensdauer eines Produktes mit einer vorgegebenen Qualität.

- **Standardkosten (= drifting costs)** sind die Plankosten, die in der Unternehmung unter Aufrechterhaltung der vorhandenen Technologie- und Verfahrensstandards erreicht werden können, und zwar ebenfalls bezogen auf die Lebensdauer eines Produktes einer vorgegebenen Qualität.

- **Zielkosten** sind an Kundenanforderungen und Wettbewerberbedingungen ausgerichtete Plankosten unter Berücksichtigung der marktnotwendigen Technologie- und Verfahrensanpassungen in der Unternehmung und der erwarteten Marktentwicklung – wiederum bezogen auf die Lebensdauer eines Produktes einer spezifizierten Qualität. Im Idealfall entsprechen sie den allowable costs, ggf. liegen sie darüber (s. o.).

Wurden die Zielkosten bestimmt, so muss in einem nächsten Schritt untersucht werden, wie die **Zielkostenlücke**, also die Differenz zwischen drifting costs und Zielkosten, minimiert werden kann.

Dazu erfolgt eine Zielkostenspaltung, d. h. eine Dekomposition

---

1 Vgl. nachfolgend Horváth/Seidenschwarz, a.a.O., S. 23.

der hoch aggregierten (Gesamt-)Zielkosten in Komponenten-, Teile- oder Funktionskosten – je nach gewählter Methode:[1]

In den ersten beiden Fällen werden die Zielkosten eines Produktes entweder direkt auf Baugruppen oder Teile heruntergebrochen, was allerdings die Gefahr birgt, Material- und Konstruktionsdetails zu sehr und Kundenanforderungen zu wenig zu berücksichtigen.

Die **funktionsorientierte Dekomposition** als dritte Methode soll näher dargestellt werden: Hierbei wird ein Produkt zunächst als Kombination von Funktionen gesehen, die dann mit Hilfe einer *Zielkostenmatrix* mit den Komponenten und Teilen in Zusammenhang gebracht werden. Anschließend werden die Ergebnisse in einem *Zielkostenkontrolldiagramm* visualisiert. Dadurch lassen sich jene Baugruppen und -teile identifizieren, bei denen *Korrekturmaßnahmen* zur Kostenreduktion am dringendsten nötig sind.

Die funktionsorientierte Methode berücksichtigt mehr den Kundennutzen. Ihre **Vorgehensweise** wird beispielhaft vorgestellt:[2]

Zunächst muss die **Funktionsstruktur** des Produktes *bestimmt* werden, wobei in „harte" und „weiche" Funktionen differenziert wird; dabei handelt es sich einerseits um „objektive Gebrauchsfunktionen auf der Basis mechanischer Komponenten und andererseits um Annehmlichkeits- und Wertfunktionen."[3]

Anschließend werden die **Produktfunktionen** entsprechend ihrer Bedeutung für den Kunden **gewichtet** (mittels Schätzung).

Im Beispiel wurden sechs Funktionen F1 bis F6 identifiziert; deren Bedeutungen sind der Tabelle zu entnehmen (Zeilensumme = 1):

Funktionen ➝	F1	F2	F3	F4	F5	F6	$\sum$
Bedeutung	0,17	0,05	0,26	0,12	0,15	0,25	1

---

1 Vgl. hierzu ausführlich: Seidenschwarz, W., Target Costing, München 1993, S. 157 ff.
2 Vgl. ebenda, S. 181.
3 Ebenda, S. 154.

Im dritten Schritt wird untersucht, inwieweit die verschiedenen **Produktkomponenten** *zur Realisierung der einzelnen Funktionen* beitragen; im Beispiel besteht das Produkt aus sechs Komponenten K1 bis K6 (Angaben in Prozent; Spaltensumme = jeweils 100 %):

Funktionen ➤	F1	F2	F3	F4	F5	F6	$\sum$
Bedeutung	0,17	0,05	0,26	0,12	0,15	0,25	1
K1	12,0	17,2	46,0	11,2	17,7	4,5	–
K2	26,4	5,6	25,7	18,6	8,5	31,5	–
K3	3,7	36,9	–	44,0	16,9	22,7	–
K4	–	14,5	–	23,7	14,0	13,0	–
K5	48,1	25,8	13,3	–	29,1	16,6	–
K6	9,8	–	15,0	2,5	13,8	11,7	–
$\sum$	100	100	100	100	100	100	–

Als Nächstes wird die **Bedeutung jeder Funktion** ermittelt. Dazu wird jeweils der Beitrag einer Komponente mit ihrer Bedeutung (aus der Funktionsspalte) multipliziert; Beispiel: K1 · F1 = 12,0 · 0,17 = 2,04 ≈ 2,0.

Die Summen jeder Zeile spiegeln die relative Bedeutung jeder Komponente wider (Angaben in Prozent):

Funktionen ➤	F1	F2	F3	F4	F5	F6	$\sum$
Bedeutung	0,17	0,05	0,26	0,12	0,15	0,25	1
K1	2,0	0,9	12,0	1,3	2,7	1,1	20,0
K2	4,5	0,3	6,7	2,2	1,3	7,9	22,9
K3	0,6	1,8	–	5,3	2,5	5,7	15,9
K4	–	0,7	–	2,8	2,7	3,3	9,5
K5	8,2	1,3	3,5	–	4,4	4,2	21,6
K6	1,7	–	3,9	0,3	2,1	2,9	10,9
$\sum$							≈ 100

Der eben ermittelten relativen Bedeutung jeder Komponente wird nun der tatsächliche *Kostenanteil*, der durch die Herstellung der

Komponente verursacht wird, gegenübergestellt. Der **Zielkostenindex** wird anschließend durch Division der Komponentenbedeutung durch den Kostenanteil ermittelt:

	Kostenanteil in %	Bedeutung der Komponente in %	Zielkostenindex
K1	17,6	20,0	1,14
K2	19,4	22,9	1,18
K3	19,5	15,9	0,88
K4	11,8	9,5	0,81
K5	18,7	21,6	1,16
K6	13,0	10,9	0,84

Der Zielkostenindex zeigt die Abweichung zwischen Marktbedeutung einerseits und Kostenverursachung andererseits auf. Zur Visualisierung dieses Schrittes wird ein **Zielkostenkontrolldiagramm** erstellt, wobei die *Zielkostenzone* von der Unternehmensleitung vorgegeben wird.[1]

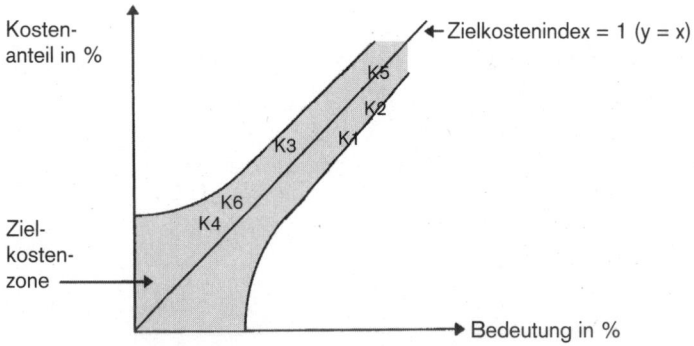

Komponenten mit einem Zielkostenindex < 1 verursachen im Vergleich mit ihrer Bedeutung zu hohe Kosten. Ist hingegen der Zielkostenindex > 1, so besteht möglicherweise ein zusätzlicher

---

1 Vgl. Seidenschwarz, a.a.O., S. 183.

Ressourcenbedarf für diese Komponenten. Die Positionierung der einzelnen Komponenten gerade außerhalb der Zielkostenzone gibt Information über Schwachstellen.

Auf dieser Basis können diverse *Maßnahmen zur Kostenreduzierung* eingeleitet werden.[1]

Aufschluss über Kostensenkungspotenziale geben verschiedene Methoden:[2]

- **technologieorientierte Methoden** wie z. B. die Wertanalyse[3] sowie Werttableaus[4]
- **produktorientierte Methoden** wie z. B. Benchmarking[5]
- **prozessorientierte Methoden** wie z. B. die Prozesskostenrechnung[6] oder wiederum Benchmarking
- **organisationsorientierte Methoden** wie z. B. Zuliefermanagement mittels Just-in-Time.

Zusammenfassung: Target Costing soll den langfristigen Unternehmenserfolg durch die Marktakzeptanz der Produkte sichern, weshalb eine Ausrichtung an den *vom Markt erlaubten Kosten* erfolgt. Dazu werden entsprechende Marktforschungsmethoden angewandt, speziell die sog. Conjoint-Analyse[7] – ein Oberbegriff für unterschiedliche multivariate Verfahren zur Messung psychologischer Werturteile.[8]

Target Costing verlangt eine *funktionsbereichsübergreifende* Konzeption bereits in den frühen Phasen des Lebenszyklus, also beginnend mit dem Produktentwicklungsprozess.

Identifizierte *Zielkostenlücken* zeigen Schwachstellen auf, wie z. B. Kostensenkungspotentiale. Target Costing als kontinuierlicher

---

1 Vgl. ausführlich in: ebenda, S. 227 ff.
2 Vgl. Corsten/Stuhlmann, a.a.O., S. 17 f.
3 Vgl. S. 185 ff.
4 Vgl. Seidenschwarz, a.a.O., S. 223 ff.
5 Vgl. Becker, W., Aufgaben und Instrumente der frühzeitigen kostenpolitischen Steuerung, in: Männel, W. (Hrsg.), Frühzeitiges Kostenmanagement, a.a.O., S. 25 f.
6 Vgl. S. 192 ff.
7 Vgl. Becker, a.a.O., S. 24. Zu Conjoint-Analysen vgl. vertiefend in: Seidenschwarz, a.a.O., S. 199 ff.
8 Vgl. Seidenschwarz, a.a.O., S. 200.

Prozess versucht dabei stetig, die Differenz zwischen drifting costs und allowable costs zu minimieren.[1]

Target Costing kann *unabhängig vom bestehenden Kostenrechnungssystem* eingesetzt werden, insbesondere bietet sich ein Zusammenspiel mit der Prozesskostenrechnung an, um eine Optimierung der indirekten Bereiche zu erzielen.

Es muss angemerkt werden, dass das Target Costing keine einheitliche Konzeption darstellt, vielmehr wird es „in allen Veröffentlichungen – vor allem japanischer Autoren – lediglich als unternehmensindividuelle Lösung beschrieben".[2]

Abschließend eine Übersicht über **Chancen und Risiken** des Target Costing:[3]

Chancen	Risiken
• Massive Erhöhung der Marktakzeptanz • Reduktion der Entwicklungskosten • Höherer und direkterer Innovationsdruck des Marktes; höhere Dynamik • Stärkung des „Wir"-Gefühls und Erhöhung des Kostenbewusstseins	• Unzuverlässige Targets • Unternehmensinterne Widerstände • Überzogenes Outsourcing

7.6 Lebenszykluskostenrechnung

Die traditionelle Kostenrechnung verfolgt eine periodische Sicht: Die innerhalb eines Zeitraums (z. B. Jahr oder Monat) angefallenen Kosten werden den in derselben Periode hergestellten bzw. verkauften Gütern zugeordnet. Aufgrund der (willkürlichen) Unterteilung in Perioden ist nicht ersichtlich, welche Kosten und welche Erlöse während des gesamten Lebenszyklus eines Produktes entstehen, also einschließlich der Entwicklungs- und der Nachsorge-

---

1 Vgl. Serfling, K./Schultze, R., Target Costing, in: Männel, W. (Hrsg.), a.a.O., S. 30.
2 Corsten/Stuhlmann, a.a.O., S. 18.
3 Entnommen aus: Serfling/Schultze, a.a.O., S. 31.

phase. Die Lebenszyklusrechnung überwindet eine periodische Sicht:[1]

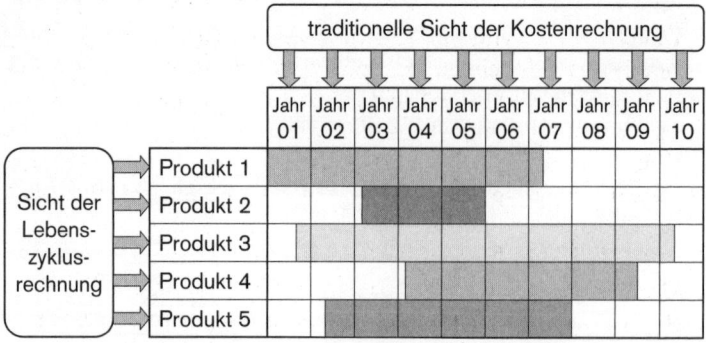

Durch die Einbeziehung der Kosten und Erlöse vor Produktionsbeginn und nach Produktionsende wird insbesondere erkennbar, ob ein Produkt überhaupt profitabel ist und wie lange es nach der Produktentwicklung und Markteinführung dauert, bis die Kosten durch die Deckungsbeiträge der verkauften Produkte erwirtschaftet werden.

Weitere Gründe für die zunehmende Bedeutung einer lebenszyklusbezogenen Kosten- und Erlösrechnung sind:

• Die Marktzyklen werden immer kürzer, z. B. durch Technologiefortschritt, veränderte Kundenanforderungen und zunehmende Produktdifferenzierung.

• Im Gegenzug sind Entwicklungszyklen i. d. R. nicht kürzer geworden, verursachen jedoch häufig gestiegene Kosten. Im Verhältnis zu den verkürzten Marktzyklen ist die Entwicklungszeit relativ gestiegen bzw. steht mit dem Marktzyklus weniger Zeit zur Verfügung, um die Entwicklungskosten zu „verdienen". Dieses Phänomen wird noch verstärkt, wenn frühzeitig Imitatoren ohne ausgeprägte Eigenentwicklung auftreten und den Konkurrenzdruck erhöhen.

• Schließlich sind in vielen Fällen jene Kosten, die nach dem Ver-

---

1 Und nachfolgend vgl. Joos-Sachse, a.a.O., S. 227 ff.

kauf entstehen, gestiegen, wie z. B. für Gewährleistung, Rücknahme und Entsorgung von Altprodukten (z. B. Verpackung oder Altautos).

Üblicherweise wird mit ‚Produktlebenszyklus' der eigentliche Marktzyklus[1] bezeichnet. Die Lebenszykluskostenrechnung erweitert diese Sicht und berücksichtigt auch explizit vor- und nachgelagerte Phasen, in denen ebenfalls Kosten und z. T. auch Erlöse anfallen:

- Die **Entstehungsphase** beinhaltet die Produktkonzeption, Forschung und Entwicklung, Marktforschung, Produktionsvorbereitung, Markteinführung usw.
- Die **Nachsorgephase** beginnt nach dem Verkauf und umfasst Aktivitäten wie z. B. Gewährleistungen und Kulanzen, Entsorgung von Altprodukten und Verpackungen sowie Wartungen usw.

Entstehungs- und Marktphase zusammen stellen den **Produktionszyklus** eines Erzeugnisses dar, Markt- und Nachsorgephase den **Konsumentenzyklus**:[2]

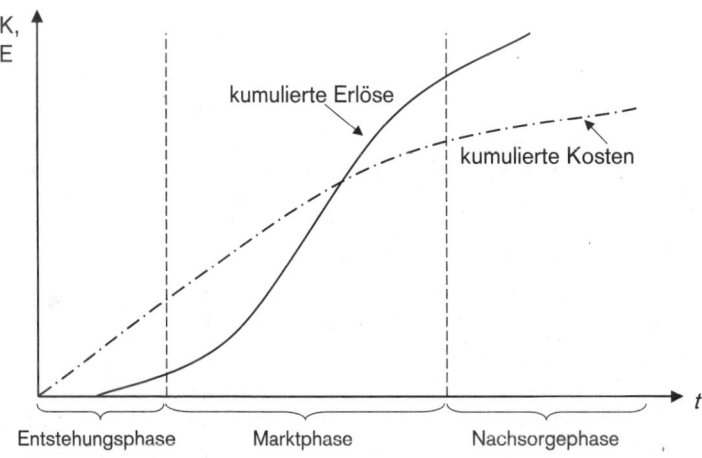

---

1 Bestehend aus Einführung, Wachstum, Reife, Sättigung und Degeneration.
2 Vgl. Joos-Sachse, a.a.O., S. 229.

Diese Darstellung ist idealtypisch; in der Tat vollzieht sich ein Zyklus nicht sukzessive, sondern besteht aus einer Vielzahl von (auch parallel oder versetzt laufender, sich überlappender) Teilzyklen; so fallen bspw. auch während der Marktphase Entwicklungsarbeiten (bspw. zur Behebung eines Konstruktionsfehlers) an. Und die Nachsorgephase beginnt nicht erst nach dem Verkauf aller Produkte, sondern mit dem Verkauf des ersten Produktes, während die Marktphase also noch aktuell ist.

Während der Entstehungsphase fallen *Vorlaufkosten* und ggf. *Vorlauferlöse* an, in der Nachsorgephase *Folgekosten* und *Folgeerlöse* – im Gegensatz zur Marktphase, wo laufende Kosten[1] und laufende Erlöse entstehen. In der klassischen Kostenrechnung werden die Kosten nicht nach ihrem Entstehen im Lebenszyklus differenziert; vielmehr werden sie dort bspw. als FuE- oder Vertriebsgemeinkosten erfasst und meist als Zuschlagssätze auf die Erzeugnisse weiterverteilt.

Eine Lebenszyklusrechnung versucht statt dessen Kosten und Erlöse den einzelnen Phasen des Lebenszyklus zuzuordnen.[2] Für Software-Erzeugnisse z. B. gilt, dass ihre Herstellung nur geringe Kosten verursacht, diese jedoch in der Entstehungsphase in hohem Maße anfallen (Produktentwicklung und -tests). Um eine periodische Sicht zu überwinden und strategische Entscheidungen auf Basis sämtlicher Kosten und Erlöse zu ermöglichen, müssen diese differenziert erfasst werden:[3]

---

1 Oder Betriebs- oder Leistungsprozesskosten; vgl. Reichmann, a.a.O., S. 583.

2 Aus ökonomischen Gründen kann auf eine gesonderte Erfassung von Vorlauf- und Folgekosten verzichtet werden, wenn sie nur in verhältnismäßig geringem Maße oder für alle Produkte in ungefähr gleichem Umfang und ohne zeitlich bedingte Schwankungen, also gleichmäßig anfallen.

3 Vgl. Joos-Sachse, a.a.O., S. 230.

Kosten	Erlöse

Vorlaufkosten (VK):
 • technologische VK für:
   • Forschung
   • Produktentwicklung
   • Verfahrensentwicklung
 	
 • marktbezogene VK für:
   • Marktforschung
   • Markterschließung
 	
 • produktionsbezogene VK für
   • Arbeits- und Fertigungsplanung
   • Vorserien und Produkttests
 	
 sonstige VK für:
   • Einkauf und Logistik
   • Organisationsaufbau
   • andere Vorlaufkosten
	Vorlauferlöse:
	 • Subventionen
	 (FuE-Zuschüsse)

Laufende Kosten für: • Herstellkosten • Verwaltung, Vertrieb und Entwicklung	Laufende Erlöse: • Verkaufserlöse
Folgekosten für: • Gewährleistung (z. B. für Nacharbeiten oder Vertragsverletzungen) • Inspektion und Wartung • Ersatzteilhaltung • Entsorgung (von Produkten, Verpackung und Produktionsanlagen)	Folgeerlöse: • Inspektions- und Wartungserlöse • Ersatzteilerlöse • Entsorgungserlöse (z. B. Autoreifen) • Lizenzerlöse (z. B. Autos)

Sind Vorlauf-, laufende und Folgekosten und -erlöse differenziert erfasst, folgt nunmehr die eigentliche Lebenszyklusrechnung. Dafür bestehen zwei Möglichkeiten:

• Eine **periodenübergreifende Verrechnung** von Vorlauf- und Folgekosten (aufwendigere Variante)

• Ein **periodenübergreifender Ausweis** von Vorlauf- und Folgekosten (einfachere Variante)

Die Variante der periodenübergreifenden Verrechnung versucht, die so differenzierten Erlöse und Kosten konsequent den jeweils verursachenden Produkten zuzuordnen. Dazu werden Vorlaufkosten gesammelt und den verursachenden Produkten erst in späteren Perioden zugerechnet. Umgekehrt müssen die zeitlich nachgelagerten Folgekosten antizipiert werden,[1] wodurch sie vor ihrem eigentlichen Entstehen die Produkte belasten. Für beide Kosten gilt, dass sich die anteiligen Vorlauf- und Folgekosten für ein produziertes Stück als Quotient aus ihrer jeweiligen Summe durch die erwartete Ausbringungsmenge ergibt.

Diese Variante ermöglicht lebenszyklusbezogene Kalkulationen unter Einbeziehung von Vorlauf- und Folgekosten, sie erfordert jedoch einen ernormen Aufwand. Außerdem entstehen folgende Probleme:

- Häufig fallen Vorlauf- und Folgekosten nicht nur für ein Produkt, sondern für eine Produktgruppe oder ein Produktsortiment an; eine verursachungsgerechte Aufspaltung bzw. Zuordnung ist dann nur schwer möglich.

- Kosten für fehlgeschlagene Forschungs- und Entwicklungsarbeit können nicht verursachungsgerecht verteilt werden; sie müssen von den tatsächlich hergestellten und verkauften Produkten mitgetragen werden.

- Alle Kosten und Erlöse werden durch die periodenübergreifende Verrechnung der Marktphase zugeordnet. In der Bilanzierung sind vergleichbare Rechnungen nicht erlaubt, speziell können Vorlaufkosten dort nicht aktiviert (und auf spätere Perioden verteilt) werden. Damit entsteht eine erhöhte Diskrepanz zwischen kalkulatorischem und bilanziellem Ergebnis.

- Die zur Verteilung benötigte (erwartete) Gesamtstückzahl ist nur ein Schätzwert, der einer deutlichen Unsicherheit unterliegt. Damit wird die angestrebte Genauigkeit der Aussagen relativiert.

Aus den genannten Gründen ist **die Variante des periodenübergreifenden Ausweises** von Vorlauf- und Folgekosten (derzeit) vorzuziehen. Sie weist zwar Lebenszykluskosten gesondert kumulativ aus, verzichtet aber auf eine periodenübergreifende Verrechnung. Im (Betriebs-)Ergebnis unterscheidet sie sich damit nicht von den traditionellen Ansätzen der Kostenrechnung.

---

1 In der klassischen Kostenrechnung geschieht dies nur ansatzweise, z. B. durch Bildung von Rückstellungen für Gewährleistung und Kulanzen.

Vom Charakter her ist sie eine nach Erzeugnissen bzw. Erzeugnisgruppen differenzierte, mehrperiodische Betriebsergebnisrechnung, die neben den auf den Marktzyklus bezogenen Ergebnisrechnungen der Perioden auch die Vorlauf- und Folgekosten zusätzlich ausweist. Durch Subtraktion der Vorlauf- und Folgekosten vom summarischen Betriebsergebnis (des Marktzyklus) erhält man das Lebenszyklusergebnis eines Erzeugnisses.

Das nachstehende (verkürzte) Beispiel verdeutlicht die Vorgehensweise:

Beispiel: Ein DVD-Hersteller entwickelt einen neuen DVD-Spieler. Projektstart war im Jahr 01, Markteinführung im Jahr 02. Das geplante Ende der Marktphase ist im Jahr 05. Zu Beginn des Jahres 04 ergibt sich folgende Lebenszyklusrechnung:[1]

	Jahr 01	Jahr 02	Jahr 03	Jahr 04	Jahr 05	Jahr 06	Summe
Erlöse		500	600	420	190		1710
Vorlaufkosten:							
• Entwicklung	160	140	10				310
• Marketing		220					220
• Sonstige		70					70
lfd. Kosten:							
• HK		160	200	150	90		600
• Verwaltung		20	50	30	20		120
• Vertrieb		60	80	50	30		220
Folgekosten:							
• Garantie		5	10	15	18	18	66
• Entsorgung			2	3	5	8	18
Betriebsergebnis	−160	−175	+248	+172	+27	−26	86
BE kumuliert	−160	−335	−87	+85	+112	+86	

Die Variante der Lebenszyklusrechnung mit periodenübergreifendem Ausweis der Vorlauf- und Folgekosten erfordert nur einen vertretbaren Aufwand und kann ergänzend zur laufenden Kostenrechnung durchgeführt werden. Sie kann auf Basis von Ist- und/oder

---

1 Alle Angaben in T€; die Werte ab dem Jahr 04 sind prognostizierte Werte.

Planwerten erstellt werden. Bei Bedarf können zusätzlich Vorlauf-
und Folgeerlöse differenziert aufgeführt werden.

Ihre **Vorteile** sind:

• Der Amortisationszeitpunkt wird ersichtlich, also die Periode, in
der das kumulierte Betriebsergebnis den Wert null erreicht (hier:
ca. Mitte des Jahres 04): Ab da sind alle (nachverteilten) Vorlaufkosten und die (antizipierten) Folgekosten durch die Ergebnisse
aus dem Verkauf der Produkte gedeckt.

• Die Rentabilität von Produkten kann über den gesamten Lebenszyklus beurteilt werden, also einschließlich der Vorlauf- und Folgekosten (sowie ggf. Vorlauf- und Folgeerlösen).

• Es können kritische Soll-/Ist-Abweichungen aufgezeigt werden,
speziell in der Entstehungsphase (z. B. Überschreiten des FuE-
Budgets), aber auch in der Marktphase (z. B. Unterschreiten der
Planerlöse) oder der Nachsorgephase (z. B. erhöhte Entsorgungs-
kosten).[1]

• Die Auswirkungen unterschiedlicher Kosten- und Erlös-Konstel-
lationen können simuliert werden, die zu Verschiebungen in den
Phasen des Lebenszyklus führen: So können bspw. erhöhte Vorlaufkosten (z. B. verbesserte Qualität) die späteren Folgekosten
(z. B. Garantie) senken. Oder erhöhte Vorlaufkosten (z. B. erhöhte Funktionalität) können erhöhte Erlöse in der Marktphase ermöglichen (qualitätsbewusste Kunden).

Dagegen sind folgende **Nachteile** ersichtlich:

• Kosten für fehlgeschlagene Forschungs- und Entwicklungsarbeiten können auch bei dieser Variante nicht verursachungsgerecht
verteilt, sondern müssen von jenen Produkten, die die Marktphase erreichen, getragen werden.

• Da nur ein periodenübergreifender Ausweis der Vorlauf- und Folgekosten erfolgt, können aus dem Datenmaterial der laufenden
Kostenrechnung keine Stückkosten verursachungsgerecht ermittelt werden. Die Lebenszyklusrechnung müsste daher parallel zur
klassischen Kostenrechnung durchgeführt werden.

---

1 Um im letzten Fall korrigierende Maßnahmen einleiten zu können, müsste der Ge-
samtzyklus entsprechend lang sein und sich die Nachsorgephase mit der Marktphase überlappen.

● Der Zeitwert des Geldes wird nicht berücksichtigt. Zwar könnten – wie es aus der Investitionsrechnung bekannt ist – sämtliche Beträge mit geschätzten Zinssätzen auf den Betrachtungszeitpunkt abgezinst werden, dann aber wäre keine Übereinstimmung mehr mit der Betriebsergebnisrechnung gegeben. Das Problem ließe sich dadurch lösen, dass zunächst eine Lebenszyklusrechnung auf Basis von Ist- bzw. Planwerten erstellt und anschließend daraus eine „Lebenszyklusrechnung II" abgeleitet wird, bei der Zukunftswerte mit einem gewünschten Zinssatz[1] abgezinst und Vergangenheitswerte aufgezinst werden.

Beispiel: Auf Basis der vorausgehenden Lebenszyklusrechnung des DVD-Herstellers wird eine Lebenszyklusrechnung II abgeleitet, wobei die Beträge der Jahre 01 und 02 mit 10 % aufgezinst, die der Jahre 04 bis 06 abgezinst werden:[2]

	Jahr 01	Jahr 02	Jahr 03	Jahr 04	Jahr 05	Jahr 06	Summe
Zinsfaktor	$1,1^2$ $=1,21$	$1,1^1$ $=1,1$	$1,1^0$ $=1$	$1,1^{-1}$ $=0,91$	$1,1^{-2}$ $=0,83$	$1,1^{-3}$ $=0,75$	
Erlöse		550	600	382	158		1690
Vorlaufkosten:							
● Entwicklung	194	154	10				358
● Marketing		242					242
● Sonstige		77					77
lfd. Kosten:							
● HK		176	200	137	84		597
● Verwaltung		22	50	27	17		116
● Vertrieb		66	80	46	25		217
Folgekosten:							
● Garantie		6	10	14	15	14	59
● Entsorgung			2	3	4	6	15
Betriebsergebnis	−194	−193	+248	+155	+13	−20	9
BE kumuliert	−194	−387	−139	+16	+29	+9	

1 Z. B. mit einem Kalkulationszinsfuß; zu Problemen bei dessen Ermittlung vgl. (Eisenführ, F., Kalkulationszinsfuß, in:) Busse von Colbe, a.a.O., S. 388 ff.
2 Auf- bzw. abgerundet auf ganze T €.

Offensichtlich haben die Aufzinsungen der Jahre 01 und 02 zu einer Erhöhung der Kosten-Barwerte geführt, die durch die Abzinsungen der Jahre 04 bis 06 nicht kompensiert werden. Der Barwert der kumulierten Betriebsergebnisse über den gesamten Lebenszyklus beträgt nur noch 9000 € (ohne Zinsberücksichtigung: 86 000 €) und damit 0,53 % des Barwertes aller Erlöse. Außerdem wird der Amortisationszeitpunkt später erreicht (gegen Ende des Jahres 04). Ob das Unternehmen unter diesen Voraussetzungen den DVD-Spieler entwickeln will, wäre bei einer Betrachtung zum Projektstart zu überlegen gewesen. Aus heutiger Sicht (Beginn des Jahres 04) sollten ggf. Rationalisierungsmaßnahmen erfolgen, um die laufenden Kosten zu senken, oder durch einen entsprechenden Marketing-Mix die Erlöse gesteigert werden.

Deutlich wird, dass mit Hilfe der Lebenszyklusrechnung strategische Entscheidungen, aber auch operative Maßnahmen begründet werden können.

Glossar

Hier werden wichtige Begriffe der Kosten- und Leistungsrechnung erläutert. Querverweise im Glossar sind mit → Pfeilen gekennzeichnet, während die Seitenzahlen in Klammern auf ausführliche Textstellen verweisen.

Abschreibungen erfassen Wertminderungen des Anlagevermögens. Bilanziell wird von den → Anschaffungs- bzw. → Herstellungskosten abgeschrieben, und zwar linear, degressiv oder nach Leistung. Kalkulatorisch erfolgt die planmäßige Abschreibung üblicherweise linear vom Wiederbeschaffungswert, die außerplanmäßige Wertminderung wird als → Wagniskosten berücksichtigt. (Vgl. S. 51 ff.)

Abzugskapital ist jenes Fremdkapital, das einer Unternehmung zinslos zur Verfügung steht, wie z. B. Lieferantenkredite (ohne Skonto), erhaltene An- oder Vorauszahlungen u. Ä. Zur Berechnung des → betriebsnotwendigen Kapitals wird das betriebsnotwendige Vermögen um das Abzugskapital gemindert. Das betriebsnotwendige Kapital ist dann Grundlage zur Berechnung der → Zinskosten. (Vgl. S. 55 ff.)

Activity Based Costing → Prozesskostenrechnung

Äquivalenzziffernrechnung. Eine Sonderform der → Divisionskalkulation zur Ermittlung der → Selbstkosten der → Kostenträger. Bedingung ist, dass die Kostenträger bzgl. der Produktionsfaktoren und Fertigungsverfahren einen hohen Grad innerer Verwandtschaft aufweisen, z. B. Zigaretten, Mehl, Biersorten etc. Die unterschiedliche Kostenbelastung wird durch Äquivalenzziffern ausgedrückt. (Vgl. S. 102 ff.)

Allowable Costs sind bei der → Zielkostenrechnung (Target Costing) die vom Markt erlaubten Kosten (= Zielverkaufspreis oder Target Price). An ihnen orientieren sich die zu bestimmenden → Zielkosten, im Idealfall entsprechen sie diesen.

Anbauverfahren (oder Blockverfahren). Die ungenaueste Methode zur innerbetrieblichen Leistungsverrechnung. Die Leistungsströme zwischen → Hilfskostenstellen werden komplett vernachlässigt; stattdessen werden die → Primärkosten einer Hilfskostenstelle durch die Menge der (an → Hauptkostenstellen) abgegebenen → Leistung dividiert. (Vgl. S. 90) → Leistungsverflechtung

Anderskosten entstehen, wenn statt der → Aufwendungen der Finanzbuchhaltung in der Kostenrechnung mit → Kosten in anderer Höhe gerechnet wird, wie z. B. kalkulatorische → Abschreibungen, → Zinskosten oder → Verrechnungspreise für Werkstoffe. (Vgl. S. 51 ff.)

Anschaffungskosten entstehen beim Erwerb von Anlagegütern. Sie basieren auf dem Nettowert des Gutes zuzüglich aller (einmaligen) Kosten, die zu dessen Inbetriebnahme nötig sind (z. B. Zölle, Montagekosten, Transportkosten) und abzüglich aller Anschaffungskostenminderungen (z. B. Skonti, Rabatte oder sonstige Nachlässe).

Aufwand ist der Werteverzehr, der durch Einsatz von → Produktionsfaktoren im Rahmen der Leistungserstellung anfällt. Dazu gehören der Gebrauch von Betriebsmitteln, der Verbrauch von Werkstoffen und die Inanspruchnahme von Diensten. Aufwand ist der bewertete Werteverzehr lt. Finanzbuchhaltung. Für die Kostenrechnung werden statt dessen → Kosten angesetzt. Die Abgrenzung zwischen beiden erfolgt in der sachlichen Abgrenzung. (Vgl. S. 18 ff.)

Aufwand, neutraler. Aufwendungen sind dann keine → Kosten, wenn sie betriebsfremd (z. B. Verlust aus Wertpapierverkauf), periodenfremd (z. B. Gewerbesteuernachzahlung) oder in außergewöhnlicher Höhe anfallen (z. B. Enteignungsverlust).

Ausbringung(smenge) bezeichnet die Menge der produzierten Güter, also der mengenmäßige Output des Leistungserstellungsprozesses. → Beschäftigungsgrad

Ausgaben sind durch Zugang von Wirtschaftsgütern bedingte Veränderungen des Geldvermögens. Falls gleichzeitig ein Zahlungsmittelabfluss vorliegt, handelt es sich außerdem um eine → Auszahlung. Gegensatz: → Einnahmen.

Auszahlungen sind Abflüsse von Zahlungsmitteln, also Minderungen von Bar- und Buchgeld. Gegensatz: → Einzahlungen.

Benchmarking ist der Vergleich von Produkten und → Prozessen der eigenen Unternehmung bezüglich der Kriterien Kosten, Qualität und Zeit. Die eigene Unternehmung ist am Besten der gleichen Branche oder auch anderer Branchen zu messen.

Bereitschaftskosten sind → Kosten, die unabhängig von der → Ausbringung sind. Da sie sich nur mit der Änderung der → Kapazität ändern, sind sie kurzfristig fix. Gegensatz: Leistungskosten. → Beschäftigungsgrad

Beschäftigungsgrad ist die Beziehung zwischen Istbeschäftigung und

Vollbeschäftigung, wobei Beschäftigung als Ausnutzung der vorhandenen → Kapazität definiert ist. Damit besteht eine Korrelation zwischen Beschäftigungsgrad und → Ausbringungsmenge.

Bestandsveränderungen sind Veränderungen der Bestände an unfertigen und Fertigerzeugnissen zum Ende einer Periode. Mehrbestände entstehen, wenn gilt: produzierte Menge > abgesetzte Menge. Mehrbestände stellen einen Ertrag dar (Lagerleistung). Minderbestände haben Kostencharakter; für sie gilt: produzierte Menge < abgesetzte Menge.

Betriebsabrechnung ist jener Teil des → internen Rechnungswesens, der den Prozess der Leistungserstellung zahlenmäßig abbildet. Dazu wird der kostenstellenbezogene Faktorverbrauch den erstellten → Leistungen gegenübergestellt. Hilfsmittel dafür ist der → Betriebsabrechnungsbogen.

Betriebsabrechnungsbogen (BAB) ist ein Hilfsmittel der tabellarisch durchgeführten → Betriebsabrechnung. Als Matrix erfasst er vertikal die einzelnen → (Gemein-)Kostenarten, horizontal die → Kostenstellen. Letztere sollten entsprechend dem Leistungsfluss geordnet sein. Im BAB wird sowohl die Verteilung der → Primärkosten auf die verbrauchenden Kostenstellen als auch die innerbetriebliche Leistungsverrechnung durchgeführt (→ Sekundärkosten). (Vgl. S. 74 ff.)

Betriebsergebnis ist der Saldo der periodischen (oft monatlichen) Gegenüberstellung von → Kosten und → Leistungen. Es weicht dann vom Gesamtergebnis der GuV ab, wenn für kostenrechnerische Zwecke → neutrale Aufwendungen bzw. Erträge herausgerechnet und → Anders- oder → Zusatzkosten berücksichtigt werden müssen.

Betriebsergebnisrechnung. Die periodische Gegenüberstellung von → Kosten und → Leistungen, die den → Erfolg aus der eigentlichen Aufgabe des Betriebs ermittelt. Als kurzfristige Erfolgsrechnung ist sie eine z. B. monatliche → Kostenträgerzeitrechnung.

Betriebsnotwendiges Kapital ist die Basis zur Ermittlung der → Zinskosten. Zu seiner Berechnung dürfen nur jene Kapitalteile einfließen, die für betriebliche Zwecke benötigt werden, nicht also z. B. für die Finanzierung von Wertpapieren. (Vgl. S. 55 f.) → Abzugskapital

Bezugsgrößen sind Maßgrößen zur Zurechnung von → Kosten, die einem → Kostenträger nicht direkt zugerechnet werden. Ein Beispiel sind im Rahmen der → Zuschlagskalkulation Materialgemeinkosten, die mit einem bestimmten Prozentsatz auf die Materialeinzelkosten aufgeschlagen werden. Bezugsgrößen bei der → Deckungsbeitragsrechnung mit relativen Einzelkosten sind jene Bezugsobjekte, denen

Kostenstellen-, Kostenbereichs- oder Unternehmenseinzelkosten zurechenbar sind. (Vgl. S. 138 ff.)

Break-Even-Point ist die Gewinnschwelle, also jene Menge, bei der die erzielten → Erlöse die angefallenen → Kosten gerade decken und weder Gewinn noch Verlust erwirtschaftet wird. (Vgl. S. 154 ff.)

Cash-Point (Auszahlungsdeckung) ist eine Variation des → Break-Even-Point: Er gibt jene Absatzmenge an, die benötigt wird, um die zahlungswirksamen → Fixkosten zu decken. Statt der gesamten Fixkosten stehen im Nenner nur die zahlungswirksamen Fixkosten. Zu den eliminierten (kurzfristig) zahlungsunwirksamen Fixkosten zählen bspw. die → Abschreibungen.

Deckungsbeitrag. Der Betrag, den ein Produkt zur Deckung der → Fixkosten und zur Erzielung eines Nettogewinnes leistet. Er wird ermittelt als Differenz aus → Erlösen und jenen → Kosten, die durch das Produkt ausgelöst wurden; es sind dies z. B. die → variablen Kosten im System des → Direct Costing und zusätzlich die stufenweisen → Fixkosten in der → Fixkostendeckungsrechnung. (Vgl. S. 131 ff.)

Deckungsbeitragsrechnung ist heute ein Synonym für alle Formen der → Teilkosten- und Bruttoergebnisrechnung. I. e. S. sind jene Verfahren gemeint, die auf eine Schlüsselung der → Gemeinkosten verzichten und stattdessen (evtl. stufenweise) → Deckungsbeiträge ermitteln.

Deckungsbeitragsrechnung mit relativen Einzelkosten. Von *Riebel* entwickelte Form der → Teilkostenrechnung, bei der als → Einzelkosten jene → Kosten ausgewiesen werden, die einem bestimmten Bezugsobjekt genau zurechenbar sind (z. B. Kostenträger, -stelle oder -bereich). So stellen z. B. Rohstoffe Kostenträger-EK dar, die Abschreibung einer Maschine hingegen Kostenstellen-EK und das Meistergehalt Kostenbereichs-EK. (Vgl. S. 138 ff.)

Direct Costing ist ein einfaches System der → Teilkostenrechnung. In Abhängigkeit zur → Beschäftigung unterscheidet es in → fixe und → variable Kosten. Durch Subtraktion der variablen Kosten vom Stückerlös erhält man den → Deckungsbeitrag eines Produktes. (Vgl. S. 131 ff.)

Divisionskalkulation ist das einfachste Kalkulationsverfahren, wie es in der Einproduktunternehmung angewendet wird: Ohne → Kostenauflösung werden sämtliche → Kosten durch die produzierte Menge dividiert, um die → Selbstkosten eines Produkts zu ermitteln. (Vgl. S. 99 ff.)

Drifting Costs sind die → Standardkosten bei der → Zielkostenrechnung, also jene → Plankosten, die unter Beibehaltung der momentanen Technologie- und Verfahrensstandards erreicht werden können.

Durchschnittsprinzip. Eines der → Kostenzurechnungsprinzipien, bei dem die → Gemeinkosten (nicht verursachungsgemäß) als Durchschnittswerte auf die zugrunde liegenden → Bezugsgrößen aufgeteilt werden. Dazu werden für ein Produkt die → Kosten einer Periode durch die produzierte Stückzahl dividiert. (Vgl. S. 38 f.)

Einnahmen sind der Wert der von der Unternehmung an andere abgegebenen Wirtschaftsgüter, und zwar unabhängig vom Zahlungszeitpunkt. Gegensatz: → Ausgaben.

Einzahlungen sind Zugänge an Bar- und Buchgeld. Gegensatz: → Auszahlungen

Einzelkosten oder direkte Kosten lassen sich direkt und verursachungsgerecht einem bestimmten → Kostenträger (Produkt) zuordnen. Dazu werden sie in der → Kostenartenrechnung erfasst und unmittelbar (d. h. ohne Umweg über → Kostenstellen) auf die Kostenträger kalkuliert. Kalkulationsobjekte können neben den Produktarten auch Aufträge, Kostenstellen usw. sein. Beispiele für Einzelkosten sind Bleche im Automobilbau oder die meisten Akkordlöhne. → Sondereinzelkosten; Gegensatz: → Gemeinkosten

Endkostenstellen erbringen im Gegensatz zu → Vor- oder Hilfskostenstellen i. d. R. → Leistungen für die herzustellenden und abzusetzenden Produkte, weshalb die in den Endkostenstellen anfallenden → Kosten direkt auf die → Kostenträger zuzurechnen sind. Als Vereinfachung werden im Buch die Begriffe End- und Hauptkostenstellen synonym verwandt. (Vgl. S. 71 ff.)

Engpässe, betriebliche. Dies sind knappe → Produktionsfaktoren, die den Handlungsspielraum einer Unternehmung einengen. Beispiele sind voll ausgelastete Maschinen- oder Humankapazitäten oder knappe → Werkstoffe.

Erfolg ist der Oberbegriff für Gewinn oder Verlust. Im Rahmen der Kosten- und Leistungsrechnung wird der Erfolg als Ergebnis aus der Gegenüberstellung von → Kosten und → Leistungen ermittelt.

Erfolgsrechnung, kurzfristige. Üblicherweise monatlich erfolgende → Betriebsergebnisrechnung (→ Kostenträgerzeitrechnung), in der nach Produktarten differenziert der Überschuss der → Erlöse über den → Kosten ermittelt wird.

Ergebnis, neutrales. Saldo aus der Gegenüberstellung der → neutralen Aufwendungen und → neutralen Erträge.

Erlös ist der Wert der von der Unternehmung abgesetzten und veräußerten Produkte, also von hergestellten Erzeugnissen, erbrachten Dienstleistungen und nicht mehr benötigten Anlagegütern. Synonym für (erbrachte) → Leistung verwendet, stellt Erlös insofern den Gegensatz zu → Kosten dar. Er wird als Periodenerlös oder Stückerlös berechnet.

Erlöskontrolle: Neben den → Kosten müssen auch die → Erlöse überwacht und auf Abweichungen untersucht werden: Die Differenz zwischen Ist- und Planerlösen ist auf Absatzmengen- und/oder Absatzpreisabweichungen zurückzuführen. Als Primärabweichungen sind sie eindeutig jeweils einer dieser beiden Ursachen zuordenbar: Preisabweichungen ergeben sich aus $\Delta e \cdot x_i$, Mengenabweichungen aus $\Delta x \cdot e_i$. Sekundärabweichungen beinhalten sowohl Abweichungen beim Absatzpreis als auch bei der Absatzmenge. Ausgebaut zur Ergebniskontrolle wird untersucht, inwieweit sich Abweichungen auf das → Betriebsergebnis auswirken. Dabei wirken sich Absatzpreisabweichungen in voller Höhe auf das Betriebsergebnis aus, während dies bezüglich von Absatzmengenabweichungen nicht eindeutig feststeht: zu ihrer Ermittlung werden die variablen Kosten eliminiert und statt der Erlöse die → Stückbeiträge herangezogen. (Vgl. S. 178 ff.)

Ertrag ist eine periodisierte → Einnahme, also der in Geldeinheiten ausgedrückte Wertzuwachs einer Unternehmung innerhalb eines bestimmten Zeitraumes. Im Gegensatz zur → Leistung werden auch → neutrale Erträge erfasst. (Vgl. S. 18 ff.)

Ertrag, neutraler. Ein → Ertrag, der entweder betriebsfremd (z. B. Mietertrag oder Wertpapiergewinn) erzielt wird, oder zwar betrieblich bedingt, aber dabei periodenfremd (Rückerstattung von Gewerbesteuer) ist oder in außerordentlicher Höhe anfällt (z. B. Entschädigung bei Enteignung). Neutrale Erträge werden in der Finanzbuchhaltung erfasst, für kostenrechnerische Zwecke werden sie jedoch abgegrenzt.

Fertigungslöhne sind spezielle Personalkosten. Sie stellen meist → variable → Einzelkosten dar (regulär gezahlte Akkordlöhne), z. B. als Löhne für Urlaubsvertretungen zählen sie jedoch zu den → Gemeinkosten.

Fertigungsmaterial sind klassische → variable → Einzelkosten des Materialbereichs und können daher direkt bestimmten → Kostenträgern zugerechnet werden. Dazu zählen vor allem Rohstoffe und Fremdbauteile und ggf. Hilfsstoffe (soweit diese nicht als Gemeinkosten behandelt werden). → Materialkosten

Fertigungsstellen sind → Kostenstellen der Fertigung. In den → End- oder → Hauptkostenstellen der Fertigung werden Produkte unmittelbar be- oder verarbeitet, Fertigungshilfskostenstellen hingegen erbringen vorbereitende oder unterstützende Leistungen (z. B. Arbeitsvorbereitung oder Fertigungssteuerung).

Finalprinzip. Spezielles → Kostenzurechnungsprinzip, wonach → Kosten jenen → Leistungen zuzurechnen sind, für die sie bewusst in Kauf genommen werden. Basis des Finalprinzips ist eine Mittel-Zweck-Beziehung zwischen Kosten und Leistungen.

Fixe Kosten sind jener Teil der gesamten → Kosten, die sich bei Veränderung der Beschäftigung nicht verändern (z. B. Abschreibungskosten einer Maschine). Sie fallen unabhängig von der ausgebrachten Menge in einem bestimmten Zeitraum für eine bestimmte → Kapazität an. Unterform: → sprungfixe Kosten; Gegensatz: → variable Kosten

Fixkostenblock ist die undifferenzierte Gesamtheit aller → Fixkosten im System des → Direct Costing. Sie werden den → Deckungsbeiträgen einer Produktart gegenübergestellt. Soweit die Deckungsbeiträge den anteiligen Fixkostenblock überwiegen, werden nicht nur sämtliche → Kosten gedeckt, sondern darüber hinaus ein Gewinn erzielt. → Grenzplankostenrechnung

Fixkostendeckungsrechnung ist eine mehrstufige Form der → Teilkostenrechnung, die nach der Nähe der → Kosten zum Produkt in verschiedene Fixkostenschichten unterscheidet. Nach Abzug der → variablen Kosten von den Erlösen ergibt sich der → Deckungsbeitrag I. Anschließend werden stufenweise → Fixkosten subtrahiert, (Vgl. S. 134 ff.).

Folgekosten sind in der klassischen Kostenrechnung als Begriff unbekannt. In der → Lebenszyklusrechnung sind damit jene Kosten gemeint, die nach dem Verkauf eines Produktes anfallen, insbesondere für Garantieleistungen, Wartung, Entsorgung usw. Dementsprechend fallen Folgeerlöse z. B. in Form von Wartungs-, Entsorgungs- oder Lizenzerlösen an.

Fortschreibungsmethode → Skontrationsmethode

Gemeinkosten fallen für mehrere Produkte oder Aufträge gemeinsam an. Sie können letztlich nicht für das einzelne Kalkulationsobjekt separat erfasst werden (Beispiel: Vorstandsgehalt). Ausnahme: unechte Gemeinkosten könnten einzelnen Kalkulationsobjekten zugerechnet werden, aus ökonomischen Gründen wird aber darauf verzichtet (z. B. Verbrauch von Schrauben). Die Vollkostenrechnung teilt die Gemeinkosten auf und verrechnet sie über → Kostenstellen auf die einzelnen → Kostenträger. Die → Deckungsbeitragsrechnung hingegen verzichtet auf eine Schlüsselung. Gegensatz: → Einzelkosten

Gemeinkostenschlüssel. Im Rahmen der Vollkostenrechnung benötigte Hilfsmittel zur Verteilung der → Gemeinkosten. Es werden Wertschlüssel (z. B. Lohnnebenkosten in Bezug auf die Bruttoentgelte) und Mengenschlüssel verwendet (z. B. Grundfläche, Raumgröße oder Gewicht). (Vgl. S. 79 f.)

Gemeinkosten-Wertanalyse („value analysis") ist eine spezielle Form der → Wertanalyse zur Reduzierung der → Gemeinkosten in Verwaltungs- und sonstigen indirekten Bereichen. Auf Basis von Analysen sollen überflüssige Tätigkeiten eliminiert und das Kosten-Nutzen-Verhältnis anderer → Prozesse erhöht werden. (Vgl. S. 187 ff.)

Gesamtkostenverfahren ist eine Variante zur Erstellung der Gewinn- und Verlustrechnung, bei der den → Erträgen sämtliche → Aufwendungen gegenübergestellt werden, und zwar unabhängig davon, ob die Aufwendungen (bzw. Kosten) für Güter entstehen, die in derselben Periode abgesetzt werden. Zur Periodenabgrenzung sind deshalb → Bestandsveränderungen zu berücksichtigen.

Gewinnschwelle → Break-Even-Point

Gleichungsverfahren ist neben dem → Iterationsverfahren ein weiteres → Simultanverfahren der innerbetrieblichen Leistungsverrechnung. Beide finden dort Anwendung, wo mehrere → Kostenstellen durch gegenseitige Leistungsströme miteinander verflochten sind. Für jede der beteiligten Kostenstellen wird eine Gleichung gebildet. Diese werden anschließend ineinander eingesetzt (Einsetzverfahren) oder als lineares Gleichungssystem in Matrizenform gelöst. (Vgl. S. 83 ff.) → Leistungsverflechtung

Grenzkosten sind die → Kosten der jeweils letzten Einheit einer Ausbringungsmenge; Formel: $k' = \Delta K : \Delta x$.

Grenzplankostenrechnung. Eine Form der → Teilkostenrechnung, bei der strikt in → fixe und → variable Kosten getrennt wird. Erstere werden als Periodenkosten en bloc vorgegeben und damit nicht auf die einzelnen Leistungseinheiten anteilig zugeschlagen. Für die (als proportional angesehenen) variablen Kosten werden → Plan- und → Sollkosten ermittelt. Die Grenzplankostenrechnung eignet sich vor allem für kurzfristige Zwecke, wie z. B. zur Ermittlung kurzfristiger → Preisuntergrenzen, Sortimentsplanung unter Berücksichtigung → betrieblicher Engpässe und zur Planung und Kontrolle des Periodenerfolgs. (Vgl. S. 174 ff.)

Grundkosten entsprechen dem → Zweckaufwand, also jenen → Aufwendungen, die betrieblich, periodenrichtig und in gewöhnlicher Höhe anfallen und unverändert aus der Finanzbuchhaltung übernommen werden.

Grundrechnung. Im System der → Deckungsbeitragsrechnung mit relativen → Einzelkosten werden die → Kosten nicht in getrennten → Kostenarten-, → Kostenstellen- und → Kostenträgerrechnungen erfasst und verrechnet, sondern in einer speziellen Kombination davon, der Grundrechnung. In dieser werden die Kosten nach verschiedenen Kriterien erfasst (als Einzelkosten diverser Bezugsobjekte) und den einzelnen → Kostenstellen und → -trägern zugeordnet. (Vgl. S. 141)

Hauptkostenstellen sind → Endkostenstellen, die i. d. R. direkt → Leistungen für die herzustellenden und abzusetzenden Produkte erbringen (z. B. Fertigungshauptkostenstellen). Im Gegensatz zu → Nebenkostenstellen sind in der → Kuppelproduktion die Hauptkostenstellen mit der Produktion der Hauptprodukte befasst. (Vgl. S. 71 ff.)

Herstellkosten sind die Summe aus → Einzel- und → Gemeinkosten aus Material- und Fertigungsbereich (= Herstellkosten der Fertigung). Durch Addition von Minderbeständen bzw. Subtraktion von Mehrbeständen ergeben sich die Herstellkosten des Umsatzes. Auf diese werden Verwaltungs- und Vertriebskosten sowie → Sondereinzelkosten des Vertriebs addiert, so dass sich die → Selbstkosten ergeben (Vgl. S. 106 f. und S. 119). I. d. R. weichen die kostenrechnerischen Herstellkosten von den Herstellungskosten der Finanzbuchhaltung ab, die nach handels- bzw. steuerrechtlichen Bestimmungen ermittelt werden.

Hilfskostenstellen erbringen im Gegensatz zu → Endkostenstellen keine direkte → Leistung für die herzustellenden und abzusetzenden Produkte. Stattdessen haben sie vorbereitende oder unterstützende Funktion (z. B. Arbeitsvorbereitung als Fertigungshilfskostenstelle) oder erbringen Leistungen für mehrere Bereiche (z. B. allg. Hilfs- oder Vorkostenstelle Fuhrpark, Betriebsdruckerei oder Werksfeuerwehr). (Vgl. S. 71 ff.)

Hilfslöhne zählen im Gegensatz zu den meisten → Fertigungslöhnen zu den echten → Gemeinkosten. Sie fallen für Tätigkeiten an, die nicht in direktem Zusammenhang mit der Be- und Verarbeitung von Erzeugnissen stehen.

Identitätsprinzip. Ein → Kostenzurechnungsprinzip, wonach → Kosten nur jenen → Leistungen zuzurechnen sind, wenn Kosten und Leistungen durch dieselbe Entscheidung ausgelöst werden. Von *Riebel* als Zurechnungsprinzip für die → Deckungsbeitragsrechnung mit relativen Einzelkosten herausgestellt.

Intervallfixe Kosten → sprungfixe Kosten

Inventur ist die Bestandsaufnahme der Vermögensgegenstände und Schulden einer Unternehmung. Sie erfolgt körperlich, sofern es sich um materielle Güter (z. B. Vorräte) handelt, ansonsten per Buchinventur. Sofern Lagerabgänge nicht einzeln dokumentiert werden, ergibt sich der Verbrauch eines → Werkstoffes erst mit der Inventur. → Skontrationsmethode; → Rückrechnung

Istkosten sind die tatsächlichen oder effektiven → Kosten, die im Nachhinein ermittelt werden und Basis einer → Istkostenrechnung sind. Durchschnittliche Istkosten mehrerer Perioden ergeben → Normalkosten.

Istkostenrechnung rechnet mit tatsächlich angefallenen → Istkosten. Für Kontrollzwecke (→ Soll-Ist-Vergleich) bedingt geeignet, aufgrund des Vergangenheitsbezugs allerdings für Planungszwecke ungeeignet. Gegensatz: → Plankostenrechnung

Iterationsverfahren. → Simultanverfahren zur Verrechnung innerbetrieblicher → Leistungsverflechtungen von mehreren abgebenden und verbrauchenden → Kostenstellen. In einer schrittweisen Berechnung werden die → Verrechnungspreise innerbetrieblicher Leistungen ermittelt und damit die → Sekundärkosten der empfangenden Kostenstellen. (Vgl. S. 86 f.) Vgl. → Gleichungsverfahren

Kalkulation → Kostenträgerstückrechnung

Kalkulationssätze werden als Quotient aus → Gemeinkosten und einer Bezugsbasis (im Nenner; meist → Einzelkosten) gebildet. Damit sollen in der → Kostenstellenrechnung die Gemeinkosten adäquat berücksichtigt werden. Es sind Zuschlags- und → Verrechnungssätze zu unterscheiden. Erstere gehen von einem proportionalen Verhältnis von Gemein- zu Einzelkosten aus und werden vor allem in der → Zuschlagskalkulation benutzt. Verrechnungssätze berücksichtigen eine proportionale Leistungsbeziehung, z. B. Maschinenstundensätze. (Vgl. S. 109 ff.)

Kalkulatorische Kosten entstehen, wenn statt der → Aufwendungen der Finanzbuchhaltung → Kosten in anderer Höhe (→ Anderskosten, z. B. kalkulatorische → Abschreibung) oder zusätzlich angesetzt werden (→ Zusatzkosten, z. B. kalkulatorischer Unternehmerlohn). (Vgl. S. 51 ff.)

Kapazität ist die qualitative und quantitative Ausstattung mit Human- und Sachkapital, also das Nutzungspotential einer Unternehmung. Sie wird ermittelt als Quotient von maximalem Produktionsvermögen zur Bezugsperiode. Die Kapazität verursacht → Fixkosten; diese teilen sich auf in → Nutzkosten (entsprechend dem → Beschäftigungsgrad) und → Leerkosten. (Vgl. S. 12 f.)

Kosten sind der bewertete Input (an → Produktionsfaktoren) des Produktionsprozesses. Kosten entstehen dann, wenn ein mengenmäßiger Güterverzehr vorliegt, der leistungsbezogen ist und in Geld bewertet wird. Gegensatz: → Leistungen; anders: → Aufwand

Kosten, pagatorische. Im Gegensatz zu den wertmäßigen → Kosten werden hier nur jene Kosten (und in jener Höhe) berücksichtigt, die durch → Ausgaben (und damit letztlich auch → Auszahlungen) nachweisbar sind. Damit bleiben → kalkulatorische Kosten unberücksichtigt.

Kosten, relevante. → Kosten, die aufgrund einer bestimmten Entscheidung zusätzlich ausgelöst werden, sind zur Beurteilung dieser Entscheidung von Bedeutung (relevant).

Kostenarten sind der bewertete Verzehr der einzelnen Typen von → Produktionsfaktoren. → Primäre Kostenarten entstehen z. B. bei fremdbezogenen → Werkstoffen oder Dienstleistungen, → sekundäre Kostenarten durch innerbetrieblich erstellte und empfangene Güter. → Kostenartenrechnung

Kostenartenrechnung ist die erste Stufe der Kostenrechnung, in der die einzelnen → Kostenarten vollständig, eindeutig und überschneidungsfrei erfasst werden. Sie informiert über die in einer Periode eingesetzten und bewerteten → Produktionsfaktoren. (Vgl. S. 41 ff.)

Kostenauflösung → Kostenspaltung

Kostenkategorien sind nach bestimmten Kriterien (z. B. Zurechenbarkeit auf einen → Kostenträger oder Kostenverhalten bei Beschäftigungsänderung) gegliederte Teile der Gesamtkosten einer Unternehmung. Zu unterscheiden sind vor allem → Einzel- und → Gemeinkosten, → fixe und → variable Kosten, → pagatorische und → kalkulatorische Kosten sowie → relevante und irrelevante Kosten.

Kostenkontrolle ist eine wesentliche Aufgabe der Kostenrechnung. Die einzelnen → Kostenarten werden in ihrer absoluten (evtl. auch relativen) Höhe überwacht, und zwar unternehmensweit sowie getrennt nach Entstehungsbereichen (z. B. Abteilung, → Kostenstelle oder

→ Kostenträger). Im Rahmen der → Wirtschaftlichkeitskontrolle werden Vergleichsrechnungen durchgeführt, z. B. → Soll-Ist-Vergleiche, Zeit- und Betriebsvergleiche. Kostenabweichungen werden analysiert und münden in neue Kostenplanungsprozesse.

Kostenrechnungssystem ist eine bestimmte, zweckgerichtete Ausgestaltung der Kostenrechnung, das in sich schlüssig die individuellen Potential-, Struktur- und Verfahrensgegebenheiten sowie den geforderten Informationsbedarf einer Unternehmung berücksichtigt. Es kann zum einen als → Ist-, → Normal- oder → Plankostenrechnungssystem eingerichtet werden, zum anderen als → Voll- oder → Teilkostenrechnung. (Vgl. S. 37 ff.)

Kostenremanenz bezeichnet die zeitlich verzögerte Reaktion bei Veränderung der → Beschäftigung. Speziell bei Verminderung der → Ausbringungsmenge bleiben manche Kosten zunächst bestehen (z. B. wegen Kündigungsfristen oder kurzfristig nicht freisetzbarem Anlagevermögen), so dass die → Stückkosten relativ höher ausfallen.

Kostenspaltung oder Kostenauflösung ist das Aufsplitten der Gesamtkosten eines Betriebs in bestimmte → Kostenkategorien. Eine Differenzierung in → fixe (leistungsunabhängige) und → variable (leistungsabhängige) Kosten ist die Grundlage von → Teilkostenrechnungssystemen. Bei der → Vollkostenrechnung unterbleibt eine solche Kostenspaltung; dort wird jedoch in → Einzel- und → Gemeinkosten differenziert. Verfahren: Die Buchtechnische Kostenauflösung differenziert auf Basis von Beobachtungen in eindeutig → fixe, eindeutig → variable (bzw. proportionale) Kosten; verbleibende → Mischkosten werden der einen oder anderen Kostenkategorie ganz oder anteilig zugeordnet. Die Mathematische Kostenauflösung untersucht das Verhalten von Mischkosten bei Ausbringungsmengenänderungen und basiert auf → Grenzkosten; als Varianten leitet das Zwei-Punkte-Verfahren die Kostenfunktion aus zwei, das Mehr-Punkte-Verfahren aus mehreren unterschiedlichen Kosten-Mengen-Kombinationen ab; am genauesten ist die Methode der kleinsten Quadrate, das in einem mehrstufigen Verfahren den Anteil der → Fixkosten und der proportionalen (variablen) Stückkosten ermittelt. Analytische Verfahren bestimmen zunächst die Höhe der Fixkosten als jene Kosten, die zur Aufrechterhaltung der Betriebsbereitschaft nötig sind (bei einer → Ausbringungsmenge von null); die Differenz zu den tatsächlichen oder geplanten Kosten wird als variabel angesehen. (Vgl. S. 122 ff.)

Kostenstellen. → Einzelkosten können einem → Kostenträger (Produkt) direkt zugerechnet werden, was für → Gemeinkosten nicht möglich ist. Um letztere möglichst verursachungsgerecht zuzuordnen, wird der Betrieb in möglichst kleine Kostenstellen untergliedert, d. h. abgrenzbare Bereiche, denen Kosten zugeordnet werden können. Kostenstellen werden gebildet für den Material-, den Fertigungs-, den Verwaltungs- und den Vertriebsbereich. Zusätzlich werden allgemeine → Vorkostenstellen definiert.

Nach dem direkten Zusammenhang mit dem Prozess der Leistungserstellung wird in → Endkostenstellen (→ Haupt- und → Nebenkostenstellen) und in Vorkostenstellen (Allg. und bereichsbezogene Hilfskostenstellen) differenziert. (Vgl. S. 68 ff.)

Kostenstelleneinzelkosten sind → Gemeinkosten (bezogen auf → Kostenträger). Da sie eindeutig und ausschließlich einer bestimmten → Kostenstelle zuzuordnen sind, stellen sie aus deren Sicht → Einzelkosten dar. Beispiel: LKW-Abschreibung der Kostenstelle Fuhrpark.

Kostenstellengemeinkosten. Aus Sicht einer bestimmten → Kostenstelle fallen diese → Gemeinkosten nicht nur für die betreffende Kostenstelle an, sondern für übergeordnete Bereiche. Beispiel: Das Gehalt des Produktionsleiters, der für die Kostenstellen I bis IV der Fertigung zuständig ist.

Kostenstellenplan ist die systematische, hierarchisch gegliederte Darstellung der Kostenbereiche und → Kostenstellen einer Unternehmung – versehen mit Nummern der einzelnen Kostenstellen. (Vgl. S. 72)

Kostenstellenrechnung ist die zweite Stufe der Kostenrechnung und damit das abrechnungstechnische Bindeglied zwischen → Kostenarten- und → Kostenträgerrechnung. In ihr werden alle → Kostenarten erfasst und den verursachenden → Kostenstellen zugerechnet (soweit sie nicht direkt als → Einzelkosten den → Kostenträgern zugerechnet werden können): zunächst die → primären Gemeinkosten, anschließend, im Zuge der innerbetrieblichen Leistungsverrechnung, die → sekundären Gemeinkosten. (Vgl. S. 74 ff.)

Kostenträger sind Kalkulationsobjekte, die → Kosten verursachen. Das können einzelne Produkte, Produktreihen oder Aufträge sein. Die durch den Absatz erzielten → Erlöse (→ Leistungen) sollten die Kosten mindestens decken. Man unterscheidet Endkostenträger, soweit der Output für den externen Kunden bestimmt ist. Zwischenkostenträger sind jene intern erstellten Güter oder Dienstleistungen, die im Rahmen der innerbetrieblichen Leistungsverrechnung die verbrauchenden → Kostenstellen mit → Sekundärkosten belasten.

Kostenträgerrechnung ist die dritte Stufe der Kostenrechnung, in der vor allem die Vor- und Nachkalkulation der → Kosten und Preise erfolgt. Dazu übernimmt die Kostenträgerrechnung die → Einzelkosten aus der → Kostenarten-, die → Gemeinkosten aus der → Kostenstellenrechnung. Die → Kostenträgerzeitrechnung erfasst die für die unterschiedlichen → Kostenträger innerhalb einer Periode angefallenen Kosten, als → Kostenträgerstückrechnung durchgeführt, werden die Kosten einer Leistungseinheit ermittelt. (Vgl. S. 95 ff.)

Kostenträgerstückrechnung ermittelt im Rahmen der → Kostenträgerrechnung die Stückkosten einer Leistungseinheit, vor allem als Vorkalkulation.

Dazu werden je nach Fertigungsverfahren unterschiedliche Kalkulationsverfahren angewandt: Die → Divisionskalkulation (für die Einproduktunternehmung) und ihre spezielle Variante für die Sortenfertigung, die → Äquivalenzziffernkalkulation, die → Zuschlags- und die → Verrechnungssatzkalkulation für die Serienfertigung und schließlich die → Kuppelkalkulation für Kuppelprodukte. (Vgl. S. 98 ff.)

Kostenträgerzeitrechnung ermittelt die für die einzelnen Kostenträgerarten insgesamt angefallenen → Kosten innerhalb einer Abrechnungsperiode. Zu einer → Betriebsergebnisrechnung ausgebaut, werden den Kosten die erzielten → Erlöse gegenübergestellt. Als unterjährige Variante bietet sich stattdessen die kurzfristige Erfolgsrechnung an. Noch detaillierter ist eine Kostenträger-Ergebnisrechnung, in der nicht nur die Kosten, sondern auch die → Kostenträger hierarchisch aufgegliedert sind. (Vgl. S. 117 ff.)

Kostenvergleich als rechnerisches Instrument dient der → Wirtschaftlichkeits- und → Kostenkontrolle. Dazu werden → Kosten in ihrer absoluten und relativen Höhe erfasst und beurteilt sowie Kostenabweichungen analysiert.

Kostenzurechnungsprinzipien bestimmen, wie → Kosten den einzelnen Kalkulationsobjekten zuzuordnen sind. Sie legen sachlich erklärbare und nachweisbare Zusammenhänge zugrunde und verfolgen eine möglichst wirklichkeitsgetreue Abbildung der Kosten. Zu den Prinzipien zählen das → Identitäts-, das → Verursachungs-, das → Final-, das → Tragfähigkeits-, das → Durchschnitts- und das → Proportionalitätsprinzip. (Vgl. S. 38 f.)

Kuppelproduktion ist ein besonderes Produktionsverfahren, bei dem gleichzeitig und zwangsläufig unterschiedliche Produktarten hergestellt werden, wie beispielsweise beim Raffinieren von Erdöl.

Für die Kalkulation von Kuppelprodukten gibt es zwei Verfahren: Die → Restwertmethode findet dort Anwendung, wo ein Hauptprodukt und mehrere Nebenprodukte gefertigt werden, die → Verteilungs- oder Schlüsselungsmethode wird bei gleichrangigen Produkten benutzt. (Vgl. S. 112 ff.)

Laufende Kosten und Erlöse entstehen in der → Lebenszyklusrechnung während der Marktphase eines Produkts. Dazu zählen insbesondere die Kosten für Herstellung, Verwaltung und Vertrieb bzw. die Verkaufserlöse.

Lebenszyklusrechnung ist eine Ergänzung zur klassischen Kostenrechnung, die deren Periodensicht überwindet. In ihr werden alle Kosten und Erlöse eines Erzeugnisses (oder eine Erzeugnisgruppe) während des gesamten Lebenszyklus erfasst, also nicht nur die → laufenden Kosten und Erlöse während der Marktphase, sondern speziell auch → Vorlauf- und → Folgekosten (z. B. für Entwicklung bzw. Entsorgung) sowie Vorlauf- und Folgeerlöse. Sie rechnet mit Ist- und/oder Planwerten, ggf. werden diese in einer Lebenszyklusrechnung II auf- bzw. abgezinst. Damit kann insbesondere die Vorteilhaftigkeit eines Produktes (Rentabilität über den gesamten Lebenszyklus) beurteilt werden. Als Varianten stehen zur Verfügung: Die (aufwendigere) periodenübergreifende Verrechnung von Vorlauf- und Folgekosten und -erlösen oder (als praktikablere Lösung) deren periodenübergreifender Ausweis. (Vgl. S. 207 ff.)

Leerkosten sind die → Kosten der ungenutzten → Kapazität, also der → Fixkosten, die durch das gesamte Potenzialvermögen einer Unternehmung anfallen. Gegensatz: → Nutzkosten

Leistung hat im Rechnungswesen mehrere Bedeutungen: 1. Im Beschaffungsbereich wird damit eine fremdbezogene (Dienst-)Leistung verstanden, z. B. die Kosten für Fremdinstandhaltung. 2. Leistungen stellen den Output des betrieblichen Produktionsprozesses dar, also das neue Sachgut oder immaterielle Gut, das als Zwischen- oder Endprodukt erstellt wurde. Insofern sind Leistungen der Gegensatz von → Kosten. Es sind zu unterscheiden: → innerbetriebliche Leistungen und solche Leistungen, die für den Absatz bestimmt sind. Für diese Absatzleistungen erzielt ein Betrieb → Erlös, weshalb z. T. Erlös und Leistung gleichgesetzt werden. 3. Allgemein ist eine Leistung ein betrieblicher → Ertrag, wozu neben den Absatzleistungen auch Bestandserhöhungen an (un)fertigen Erzeugnissen und die aktivierten Eigenleistungen (für selbsterstellte Anlagen) zählen.

Leistung, innerbetriebliche. Sie fällt an, wenn das Ergebnis der betrieblichen Faktorkombination nicht direkt für den Markt bestimmt ist, sondern von → Vor- oder Hilfskostenstellen für andere → Kostenstellen erbracht wird. Beispiel: die Vorkostenstelle „Stromerzeugung" beliefert die → Endkostenstelle „Fertigung I" mit Strom. Um die empfangenden Kostenstellen mit → Sekundärkosten zu belasten, gibt es mehrere Verfahren der innerbetrieblichen Leistungsverrechnung. → Leistungsverflechtung

Leistungsrechnung oder Erlösrechnung ist das Pendant zur Kostenrechnung. Beide kombiniert ergeben die Kosten- und Leistungsrechnung. In ihr sollten die → Kostenträger hierarchisch aufgegliedert werden, wie dies in der Kostenträger-Ergebnisrechnung geschieht. → Kostenträgerzeitrechnung

Leistungsverflechtung liegt dann vor, wenn zwischen → Kostenstellen Leistungsaustauschbeziehungen bestehen. Diese können ein- oder mehrseitig sowie ein- und mehrstufig sein (vgl. S. 82). Bei mehrseitiger Leistungsverflechtung sollte ein Verfahren der simultanen Leistungsverrechnung gewählt werden (→ Iterations- oder → Gleichungsverfahren), bei einseitigen Leistungsströmen kommt auch das → Stufenleiterverfahren zu korrekten Ergebnissen. Das → Anbauverfahren berücksichtigt keine innerbetriebliche Leistungsverflechtung. Nicht verursachungsgerecht ist die Weiterwälzung der → Kosten per Kostenumlage (Schlüsselung), da hier auf eine genaue Berechnung der → Sekundärkosten verzichtet wird.

Maschinenstundensatzrechnung ist eine spezielle → Verrechnungssatzkalkulation, bei der → Kosten maschinenintensiver Fertigungshauptkostenstellen in Bezug zur Maschinenleistung gesetzt werden. Dadurch ergibt sich ein Satz pro Maschinenstunde. (Vgl. S. 110 f.)

Materialkosten sind die → Kosten für fremdbezogene → Werkstoffe und Waren, insbesondere für Roh-, Hilfs- und Betriebsstoffe sowie für Fremdbauteile. Diese fließen als → Primärkosten in den Produktionsprozess ein, wobei statt der tatsächlichen Kosten oft mit → Verrechnungspreisen gerechnet wird. Rohstoffe und Fremdbauteile stellen i. d. R. → Einzelkosten dar und Hilfsstoffe meist (unechte) → Gemeinkosten. Betriebsstoffe sind Gemeinkosten, evtl. Stelleneinzelkosten, wenn z. B. der Stromverbrauch für eine Maschine einzeln erfasst wird, auf der unterschiedliche Produkte gefertigt werden.

Materialstellen sind → Hauptkostenstellen des Materialbereichs, d. h. von Stellen, deren Aufgabe die Beschaffung und Lagerung von → Werkstoffen und Waren ist. Während Werkstoffe und Fremdbauteile i. d. R. → Einzelkosten darstellen, sind sämtliche andere Materialkosten → Gemeinkosten (z. B. → Abschreibung des Lagerregals).

Mischkosten können im Rahmen der → Kostenspaltung nicht als eindeutig → fix oder proportional (variabel) erkannt werden, da sie sowohl fixe als auch proportionale Kostenanteile beinhalten; Beispiel: Strom- oder Instandhaltungskosten.

Nebenkostenstellen sind besondere → Endkostenstellen, die zwar auch mit der Herstellung und dem Absatz von Endprodukten beschäftigt sind. Im Gegensatz zu Hauptkostenstellen produzieren sie jedoch z. B. in der → Kuppelproduktion Nebenprodukte. (Vgl. S. 71 ff.)

Nettoerfolgsrechnung ist die Ergänzung einer → Vollkostenrechnung um eine Ergebnisrechnung: Den (um Erlösberichtigungen korrigierten) → Erlösen werden Vollkosten gegenübergestellt, so dass sich per Saldo der Nettoerfolg ergibt.

Normalkosten sind vergangenheitsorientierte Durchschnittskosten auf Basis von → Istkosten mehrerer Perioden und stellen damit → Verrechnungspreise dar. Sie bereinigen die Kostenhöhe um marktbedingte Schwankungen und vereinfachen damit die → Betriebsabrechnung.

Normalkostenrechnung ist ein auf → Normalkosten basierendes → Kostenrechnungssystem. Für Kontrollzwecke nur wenig geeignet, da aus den Abweichungen von → Ist- zu → Normalkosten nur bedingt Erkenntnisse gewonnen werden können.

Null-Basis-Planung → Zero-Base-Budgeting

Nutzkosten sind die → Kosten der genutzten → Kapazität, also der Anteil der (→ fixen) Kosten am Potentialvermögen eines Betriebs, der mit dem → Beschäftigungsgrad korreliert. Gegensatz: → Leerkosten

Opportunitätskosten sind die entgehenden → Deckungsbeiträge einer nicht gewählten Handlungsalternative, d. h. die → Kosten eines „Nicht-nutzen-Könnens" aufgrund knapper betrieblicher Ressourcen.

Plankosten sind im Vorhinein festgelegte, zukunftsorientierte → Kosten im System der → Plankostenrechnung. Sie berücksichtigen erwartete Preis- und Mengenänderungen. Werden im Nachhinein auf Basis der Planpreise und der Istmengen die Kosten ermittelt, so handelt es sich um → Sollkosten.

Plankostenrechnung ist ein auf → Plankosten fußendes → Kostenrechnungssystem, das im besonderen Maße den Anforderungen eines Controlling entspricht. Die (zukünftigen) → Kosten werden für einzelne → Kostenträger und/oder → Kostenstellen geplant und im Nachhinein mittels → Soll-Ist-Vergleichen überprüft. Die Ergebnisse der sich anschließenden Abweichungsanalysen fließen in die neuen → Plankosten ein.

Von Bedeutung sind vor allem die flexible Plankostenrechnung auf Vollkostenbasis und die → Grenzplankostenrechnung als spezielle Variante einer → Deckungsbeitragsrechnung. (Vgl. S. 167 ff.)

Platzkostenrechnung ist eine Verfeinerung der → Kostenstellenrechnung, wenn einzelne → Kostenstellen weiter aufgesplittet werden – vor allem Fertigungshauptkostenstellen, die als Abrechnungsbereiche in einzelne Maschinen oder -gruppen untergliedert werden. Vgl. → Maschinenstundensatzkalkulation

Preiskalkulation ist eine der letztlichen Aufgaben der Kostenrechnung. Ihre Ausgangsdaten sind zum einen die → Selbstkosten (zzgl. einem gewünschten Gewinnzuschlag), andererseits die am Markt realisierbaren Verkaufserlöse sowie die Preispolitik der Unternehmung.

Preisobergrenze ist in der Beschaffung die maximale Kostenhöhe, die ein → Produktionsfaktor verursachen darf. Im Absatz ist damit die Höhe gemeint, die gegenüber dem Kunden maximal durchgesetzt werden kann.

Preisuntergrenze ist jener Verkaufspreis, der mindestens erzielt werden muss, damit kein Verlust erwirtschaftet wird, d. h. die → Kosten gerade gedeckt sind. Wird also auf Gewinn verzichtet, stellen die → Selbstkosten die (kurzfristige) Preisuntergrenze dar. Die → Deckungsbeitragsrechnung eignet sich zur Ermittlung der kurzfristigen Preisuntergrenze: Diese wird durch den → Erlös abzüglich der → variablen Kosten vorgegeben, wenn die → Fixkosten bereits anderweitig gedeckt sind. Insofern wird die kurzfristige Preisuntergrenze von freien Betriebskapazitäten und von Unternehmenszielen bestimmt. (Vgl. S. 161 ff.)

Primärkosten sind jene Kosten, die der Unternehmung extern entstehen, also durch von außen bezogene Sachgüter und Dienstleistungen (z. B. Lohnkosten). Gegensatz: → Sekundärkosten

Produktionsfaktoren sind sämtliche materiellen und immateriellen Güter (und Dienstleistungen), die im betrieblichen Prozess der Leistungserstellung miteinander kombiniert werden, um neue Produkte zu schaffen. Dazu zählen der Gebrauch von Betriebsmitteln (Potenti-

alfaktoren), der Verbrauch von → Werkstoffen und Waren (Repetier-
faktoren) sowie in Anspruch genommene Dienstleistungen. Der Einsatz von Produktionsfaktoren (Werteverzehr) verursacht → Kosten.
(Vgl. S. 6 f.)

Proportionalitätsprinzip als → Kostenzurechnungsprinzip besagt, dass
die → Kosten nur solchen → Leistungen zuzurechnen sind, zu denen
sie in einem proportionalen Verhältnis stehen. Da damit letztlich auf
eine (willkürliche) Proportionalisierung der → Gemeinkosten verzichtet wird, führt das Prinzip zu einem Rechnen mit → Deckungsbeiträgen.

Prozess ist eine wertschöpfende, logische Abfolge messbarer Input-
Output-Beziehungen. Im Gegensatz zu einer vertikalen Sicht nach
z. B. dem Funktionsprinzip, ist ein Prozess eine (i. d. R. horizontale)
kostenstellen- und bereichsübergreifende, aufeinander folgende Reihe wiederkehrender Tätigkeiten zur Schaffung von Produkten (und
Dienstleistungen).

Prozesskostenrechnung basiert auf einer prozessualen Sicht der Unternehmung, wobei Gesamtprozesse zu Teilprozessen dekomponiert
werden und diese wiederum in einzelne Tätigkeiten aufgebrochen
werden. Letzteren werden Kosten zugeordnet, die leistungsmengeninduziert und leistungsmengenneutral sein können. Die Prozesskostenrechnung stellt kein eigenständiges → Kostenrechnungssystem dar,
sondern kann z. B. im Verbund mit der traditionellen → Vollkostenrechnung eingesetzt werden. In diesem Fall dient sie einer Präzisie-
rung der Kostenzurechnung nach dem → Verursachungs- bzw.
→ Identitätsprinzip. Weitere Kombinationen ergeben sich mit der
→ Grenzplankostenrechnung oder der → Zielkostenrechnung. (Vgl.
S. 192 ff.)

Reagibilitätsgrad der Kosten ist Ausdruck dafür, in welchem Ausmaß
sich → Kosten bei unterschiedlichen → Beschäftigungsgraden ändern.
Er wird berechnet als Quotient aus Kostenänderung (in Prozent) zu
Beschäftigungsänderung (in Prozent). Der Reagibilitätsgrad proportionaler Kosten ist 1, der von → fixen Kosten ist Null. Für degressive
Kosten liegt er zwischen 0 und 1, für regressive Kosten unter 0 und für
progressive Kosten über 1.

Rechnungswesen, externes. Damit wird jener Teil des Rechnungswesens bezeichnet, der vornehmlich nach außen gerichtet ist, also Dritte
informiert. Es besteht aus der Finanzbuchhaltung und dem Erstellen

eines Jahresabschlusses. Diese müssen handels- und steuerrechtlichen Vorschriften genügen.

Rechnungswesen, internes. Damit werden die Teile des Rechnungswesens bezeichnet, die in erster Linie internen Zwecken dienen, wie die Kosten- und Leistungsrechnung, die Planungsrechnung und die betriebliche Statistik. Als Instrument der Unternehmensführung gibt es für das interne Rechnungswesen keine gesetzlichen Vorschriften (mit der Ausnahme von Kalkulationen für öffentliche Aufträge).

Relativer Deckungsbeitrag ist der → Stück(deckungs)beitrag bezogen auf eine andere Größe, z. B. auf eine Engpasseinheit (im Rahmen der Programmoptimierung) oder auf die Umsatzerlöse (zur Beurteilung der Förderungswürdigkeit von Erzeugnissen).

Rentabilität ist eine Kennzahl dafür, inwieweit sich das eingesetzte Kapital verzinst (rentiert). Zu unterscheiden sind Eigen- und Gesamtkapitalrentabilität sowie die Umsatzrentabilität. Der ROI (Return on Investment) ist eine Verfeinerung der Gesamtkapitalrentabilität.

Restwert oder Buchwert ist der Wert eines Anlagegutes nach erfolgter/n Abschreibung(en), m. a. W. die fortgeführten Anschaffungs- bzw. Herstellungskosten. Der Restwert ist insbesondere Grundlage für die degressive Abschreibung in den Folgejahren nach Anschaffung bzw. Herstellung.

Restwertmethode (Subtraktionsmethode) ist ein Verfahren der → Kuppelkalkulation, und zwar wenn eines der Produkte als Hauptprodukt, die anderen als Nebenprodukte anzusehen sind. Vorgehen: Die → Erlöse der Nebenprodukte werden ggf. um Weiterverarbeitungskosten gemindert und anschließend von den Gesamtkosten subtrahiert. Dieser Restbetrag stellt die → Kosten der Hauptprodukte dar. (Vgl. 113 f.)

Rückrechnung ist eine Methode, um den Materialverbrauch einer Periode zu ermitteln: Ausgehend von Stücklisten wird der Materialbedarf pro Stück ermittelt und anschließend mit der → Ausbringungsmenge multipliziert. Auf diese Weise ergibt sich ein Sollverbrauch, der von Zeit zu Zeit mit dem Istverbrauch lt. → Inventur verglichen werden muss.

Rückwärtskalkulation ist – vor allem im Rahmen der → Zuschlagskalkulation – der retrograde Kalkulationsweg: Von den zu erzielenden Verkaufserlösen werden unter Abzug des Gewinnzuschlags die → Selbstkosten ermittelt, anschließend die Zuschlagssätze für die → Gemeinkosten subtrahiert, so dass sich die maximalen → Einzelkosten ergeben. Für industrielle Zwecke kaum von Bedeutung, dafür z. B. im Handel oder in der Gastronomie angewandt.

Rüstkosten sind → Kosten für die Bereitstellung bzw. Umrüstung einer Maschine. Sie sind vor allem für Betriebe mit wechselnder Fertigung von Bedeutung. Bei zunehmender Losgröße nehmen die Rüstkosten relativ ab.

Schlüsselungsmethode → Verteilungsmethode

Sekundärkosten sind im Rahmen der → Kostenstellenrechnung betriebsintern verrechnete → Kosten. Sie entstehen für eine verbrauchende → Kostenstelle, wenn diese von einer beliefernden Kostenstelle → Leistungen empfängt. Beispiel: Die → Vorkostenstelle „Fuhrpark" erbringt Transportleistungen für die → Hauptkostenstelle „Vertrieb". Letztere wird mit Sekundärkosten belastet. Zur Erfassung und Verrechnung der Sekundärkosten werden verschiedene Verfahren angewandt. → Leistungsverflechtung

Selbstkosten sind sämtliche → Kosten, die einer Unternehmung mit der Fertigung und dem Absatz eines Produktes entstehen – bezogen auf eine Leistungseinheit. (Vgl. S. 77, S. 106f. und S. 119)

Simultanverfahren sind jene (genauesten) Abrechnungsmethoden in der → Kostenstellenrechnung, bei der gegenseitige Leistungsströme zwischen abgebenden und empfangenden → Kostenstellen gleichzeitig (simultan) abgerechnet werden. Dazu zählen (gleichrangig) das → Gleichungsverfahren und das → Iterationsverfahren. (Vgl. S. 81 ff.)

Skontrationsmethode (Fortschreibungsmethode) ist ein Verfahren zur Verbrauchsermittlung von Vorräten: Zum Anfangsbestand einer Periode wird jeder Zugang addiert und jede Abgabe (unter Angabe der verbrauchenden → Kostenstelle) subtrahiert. Ohne Schwund etc. stimmen Buch- und Inventurbestand überein. Die Skontrationsmethode ist für C-Güter (z. B. Hilfsstoffe) zu aufwendig, für Rohstoffe ist sie allerdings sinnvoll.

Soll-Ist-Vergleich ist in der → Plankostenrechnung ein Instrument der → Kosten- und → Wirtschaftlichkeitskontrolle. Für einzelne Abrechnungsperioden werden den → Sollkosten die → Istkosten gegenübergestellt und die Abweichungen analysiert.

Sollkosten sind das Produkt aus → Planpreis mal Istmengen. Sie ermöglichen → Soll-Ist-Vergleiche im System der → Plankostenrechnung.

Standardkosten sind auf eine Leistungseinheit bezogene → Plankosten, die für einen längeren Zeitraum vorgegeben werden. Die Standardkostenrechnung ist eine → Plankostenrechnung, die aus der → Normalkostenrechnung entwickelt wurde. Im System der → Zielkostenrechnung sind Standardkosten (→ „drifting costs") jene → Kosten, die unter Beibehaltung der bisherigen Technologie- und Verfahrensstandards anfallen.

Stoffekosten → Materialkosten

Stückbeitrag ist der → Deckungsbeitrag pro Leistungseinheit.

Stückkosten (Durchschnittskosten) sind die → Kosten pro einer Einheit der → Ausbringungsmenge (in Stück, kg, hl usw.); Ermittlung: k = K : x

Stufenleiterverfahren ist ein Verfahren zur → innerbetrieblichen Leistungsverrechnung. Es ist dort sinnvoll anzuwenden, wo die Leistungsströme einseitig sind oder ein wechselseitiger Leistungsaustausch vernachlässigbar ist. Die → Kostenstellen müssen (von links nach rechts) so angeordnet werden, dass jede ausschließlich an nachgelagerte (= rechts stehende) Kostenstellen → Leistungen abgibt. (Vgl. S. 88 f.) → Leistungsverflechtung

Tageswert ist der Wert eines Gutes zum Zeitpunkt des Verbrauchs bzw. bei → Inventur. Er wird als → Wiederbeschaffungswert definiert. Dies kann ein Börsenpreis (z. B. für Metalle), regionaler Marktpreis (z. B. Schlachtvieh) oder ein beizulegender Schätzwert sein.

Target Costing → Zielkostenrechnung

Target Costs → Zielkosten

Teilkostenrechnung. Das ist jedes → Kostenrechnungssystem, das (im Gegensatz zur → Vollkostenrechnung) einem Kalkulationsobjekt nur bestimmte Teile der gesamten → Kosten zurechnet. Beim → Direct Costing sind dies die beschäftigungsvariablen Kosten, bei der → Deckungsbeitragsrechnung die (relativen) → Einzelkosten. Gleichzeitig wird von einer Proportionalisierung der → Fix- bzw. → Gemeinkosten abgesehen. Formen der Teilkostenrechnung sind neben dem Direct Costing die → Fixkostendeckungsrechnung, die → Deckungsbeitragsrechnung mit relativen Einzelkosten sowie die → Grenzplankostenrechnung. (Vgl. S. 121 ff.)

Tragfähigkeitsprinzip ist ein → Kostenzurechnungsprinzip. Entsprechend den am Markt erzielbaren Verkaufserlösen werden die → Kosten einem Kalkulationsobjekt mehr oder weniger angelastet. Das Tragfähigkeitsprinzip liegt z. B. der → Verteilungsmethode bei → Kuppelprodukten zugrunde. (Vgl. S. 39)

Umsatzkostenverfahren ist eine Form der Gewinn- und Verlustrechnung, bei der den erzielten Umsatzerlösen die dadurch verursachten

→ Aufwendungen (nach Funktionen gegliedert) gegenübergestellt werden. Da sich somit Aufwendungen und → Erträge auf dieselben abgesetzten Mengen beziehen, werden keine Korrekturposten → „Bestandsveränderungen" benötigt (im Gegensatz zum → Gesamtkostenverfahren). Das Umsatzkostenverfahren setzt eine detaillierte → Kostenstellenrechnung voraus.

Variable Kosten verändern sich, wenn sich die zugrunde gelegte Kosteneinflussgröße ändert. Meist wird darunter die Beschäftigung als Einflussgröße gesehen, womit es sich dann um beschäftigungsvariable Kosten handelt. Die variablen Kosten können sich proportional zur Veränderung der Einflussgröße verhalten, degressiv, progressiv oder regressiv (vgl. S. 9 ff.). Zur Vereinfachung werden variable Kosten häufig als proportional angesehen. Gegensatz: → fixe Kosten

Variatoren werden im System der flexiblen → Plankostenrechnung für die → Sollkosten unterschiedlicher → Beschäftigungsgrade vorgegeben, und zwar für jede → Kostenart einer → Kostenstelle. Ein Variator drückt aus, um wie viele Prozent sich die → Kosten ändern, wenn die effektive Beschäftigung von der Planbeschäftigung abweicht. → Fixe Kostenarten haben einen Variator von 0, bei → variablen Kosten beträgt er > 0.

Veredelungskalkulation ist eine Variante der mehrstufigen → Divisionskalkulation für Einproduktunternehmen, bei der für jede der aufeinander folgenden Fertigungsstufen nur die jeweiligen → Kosten der Be- oder Verarbeitung erfasst werden.

Verrechnungspreis. 1. Werden in der Kostenrechnung statt der Materialaufwendungen der Finanzbuchhaltung normalisierte, von Zufallsschwankungen bereinigte → Anderskosten angesetzt, so handelt es sich um Verrechnungspreise für → Werkstoffe. 2. Für → innerbetriebliche Leistungen müssen interne Verrechnungspreise (q) ermittelt werden, die als → Sekundärkosten den empfangenden → Kostenstellen zugerechnet werden. → Leistungsverflechtung

Verrechnungssatzkalkulation ist eine spezifische → Zuschlagskalkulation, bei der einzelne Kostenbereiche differenziert dargestellt werden. Ihr Zweck ist die möglichst verursachungsgerechte Zurechnung der → Gemeinkosten. Dazu werden → Leistungen einzelner → Kostenstellen mit Verrechnungssätzen bewertet, und zwar in Abhängigkeit zu Mengengrößen (z. B. Gewicht; bei homogenen Produkten) oder Zeitgrößen (z. B. Fertigungszeit; bei heterogenen Produkten). (Vgl. S. 109 ff.) → Maschinenstundensatzkalkulation

Verteilungsmethode (Schlüsselungsmethode oder Marktpreisverhältnisrechnung) ist eine Variante der → Kuppelkalkulation für den Fall, dass mehrere gleichrangige Produkte gleichzeitig und zwangsläufig erstellt werden. Vom Vorgehen her eine → Äquivalenzziffernmethode, werden die → Kosten nach dem → Tragfähigkeitsprinzip im Verhältnis der erzielbaren Marktpreise auf die einzelnen Produkte aufgeteilt. (Vgl. S. 114 f.)

Vertriebsstellen sind → (End-)Kostenstellen im Vertriebsbereich. Dort fallen → Kosten für z. B. Marktforschung, Werbung, Verkauf und Kundendienst an. Als → Gemeinkosten werden sie häufig pauschal auf die → Herstellkosten aufgeschlagen, wodurch gleichzeitig eine exakte → Kostenkontrolle unterbleibt.

Verursachungsprinzip ist ein → Kostenzurechnungsprinzip, nachdem ein Kalkulationsobjekt jene → Kosten tragen soll, die durch seine Erstellung verursacht werden. (Vgl. S. 39)

Verwaltungsstellen sind → (End-)Kostenstellen des Verwaltungsbereichs, also z. B. für die Teilfunktionen Rechnungswesen, Personalwesen, Investition und Finanzierung, Recht und dergleichen. Sie werden oft als pauschaler Gemeinkostenzuschlagssatz auf die → Herstellkosten aufgeschlagen. Eine → wirksame Kostenkontrolle wird damit verhindert.

Vollkostenrechnung ist das in der Praxis am häufigsten anzutreffende → Kostenrechnungssystem. Sie rechnet mit vollen → Kosten, d. h., dass sämtliche → Kostenarten auf die → Kostenträger verrechnet werden. Für → Einzelkosten geschieht dies direkt, für → Gemeinkosten (unter Berücksichtigung der → innerbetrieblichen Leistungsverflechtung) über die → Kostenstellen. Das Grundproblem einer Vollkostenrechnung bleibt die letztlich immer willkürliche Verteilung der Gemeinkosten, weshalb eine zusätzliche → Deckungsbeitragsrechnung Sinn macht.

Eine Vollkostenrechnung kann auf Basis von → Ist-, → Normal- oder → Plankosten erfolgen. (Vgl. S. 37 ff.)

Vorkostenstellen sind – im Gegensatz zu → Endkostenstellen – nicht direkt an Herstellung und Absatz eines Produktes beteiligt, sondern haben unterstützende oder Servicefunktion. Sie sind zu unterscheiden in Allgemeine Vorkostenstellen, die → Leistungen für die gesamte Unternehmung oder zumindest mehrere Bereiche bereitstellen (z. B. Gebäudeverwaltung oder Fuhrpark), sowie → Hilfskostenstellen, die nur einen Bereich beliefern (z. B. Fertigungshilfskostenstelle „Arbeitsvorbereitung"). Gegensatz: → Endkostenstellen (vgl. S. 71)

Vorlaufkosten bezeichnen in der → Lebenszyklusrechnung jene Kosten, die vor der Marktphase eines Produkts anfallen, z. B. für Forschung und Entwicklung, Marktforschung oder Markteinführung. Analog sind Vorlauferlöse zu sehen, die vor Absatzbeginn des Produkts entstehen, wie z. B. Subventionen.

Wagniskosten sind → Kosten für spezielle Unternehmerrisiken, z. B. für Garantieleistungen, Zahlungsausfälle, Verderb und Vernichtung von Vorräten oder Wechselkursschwankungen. Soweit sie nicht durch Versicherungen abgedeckt sind, werden in der Kostenrechnung Wagniskosten angesetzt. Sie beziehen sich auf eine Bezugsgröße und werden auf Basis von Erfahrungswerten gebildet; Beispiel: der Wert der Garantiefälle in den letzten Jahren betrug 3 % der Umsatzerlöse – mit einem entsprechenden Aufschlag wird das Garantierisiko als Kosten berücksichtigt. (Vgl. S. 57 ff.)

Werkstoffe → Materialkosten

Wertanalyse („value analysis") ist eine systematische und analytische Untersuchung von Funktionsstrukturen. Deren Elemente (Nutzen, Kosten, Qualität und Zeit) sollen wertsteigernd beeinflusst werden. Damit ist die Wertanalyse ein vielfältig einsetzbares Instrument zur Verbesserung von Erlös-Kosten-Relationen von Produkten und Prozessen. Für kostenrechnerische Zwecke stellt sich das Problem, die → Kosten eines Produktes oder → Prozesses genau zuordnen zu können. Von daher bietet sich die Wertanalyse vor allem im Kontext mit der → Zielkosten- oder der → Prozesskostenrechnung an. (Vgl. S. 185 ff.) Sonderform: → Gemeinkosten-Wertanalyse

Wiederbeschaffungswert ist der Wert eines Gutes zu einem bestimmten Zeitpunkt (vgl. → Tageswert). Er ergibt sich als der Wert, den ein Ersatzgut hätte. Dies kann ein Börsenpreis (z. B. für Metalle), regionaler Marktpreis (z. B. Schlachtvieh) oder ein beizulegender Schätzwert sein. Die (lineare) kalkulatorische → Abschreibung geht üblicherweise vom Wiederbeschaffungswert aus.

Wirtschaftlichkeit ist ein Ziel jeder Unternehmung. Sie findet ihren Niederschlag im ökonomischen Prinzip und kann beispielsweise als Quotient aus → Leistungen zu → Kosten definiert werden, m. a. W., ein optimales Verhältnis zwischen Verkaufserlösen einerseits und Faktoreinsatz andererseits. Problem dieser Kennzahl ist, dass es sich um eine Beziehung von Wertgrößen handelt, so dass sich z. B. die Wirtschaftlichkeit aufgrund gestiegener Faktorpreise verschlechtern kann, obwohl die Einsatzmengen verringert wurden.

Wirtschaftlichkeitskontrolle ist eine wichtige Aufgabe der Kostenrechnung: Sie soll überwachen, ob die zur Leistungserstellung angefallenen → Kosten auf ein notwendiges Minimum reduziert wurden. Letztlich kann dies nur festgestellt werden, wenn im Rahmen der → Kostenstellen- und → Kostenträgerrechnung Kosten verursachungsgerecht zugerechnet werden.

Zeitvergleich ist ein Instrument der → Kosten- und → Wirtschaftlichkeitskontrolle, das bereits im System der → Vollkostenrechnung möglich ist (im Gegensatz zu → Soll-Ist-Vergleichen, die einer → Plankostenrechnung bedürfen). Wichtige Erlös- und Kostendaten unterschiedlicher Perioden werden untersucht und Abweichungen analysiert.

Zero-Base-Budgeting („Null-Basis-Planung") ist eine Planungs-, Analyse- und Entscheidungstechnik mit dem Ziel, → Kosten zu senken und die verfügbaren Ressourcen möglichst wirtschaftlich einzusetzen. Dazu wird die Unternehmung gedanklich neu aufgebaut (also vom Nullpunkt aus). Im Mittelpunkt eines Zero-Base-Budgeting stehen die Gemeinkostenbereiche (z. B. Verwaltung). Deren Beitrag zur gesamten Wertschöpfung wird untersucht, indem einzelne Tätigkeiten analysiert, neu bewertet und mit Budgetvorgaben versehen werden. (Vgl. S. 189 ff.)

Zielkosten (Target Costs). In der Grundversion werden die Zielkosten ermittelt, indem von den am Markt realisierbaren Preisen der geplante Gewinn (= Bruttogewinnspanne) subtrahiert wird (→ „allowable costs"). Die Zielkostenlücke ergibt sich als Differenz zwischen den vom Markt erlaubten Kosten und den derzeitigen Standardkosten (→ „drifting costs"). Im Idealfall entsprechen die Zielkosten den allowable costs, ggf. liegen sie darüber.

Zielkostenrechnung ist kein eigenständiges → Kostenrechnungssystem, sondern wird in Verbindung mit anderen Kostenrechnungsystemen angewandt. Ihre Besonderheit ist (vor allem in der Version des „Market into Company") die extreme Marktorientierung: Ausgangspunkt sind die am Markt realisierbaren → Erlöse unter Berücksichtigung der Wettbewerbssituation. Von diesen wird in der o. a. Version der geplante Gewinn (= Bruttogewinnspanne) subtrahiert, so dass man die → Zielkosten erhält. Im Vergleich der Zielkosten mit den derzeitigen Standardkosten (→ „drifting costs") ergibt sich der Kostenreduktionsbedarf (= Zielkostenlücke).
Die Zielkosten werden anschließend (z. B. funktionsorientiert) aufge-

spalten, die Teilfunktionen und ihre Bedeutungen bewertet und schließlich ihrem relativen Kostenanteil gegenübergestellt. Diese Beziehung wird als Zielkostenindex ausgedrückt und in einem Zielkostenkontrolldiagramm dargestellt. (Vgl. S. 199 ff.)

Zinskosten zählen zu den (kalkulatorischen) → Anderskosten. Anders als die Zinsaufwendungen der Finanzbuchhaltung umfassen sie die → Kosten, die für das eingesetzte Eigen- und Fremdkapital zu bezahlen sind. Dazu muss das → betriebsnotwendige Kapital berechnet werden; darauf ist ein landesüblicher Zinssatz für Langfristkapital zu ermitteln.

Zusatzkosten sind solche → Kosten, denen in der Finanzbuchhaltung keine → Aufwendungen gegenüberstehen. Dazu zählen der kalkulatorische Unternehmerlohn und die kalkulatorische Miete.

Zuschlagskalkulation ist ein in der Praxis weit verbreitetes Kalkulationsverfahren im Rahmen einer → Vollkostenrechnung. Es findet vor allem bei Serien- und Einzelfertigung Anwendung, wenn die Produkte sehr heterogen sind. Dabei wird mit vollen → Kosten gerechnet, wobei die (Material- und Fertigungs-)Einzelkosten direkt einem → Kostenträger zugerechnet werden, während die → Gemeinkosten der einzelnen Bereiche über Zuschlagssätze berücksichtigt werden. Zuschlagsgrundlage für die Material- bzw. Fertigungsgemeinkosten sind die Material- bzw. Fertigungseinzelkosten. Deren Gesamtsumme ergibt die → Herstellkosten der Fertigung. Durch Addition von Minderbeständen bzw. Subtraktion von Mehrbeständen (an Halb- und Fertigfabrikaten) erhält man die Herstellkosten des Umsatzes. Diese sind Zuschlagsbasis für die Verwaltungs- und die Vertriebsgemeinkosten.

In der Praxis wird dieses Grundraster häufig modifiziert, z. B. durch eine → Maschinenstundensatzrechnung im Fertigungsbereich oder eine → Verrechnungssatzkalkulation in den indirekten Bereichen. Das Hauptproblem der Zuschlagskalkulation ist die Quasi-Proportionalisierung der Gemeinkosten. Aus dieser Kritik heraus wurden die verschiedenen Formen der → Teilkostenrechnung entwickelt. (Vgl. S. 104 ff.)

Zweckaufwand ist jener → Aufwand, der betrieblich bedingt, periodenrichtig und in gewöhnlicher Höhe anfällt und für die Kostenrechnung in unveränderter Höhe übernommen wird (= → Grundkosten). (Vgl. S. 20 f.)

Literaturverzeichnis

Buggert, W., Kosten- und Leistungsrechnung, 11. Auflage, Darmstadt 1994

Busse von Colbe, W./Pellens, B. (Hrsg.), Lexikon des Rechnungswesens, 4. Auflage, München 1998

Chmielewicz, K./Schweitzer, M. (Hrsg.), Handwörterbuch des Rechnungswesens, 3. Auflage, Stuttgart 1993

Dellmann, K./Franz, K. P. (Hrsg.), Neuere Entwicklungen im Kostenmanagement, Bern/Stuttgart/Wien 1994

Gabler Wirtschaftslexikon, 15. Auflage, Wiesbaden 2000

Götzinger, M./Michael, H., Kosten- und Leistungsrechnung, 6. Auflage, Heidelberg 1993

Haberstock, L., Kostenrechnung I, 8. Auflage, Hamburg 1987

Haberstock, L., Kostenrechnung II – (Grenz-)Plankostenrechnung, 7. Auflage, Hamburg 1986

Heinen, E. (Hrsg.), Industriebetriebslehre, 9. Auflage, Wiesbaden 1991

Herrling, E./Mathes, C., Der Buchführungsratgeber, Beck-Wirtschaftsberater im dtv, 4. Auflage, München 2001

Horváth, P., Controlling, 9. Auflage, München 2003

Horváth,P./Seidenschwarz, W., Die Methodik des Zielkostenmanagements, Controlling-Forschungsbericht Nr. 33, Stuttgart 1992

Hummel,S./Männel, W., Kostenrechnung 1 – Grundlagen, Aufbau und Anwendung, 4. Auflage, Wiesbaden 1986 (Nachdruck 1999)

Hummel,S./Männel, W., Kostenrechnung 2 – Moderne Verfahren und Systeme, 3. Auflage, Wiesbaden 1983 (Nachdruck 2000)

Joos-Sachse, T., Controlling, Kostenrechnung und Kostenmanagement, Wiesbaden 2001

Jossé, G., Bilanzen – aber locker!, 6. Auflage, Hamburg 2005

Jossé, G., Buchführung – aber locker!, 9. Auflage, Hamburg 2005

Jossé, G., Kennzahlen zum Controlling, in: Blom, F./Jossé, G./Krüger, K.-H./Pepels, W.: FAQ-Betriebswirtschaftliche Formeln, Kennzahlen und ihre Anwendung, Troisdorf 2004, S. 23–33

Jossé, G., Kennzahlen zum Internen Rechnungswesen, in: Blom, F./Jossé, G./Krüger, K.-H./Pepels, W.: FAQ-Betriebswirtschaftliche Formeln, Kennzahlen und ihre Anwendung, Troisdorf 2004, S. 67–77

Jossé, G., Rechnungswesen für Hotellerie und Gastronomie, 2. Auflage, Darmstadt 2003

Jossé, G., Rechnungswesen für Reiseverkehrskaufleute, 6. Auflage, Darmstadt 2005

Kilger, W., Flexible Plankostenrechnung und Deckungsbeitragsrechnung, 10. Auflage, Wiesbaden 1993

Korte, R.-J., Verfahren der Wertanalyse, Berlin 1977

Kosiol, E., Grundriß der Betriebsbuchhaltung, 4. Auflage, Wiesbaden 1966

Kosiol, E., Kostenrechnung der Unternehmung, 2. Auflage, Wiesbaden 1979

Männel,W.(Hrsg.), Handbuch der Kostenrechnung, Wiesbaden 1992

Männel, W. (Hrsg.), Frühzeitiges Kostenmanagement, Kostenrechnungspraxis, Sonderheft 1/96, Wiesbaden 1996

Mellerowicz, K., Kosten und Kostenrechnung, Bd. 2,2, 5. Auflage, Berlin/New York, 1980

Müller, A., Gemeinkostenmanagement, Wiesbaden 1992

Müller, H., Prozeßkonforme Grenzplankostenrechnung, 2. Auflage, Wiesbaden 1996

Reichmann, T., Controlling mit Kennzahlen und Managementberichten, 6. Auflage, München 2001

Riebel, P., Einzelkosten- und Deckungsbeitragsrechnung, 4. Auflage, Wiesbaden 1982

Schweitzer, M./Küpper, H.-U., Systeme der Kostenrechnung, 8. Auflage, München 2003

Schweitzer, M./Troßmann, E., Break-Even-Analysen, Stuttgart 1986

Seidenschwarz, W., Target Costing, München 1993

Vikas, K., Neue Konzepte für das Kostenmanagement, Wiesbaden 1991

Wöhe, G., Einführung in die Allgemeine Betriebswirtschaftslehre, 21. Auflage, München 2002.

Stichwortverzeichnis

Die Zahlen geben die Seitenzahlen an.
Fett gedruckte Zahlen = Fundstelle im Glossar

Buchanzeigen

**Buchhaltung,
Rechnungswesen,
Controlling**

Herrling/Mathes
**Der Buchführungs-
ratgeber**

Grundlagen und Beispiele.
Schritt für Schritt vom
Controlling über Beschaf-
fungs-, Umsatzsteuer-,
Wechsel- und Personal-
kostenbuchungen bis hin zu
den notwendigen Jahres-
abschlussarbeiten.
Mit Übungsaufgaben und
Lösungen.

5. Aufl. 2006. 419 S.   €
€ 12,50. dtv 5836

Schultz
**Basiswissen
Rechnungswesen**

Buchführung, Bilanzierung,
Kostenrechnung, Control-
ling. Grundlagen der Unternehmensführung.
Dieser Überblick über das
gesamte betriebliche Rechnungswesen zeigt mit Bei-
spielen und Übersichten
die Verzahnung von Buch-
führung, Bilanzierung,
Kostenrechnung und
Controlling.

4. Aufl. 2006. 292 S.   €
€ 10,–. dtv 50815

Scheffler
**Lexikon der
Rechnungslegung**

Buchführung, Finanzierung,
Jahres- und Konzern-
abschluss nach HGB und
IFRS.
Dieses Lexikon ist Nach-
schlagewerk und Ratgeber
für alle Fragen zur Dar-
stellung und Beurteilung
der Vermögens-, Finanz-
und Ertragslage von Unternehmen und Konzernen.

2. Aufl. 2007. 502 S.   €
← € 15,–. dtv 50814

Tanski
**Internationale Rechnungs-
legungsstandards**

IFRS/IAS Schritt für Schritt.
Viele Beispiele und grafische
Übersichten machen das
Verständnis der IAS (Inter-
national Accounting Stan-
dards) leicht und zeigen die
markanten Unterschiede zur
HGB-Bilanzierung.

2. Aufl. 2005. 393 S.   €
€ 14,–. dtv 50852

Scheffler
Bilanzen richtig lesen

Rechnungslegung nach HGB
und IAS/IFRS.
Bilanz, Bewertung, Gewinn-
und Verlustrechnung,
Bilanzanalyse, Bilanzpolitik.

7. Aufl. 2006. 439 S.   €
€ 11,–. dtv 5827

P149710-S44.1

Buchhaltung, Rechnungswesen, Controlling

Jossé

Basiswissen Kostenrechnung

Kostenarten, Kostenstellen, Kostenträger, Kostenmanagement.
Die bewährten Systeme der Kostenrechnung.

---

5. Aufl. 2008. 266 S.   €
€ 9,50. dtv 50811
Neu im Dezember 2007

Füser/Gleißner

Rating-Lexikon

800 Stichwörter mit Fakten und Checklisten rund um Basel II.

---

1. Aufl. 2005. 567 S.   €
€ 17,50. dtv 50882

Schneck/Morgenthaler/Yesilhark

Rating

Wie Sie sich effizient auf Basel II vorbereiten.
Wie läuft ein Rating ab, welche Kriterien sind maßgeblich, und wie kann man sich als Unternehmen darauf vorbereiten?
Mit Beispielen, Fällen und Anwendungsberichten.

---

1. Aufl. 2004. 232 S.   €
€ 10,–. dtv 50871

Witt

Controlling-Lexikon

Von ABC-Analyse bis Zwischenbericht.
Das Controlling-Lexikon zeigt, wie schlankes, modernes und effizientes Controlling aussieht.

---

1. Aufl. 2002. 907 S.   €
€ 24,–. dtv 50851

Jossé

Basiswissen Controlling

Instrumente für die Praxis.

---

1. Aufl. 2008. Rd. 280 S.   €
Ca. € 10,–. dtv 50907
In Vorbereitung für
Frühjahr 2008

Horváth & Partners

Das Controllingkonzept

Der Weg zu einem wirkungsvollen Controllingsystem.
Wie setzt man Controlling in die Praxis um? Arbeitsschritte und Fallbeispiele.

---

6. Aufl. 2006. 362 S.   €
€ 12,–. dtv 5812

Beimler/Maier

Ratgeber Betriebsprüfung

Praktische Tipps zu Ablauf, Schwerpunkten und Prüfungsmethoden.

---

1. Aufl. 2008. Rd. 250 S.   €
Ca. € 14,–. dtv 50909
In Vorbereitung für
Frühjahr 2008

Management und Marketing

Rittershofer
Wirtschafts-Lexikon

Über 4000 Stichwörter für Studium und Praxis.

3. Aufl. 2005. 1214 S. €
€ 20,–. dtv 50844

Schultz
Basiswissen Betriebswirtschaft

Management, Finanzen, Produktion, Marketing.
Das Buch bietet einen Überblick über die gesamte Betriebswirtschaft und ist gleichermaßen Nachschlagewerk wie Handbuch für Studium und Praxis.

2. Aufl. 2006. 335 S. €
€ 10,–. dtv 50863

Schäfer
Management & Marketing Dictionary

Englisch – Deutsch /
Deutsch – Englisch.
Die vollständig überarbeitete Neuauflage enthält in nun einem Band mehr als 26 000 Stichwörter.

3. Aufl. 2004. 768 S. €
€ 19,50. dtv 50887

Schneck
Lexikon der Betriebswirtschaft

3500 grundlegende und aktuelle Begriffe für Studium und Beruf.

7. Aufl. 2007. 1104 S. €
€ 19,50. dtv 5810

Pepels
Marketing-Lexikon

Über 3000 grundlegende und aktuelle Begriffe für Studium und Beruf.

2. Aufl. 2002. 969 S. €
€ 22,–. dtv 5884

Becker
Das Marketingkonzept

Zielstrebig zum Markterfolg!
Die notwendigen Schritte für schlüssige Marketingkonzepte, systematisch und mit Fallbeispielen.

3. Aufl. 2005. 292 S. €
€ 10,-. dtv 50806

Hörner

Marketing im Internet

Der neue Band bietet eine Fülle von Tipps und Anregungen und unterstützt sowohl Unternehmer und Marketing-Mitarbeiter wie auch Freiberufler optimal im Online-Marketing.

1. Aufl. 2006. 308 S. €
€ 10,–. dtv 50895

Neumann/Nagel

Professionelles Direktmarketing

Das Praxisbuch mit Online-Marketing.

2. Aufl. 2007. 361 S. €
€ 14,–. dtv 5886

Röthlingshöfer

Mundpropaganda-Marketing

Was Unternehmen wirklich erfolgreich macht.
Alles über die Grundlagen, das aktuelle Wissen mit Erfolgsbeispielen, Checklisten und praxisnahe Tipps.

1. Aufl. 2008. Rd. 200 S. €
Ca. € 10,–. dtv 50914
In Vorbereitung für
Dezember 2007

Wissmeier

Marketing mit kleinem Budget

Der Praxisratgeber für Selbständige, kleine und mittlere Unternehmen: Marktinformationen, Marktstrategien, Marketing-Instrumente, Marketing-Mix, Marketingbudget, Marketingplan, Erfolgskontrolle, Erfolgsfaktoren.

1. Aufl. 2008. Rd. 200 S. €
Ca. € 10,–. dtv 50908
In Vorbereitung für
Frühjahr 2008

Becker

Lexikon des Personalmanagements

Über 1000 Begriffe zu Instrumenten, Methoden und rechtlichen Grundlagen betrieblicher Personalarbeit.

2. Aufl. 2002. 677 S. €
€ 19,–. dtv 5872

Kleine-Doepke/Standop/Wirth

Management-Basiswissen

Konzepte und Methoden zur Unternehmenssteuerung.

3. Aufl. 2006. 323 S. €
€ 14,–. dtv 5861

Füser

Modernes Management

Business Reengineering, Benchmarking, Wertorientiertes Management und viele andere Methoden.

4. Aufl. 2007. 266 S. €
€ 12,–. dtv 50809

Zeichenerklärung: § *Rechtsberater* € *Wirtschaftsberater*

Diller
Vahlens Großes Marketinglexikon

2 Bände im Schuber.

2. Aufl. 2003. 1966 S.   €
€ 49,–. dtv 50861

Bruhn
Kundenorientierung

Bausteine für ein exzellentes Customer Relationship Management (CRM). Innovationsmanagement, Qualitätsmanagement, Servicemanagement, Kundenbindungsmanagement, Beschwerdemanagement, Integrierte Kommunikation sowie Internes Marketing.

3. Aufl. 2007. 421 S.   €
€ 15,–. dtv 50808

Schelle
Projekte zum Erfolg führen

Projektmanagement systematisch und kompakt. Systematisches Projektmanagement führt zu hoher Termin- und Kostentreue und zum sicheren Erreichen des geplanten Ergebnisses. Es lohnt sich nicht nur in der Großindustrie und bei großen Vorhaben, sondern kann auch in der mittelständischen Wirtschaft und bei kleinen Projekten gewinnbringend angewandt werden. Der Ratgeber bietet eine übersichtliche und gut verständliche Einführung.

5. Aufl. 2007. 339 S.   €
€ 12,–. dtv 5888

Röthlingshöfer
Werbung mit kleinem Budget

Der Ratgeber für Existenzgründer, kleine und mittlere Unternehmen. Ganz ohne Werbedeutsch zeigt der Ratgeber, was man für erfolgreiche Werbung braucht.

1. Aufl. 2004. 255 S.   €
€ 10,–. dtv 50876

Hoffmann/Schoper/ Fitzsimons
Internationales Projektmanagement

Interkulturelle Zusammenarbeit in der Praxis. Kommunikation und Information, Führung im Projekt, Entscheidungsfindung, Konflikt-, Risiko- und Lieferantenmanagement, Projektorganisation und -steuerung u.v.m.

1. Aufl. 2004. 375 S.   €
€ 14,–. dtv 50883

Zeichenerklärung: § *Rechtsberater* € *Wirtschaftsberater*